O MITO DO COLAPSO DO PODER AMERICANO

JOSÉ LUÍS **FIORI**
CARLOS **MEDEIROS**
FRANKLIN **SERRANO**

O MITO DO COLAPSO DO PODER AMERICANO

EDITORA RECORD
RIO DE JANEIRO • SÃO PAULO
2008

CIP-Brasil. Catalogação-na-fonte
Sindicato Nacional dos Editores de Livros, RJ.

Medeiros, Carlos Aguiar de

C438m   O mito do colapso do poder americano / Carlos Aguiar de Medeiros, José Luís da Costa e Franklin P. Serrano. – Rio de Janeiro: Record, 2008.

Inclui bibliografia
ISBN 978-85-01-08526-9

1. Poder (Ciência sociais) – Estados Unidos. 2. Imperialismo. 3. Estados Unidos – Relações exteriores. 4. Relações econômicas internacionais. 5. Política internacional. I. Fiori, José Luís, 1945-. II. Serrano, Franklin P. III. Título.

08-4352
CDD – 327.73
CDU – 327(73)

Copyright © J. L. Fiori, C. Medeiros e F. Serrano
Capa: Axel Sande / Gabinete das Artes

Todos os direitos reservados. Proibida a reprodução, armazenamento ou transmissão de partes deste livro, através de quaisquer meios, sem prévia autorização por escrito.

Direitos desta edição adquiridos pela
EDITORA RECORD LTDA.
Rua Argentina, 171 – Rio de Janeiro, RJ – 20921-380 – Tel.: 2585-2000

Impresso no Brasil

ISBN 978-85-01-08526-9

PEDIDOS PELO REEMBOLSO POSTAL
Caixa Postal 23.052
Rio de Janeiro, RJ – 20922-970

EDITORA AFILIADA

Sumário

Apresentação   7

José Luís Fiori
O sistema interestatal capitalista no início do século XXI   11

Franklin Serrano
A economia americana, o padrão dólar flexível e a expansão mundial nos anos 2000   71

Carlos Aguiar de Medeiros
Desenvolvimento econômico e ascensão nacional: rupturas e transições na Rússia e na China   173

Apresentação

Na última década do século XX, o sistema mundial viveu grandes transformações geopolíticas e econômicas, que pareciam transparentes e definitivas. Com o colapso da União Soviética, o fim da Guerra Fria e a reunificação da Alemanha; e no campo econômico: a hegemonia das idéias e políticas neoliberais, a "nova economia" da informação e a globalização dos mercados financeiros. E por trás de todas essas mudanças: a vitória e a projeção global do poder americano. Naquela década de 1990, discutiu-se muito o fim das fronteiras nacionais, a vitória dos mercados e da globalização econômica e a necessidade de uma "governança mundial", liderada pelos Estados Unidos. Na primeira década do século XXI, entretanto, a conjuntura internacional mudou, depois dos atentados de 11 de setembro de 2001. O poder americano seguiu se expandindo, mas a guerra ocupou o centro da conjuntura mundial, no Afeganistão, no Iraque e na Palestina, e na luta contra o "terrorismo internacional". A economia mundial entrou num novo ciclo de crescimento generalizado, e se tornou lugar-comum falar do "projeto imperial norte-americano". Mais recentemente, entretanto, depois do fracasso da ocupação americana do Iraque, do "renascimento" da Rússia e da "explosão expansiva" da China, e depois da crise hipotecária norte-americana, do "derretimento" do dólar e do novo choque do preço do petróleo, fala-se cada vez mais do "fim" ou do "colapso" do poder mundial dos Estados Unidos. Segundo Eric Hobsbawm, a "superioridade dos Estados Unidos é um fenômeno temporário", e, neste momento, o "projeto americano está falindo".[1] Na mesma linha de Giovanni Arrighi, que diagnostica uma "crise terminal" da hegemonia americana, "depois do fracasso do projeto neoconservador no Iraque, e depois que os Estados Unidos deixaram de ser um Estado que criava ordem, para se tornarem uma força do caos e da desordem".[2] Ou na visão de Immanuel Wallerstein, que é ainda mais radical, e anuncia o fim do próprio "sistema mundial moderno" até meados do século XXI.[3]

O mito do colapso do poder americano reúne três artigos que compartilham a mesma visão crítica com respeito a essas profecias "terminais" sobre o futuro poder americano e do sistema mundial. No primeiro artigo — sobre "a conjuntura internacional do início do século XXI" —, José Luís Fiori critica a teoria dos "ciclos hegemônicos" e propõe uma leitura alternativa do sistema mundial, visto como um "universo em expansão" contínua, onde todas as potências que lutam pelo "poder global" estão sempre criando ordem e desordem, expansão e crise, paz e guerra. Por isso, do ponto de vista do autor, desordem, crise e guerra não são, necessariamente, um anúncio do "fim" ou do "colapso" dos países e das economias envolvidas. E neste início do século XXI, em particular, o autor considera que essas crises e guerras não são um sintoma do fim do poder americano. Pelo contrário, fazem parte de uma transformação de longo prazo, que está aumentando a "pressão competitiva" dentro do sistema mundial e provocando uma nova "corrida imperialista" entre as grandes potências, com a participação decisiva dos Estados Unidos, da China e da própria Rússia, que retorna ao sistema depois de uma década de derrota, crise e reestruturação.

---

[1] Entrevista à *Folha de S.Paulo*, 30 de setembro de 2007.
[2] Entrevista à *Folha de S.Paulo*, 2 de setembro de 2007.
[3] Entrevista a *O Globo*, 18 de agosto de 2007.

No segundo artigo — sobre "a economia americana, o padrão dólar flexível e a expansão mundial nos anos 2000" —, Franklin Serrano trata da economia americana e de sua relação com a economia mundial nos anos 2000. O autor tenta mostrar que o padrão dólar flexível não está em crise. Argumenta também que um problema estrutural da economia americana é o ritmo relativamente baixo de crescimento sustentado da demanda agregada, agravado pela desregulamentação financeira e pela crescente desigualdade da distribuição de renda. O alto crescimento da economia mundial nos anos 2000, segundo o autor, foi possível por conta da grande expansão dos mercados internos na Ásia, que levou a uma recuperação dos preços deprimidos das *commodities* e do petróleo. O autor argumenta que, embora a excessiva assimetria entre a economia americana e as demais observada nos anos 1990 tenha diminuído, os Estados Unidos ainda controlam a moeda mundial e o acesso às reservas de petróleo do qual o resto do mundo depende.

No terceiro artigo — sobre "a economia política da transição na China e na Rússia" —, Carlos Medeiros compara as estratégias de reforma de Gorbatchev na União Soviética e as de Deng Xiaoping na China e discute as razões econômicas e políticas que levaram ao colapso da União Soviética — o fato mais significativo do final do século XX — e à transição em condições de alto crescimento da China. E argumenta que para esse resultado foram decisivas as pressões americanas, a coalizão do poder político, a concepção estratégica das reformas e o modo como a liderança reformista construiu politicamente e administrou os conflitos do processo de mudança. Logo em seguida, o autor discute a ascensão da Rússia e da China como novos atores no cenário internacional. Na Rússia, o ponto de partida foi a recuperação do poder do Estado que havia se desintegrado ao longo dos anos 1990, nas mãos dos grupos privados que se beneficiaram de uma violenta acumulação primitiva de capital. A recentralização do Estado em torno dos quadros políticos da ex-KGB e dos militares afirmou-se como uma ruptura com o passado imediato e, ao mesmo tempo, como a busca de uma continuidade com a história russa. A China, por outro lado, entrou no novo milênio a partir de uma realidade totalmente distinta daquela Rússia, caracterizada pela continuidade de uma estratégia de alto crescimento sob o controle do Partido Comunista Chinês. O autor discute os desafios e os dilemas da ascensão nacional de ambos os países e a formação de alianças estratégicas, depois de mais de quatro décadas de rivalidades entre os dois países. E argumenta, finalmente, que a afirmação internacional da China e da Rússia introduziu, no novo século, conflitos e iniciativas políticas que desafiam o unilateralismo de Washington, mas não significam o fim ou o colapso do poder americano.

Os autores deste livro estão convencidos de que o caminho da transformação social começa pelo estudo rigoroso da realidade, e compartem a convicção de que é necessário distinguir a análise objetiva dos fatos, desejos e esperanças deles mesmos.

Rio de Janeiro, 13 de outubro de 2008

JOSÉ LUÍS FIORI

O sistema interestatal capitalista no início do século XXI

> O pesquisador do tempo presente só consegue alcançar as "finas" tramas das estruturas sob a condição de *reconstruir*, de antecipar hipóteses e explicações, de rejeitar o real tal como ele é percebido, de truncá-lo, de superá-lo; operações que permitem escapar aos dados para os dominar melhor; mas todas elas, sem exceção, constituem reconstruções do real.
>
> Fernand Braudel, *História e Ciências Sociais*[1]

1. TEORIA E CONJUNTURA

Toda análise da conjuntura internacional supõe uma visão teórica de longo prazo a respeito do tempo, do espaço e do movimento histórico do sistema mundial.[2] Sem a teoria é impossível interpretar a

---

[1] Barcarena, Editorial Presença, 1972, p. 33.
[2] Este artigo prolonga nossa reflexão teórica sobre as relações entre a "longa duração" e a conjuntura do sistema interestatal capitalista. E inclui algumas informações e análises que já publicamos em outros artigos, com a diferença de que, neste caso, essas informações e análises aparecem reordenadas a partir do ponto de vista da teoria do "sistema interestatal capitalista", que já aparece esboçada em dois trabalhos anteriores: "Formação, expansão e limites do poder global", em J. L. Fiori (org.), *O poder americano*, e no prefácio de J. L. Fiori, em *O poder global e a nova geopolítica das nações*.

conjuntura e identificar os movimentos cíclicos e as "longas durações" estruturais que se escondem e revelam, ao mesmo tempo, através dos acontecimentos imediatos da vida política e econômica. Só é possível falar de "grandes crises", "ciclos" e "tendências" a partir de uma teoria que relacione e hierarquize fatos, situações e conflitos locais, regionais e globais, dentro de um mesmo esquema de interpretação. Como no caso da discussão contemporânea sobre o "colapso" do poder americano, depois da Guerra do Iraque, da crise do dólar e do sistema financeiro dos Estados Unidos, e depois da expansão vitoriosa da economia chinesa e do ressurgimento estratégico da Rússia nesta primeira década do século XXI.

Muitas vezes, leituras conjunturais aparentemente próximas, que reconhecem as dificuldades americanas atuais, dependendo do ponto de partida teórico, podem apontar para direções completamente distintas, como é o caso da nossa divergência com os autores que defendem a tese de que os Estados Unidos estariam vivendo, neste momento, a "crise terminal" do seu poder, ou de sua hegemonia mundial.

I. A teoria dos "ciclos hegemônicos" e a tese da "crise terminal"

A primeira vez que se profetizou o fim da hegemonia mundial dos Estados Unidos foi na década de 1970, logo após a derrota americana na Guerra do Vietnã, o fim do "padrão dólar" e o primeiro "choque" do petróleo, que encerraram a "era de ouro"[3] do capitalismo, no pós-Segunda Guerra Mundial. Naquele momento, o economista americano Charles Kindleberger formulou a tese que se transformou numa referência obrigatória de todas as discussões posteriores acerca da "crise" e do "declínio americano": "a economia mundial precisa de

---

[3]Essa expressão utilizada por Eric Hobsbawm, no seu livro *Age of Extremes*, de 1994, contribuiu para criar uma espécie de "idealização retroativa" do período que se estende da Segunda Guerra Mundial até a década de 1970, sobretudo com relação às virtudes "insuperáveis" do Sistema de Bretton Woods e das políticas macroeconômicas de corte keynesiano, utilizadas durante o período por quase todos os países desenvolvidos.

um país estabilizador, e de um só país estabilizador", mas a "primazia" deste país dura pouco.⁴ Segundo Kindleberger, o funcionamento da economia internacional requer uma "primazia", ou uma "liderança" de um país que forneça "bens públicos" indispensáveis ao sistema, como a moeda, a defesa do livre-comércio, a coordenação das políticas econômicas e a garantia do sistema financeiro. Esta "liderança", entretanto, foi sempre passageira, e obedeceu a uma espécie de "ciclo vital"⁵ ao longo da história, em que a ascensão foi seguida do declínio, da queda e da substituição do antigo líder por um novo país, que voltou a exercer as mesmas funções do anterior. Por fim, para Kindleberger, a "primazia" mundial dos Estados Unidos começou a declinar depois da crise americana da década de 1970. A mesma teoria e a mesma tese que reaparece em vários marxistas, ou neomarxistas, que trocaram a teoria do imperialismo pela nova agenda de pesquisa proposta pela "teoria da estabilidade hegemônica",⁶ como é o caso, mais destacado, de Immanuel Wallerstein e Giovanni Arrighi, entre vários outros autores, sobretudo gramscianos.⁷

Immanuel Wallerstein apóia sua previsão do fim do poder americano numa teoria dos "ciclos" e das "sucessões hegemônicas", como Kindleberger. Para Wallerstein, entretanto, os poderes hegemônicos são apenas uma parte da maquinaria política do "modo de produção capitalista".⁸ Alguns Estados que conseguem impor sua vontade

---

⁴C. Kindleberger, *The World in Depression*, p. 304.
⁵"*Any country pioneering a new, more highly developed phase of civilization reaches a threshold or barrier beyond which it is extremely difficult to proceed, with the result that the next step forward in the progress of mankind has to be made in another part of the world*", Jan Romain, in C. Kindleberger, *World Economic Primacy 1500-1990*, p. 37.
⁶Expressão cunhada por Robert Keohane em "The Theory of Hegemonic Stability and Changes in International Economic Regimes, 1967-1977", in Holsti et al., *Change in the International System*.
⁷Vide, por exemplo: S. Gill (org.), *Gramsci, Historical Materialism and International Relations*, e R.W. Cox e T. J. Sinclair, *Approaches to World Order*.
⁸"*I believe this pattern of the rise, temporary ascendancy, and fall of hegemonic powers in the interstate system is merely one aspect of the central role of the political machinery in the functioning of capitalism as a mode of production.*" I. Wallerstein, *The Politics of the World-Economy*, p,. 43.

e suas regras aos demais países do sistema mundial por um período muito curto de tempo, em geral depois de uma "grande guerra", como no caso dos Estados Unidos, depois da Segunda Guerra Mundial e até a década de 1970.[9] Como Kindleberger, Wallerstein também acha que a crise da hegemonia americana começou na década de 1970 e durou até o final do século XX, mas considera que agora, no início do século XXI, esta "crise americana" se transformou numa crise terminal do sistema mundial moderno,[10] que nasceu na Europa, no "longo século XVI", e que deverá ser substituído por uma nova "ordem internacional" desconhecida e imprevisível até meados do século XXI. Giovanni Arrighi agrega uma nova dimensão ao conceito realista e wallersteiniano de "hegemonia mundial": a idéia gramsciana do "consenso", e da "liderança moral", ao lado da "coerção".[11] E propõe uma teoria mais complexa e sofisticada sobre a trajetória e a sucessão histórica dos ciclos hegemônicos internacionais. Arrighi separa e identifica dois ciclos paralelos dentro do sistema mundial: os ciclos do poder ou "ciclos hegemônicos" propriamente ditos e os ciclos econômicos do capital, ou "ciclos de acumulação", que foram liderados simultânea e sucessivamente — nos últimos quinhentos anos — por Gênova, Holanda, Grã-Bretanha e Estados Unidos. A originalidade da teoria de Arrighi está na relação braudeliana que estabelece entre o poder e o capital, e sua principal contribuição marxista à teoria das hegemonias mundiais é seu conceito de "ciclo

---

[9]"*Hegemony in the interstate system refers to that situation in which the ongoing rivalry between so-called 'great powers' is so unbalanced that one is truly primus inter pares; that is, one power can largely impose its rules and its wishes in the economic, political, military, diplomatic and even cultural arenas [...] and these attempts have in fact succeeded on three occasions, if only for relatively brief periods.*" I. Wallerstein, op. cit., p. 38.

[10]Um conceito clássico, na teoria de I. Wallerstein, que se refere ao sistema mundial capitalista que nasce na Europa, no século XVI, e dura até o final do século XX, quando entra numa crise terminal, que deve se estender até meados do século XXI.

[11]"*Hegemony is the additional power that accrues to a dominant group by virtue of its capacity to lead society in a direction that not only serves the dominant group's interests but is also perceived by subordinate groups as serving a more general interest.*" G. Arrighi. Adam Smith in Beijing, p. 149.

sistêmico de acumulação", diferente dos "ciclos seculares" de preços e dos "ciclos de Kondratieff".[12] O problema é que este conceito é também o ponto mais frágil de toda a teoria de Arrighi, muito vago, impreciso e sem sustentação empírica. De qualquer maneira, Arrighi identifica dois momentos cruciais no declínio simultâneo dos seus dois ciclos, do poder e do capital: o momento da "crise inicial" e o momento da "crise terminal". Quando os dois ciclos convergem e "terminam", já existiria em algum outro ponto do sistema mundial um novo "bloco de poder e capital" capaz de reorganizar o sistema e liderar o ciclo seguinte, como no caso dos "ciclos vitais" de Kindleberger.[13] Segundo Arrighi, a "crise inicial" da hegemonia americana começou na década de 1970, e sua "crise terminal" está em pleno curso neste início do século XXI. Apesar de ser uma teoria cíclica, sobre processos recorrentes, Giovanni Arrighi atribui, muitas vezes, uma dimensão revolucionária ao fim do "ciclo americano", numa clara analogia com a teoria do imperialismo de Lênin, na qual a "etapa superior" do capitalismo seria, ao mesmo tempo, a antesala da revolução socialista mundial. Com a diferença de que, na teoria marxista do imperialismo do início do século XX, a revolução e a superação do sistema capitalista não eram um subproduto do

---

[12] "A idéia de ciclos compostos de fases de mudanças contínuas, que seguem uma via única, alternando-se com fases de mudanças descontínuas, que vão de uma via para outra, está implícita em nossa seqüência de ciclos sistêmicos de acumulação: a alternância de épocas de expansão material (fase DM de acumulação de capital) com fases de renascimento e expansão financeira (fase MD). Nas fases de expansão material, o capital monetário coloca em movimento uma massa crescente de produtos (que inclui a força de trabalho e dádivas da natureza, tudo transformado em mercadoria); nas fases de expansão financeira, uma massa crescente de capital monetário 'liberta-se' de sua forma mercadoria, e a acumulação prossegue através de acordos financeiros (como na fórmula abreviada de Marx, DD). Juntas, essas duas épocas, ou fases, constituem um completo ciclo sistêmico de acumulação (DMD)." G. Arrighi, *O longo século XX*, pp. 6 e 9.
[13] "Como regra geral, as grandes expansões materiais só ocorreram quando um novo bloco dominante acumulou poder mundial suficiente para ficar em condições não apenas de contornar a competição interestatal, ou erguer-se acima dela, mas também de mantê-la sob controle, garantindo um mínimo de cooperação entre os Estados." G. Arrighi, op. cit., p. 13.

"declínio inglês", mas, muito pelo contrário, o resultado da expansão vitoriosa do capitalismo, e do próprio imperialismo. Tratava-se de um movimento ascendente do poder dos Estados europeus e de suas "organizações econômicas nacionais", e não tinha a ver com o "ciclo vital" de nenhuma potência em particular.[14] Em algumas passagens de suas obras, Wallerstein e Arrighi falam da "crise terminal" da hegemonia norte-americana (no caso de Arrighi) ou da crise final do "sistema mundial moderno" (no caso de Wallerstein) como sendo parte de uma revolução mundial, ou mesmo socialista.[15] Mas, ao mesmo tempo, Giovanni Arrighi fala da China ou do "arquipélago asiático" como prováveis sucessores da "hegemonia norte-americana", e, neste sentido, seu conceito de "crise terminal" volta a ter uma dimensão cíclica e repetitiva, e não revolucionária.[16]

De qualquer maneira, voltando à conjuntura internacional, não fica claro — do ponto de vista destas teorias — o que se passou, com a "crise dos anos 1970", que acabou fortalecendo o poder americano. E tampouco se entende a fundamentação material, política e cultural do seu diagnóstico atual, a respeito da "crise terminal americana" neste início do século XXI.

---

[14]"A luta dos Estados nacionais, que é apenas a luta entre grupos da mesma ordem burguesa, não cai do céu. Muito pelo contrário, ela é condicionada pelo meio particular em que vivem e se desenvolvem os 'organismos econômicos nacionais'. Estes últimos deixaram há muito tempo de ser um todo fechado. Fazem parte de uma esfera infinitamente mais ampla: a economia mundial." N. Bukharin, *A economia mundial e o imperialismo*, p. 17.

[15]"Quando o atual sistema internacional desabar sobre nós nos próximos cinqüenta anos, teremos de contar com uma alternativa concreta a oferecer, uma alternativa que seja produto da criação coletiva. Somente então teremos a oportunidade de conquistar uma hegemonia gramsciana na sociedade civil mundial e, portanto, a chance de vencer a luta contra aqueles que procuram mudar tudo para que nada mude." I. Wallerstein, *Após o liberalismo*, p. 221.

[16]"A recorrência dos ciclos sistêmicos de acumulação pode ser descrita, portanto, como uma série de fases de expansão estável da economia mundial capitalista que se alternam com fases de turbulência no correr das quais as condições de expansão estável, por uma via de desenvolvimento já estabelecida, são destruídas, enquanto as de expansão por uma via nova são criadas." G. Arrighi, *O longo século XX*, p. 242.

Com relação à "crise da década de 1970",[17] hoje está claro que ela não enfraqueceu o poder americano; mais do que isto, todos os sinais que foram apontados como indicadores do seu declínio, se transformaram no seu contrário. Assim, por exemplo, é verdade que os Estados Unidos se transformaram no grande "devedor" da economia mundial, a partir dos anos 1970. Mas essa dívida não provocou um desequilíbrio fatal na economia americana, e funcionou com um motor da economia internacional, nesses últimos quarenta anos. Foi também no início da década de 1970 que ocorreu a crise final do Sistema de Bretton Woods, e, no entanto, o "padrão dólar ouro" foi substituído por um novo padrão monetário internacional — o "dólar flexível" — que permitiu aos Estados Unidos exercerem um poder monetário e financeiro internacional sem precedente na história da economia e do "sistema mundial moderno".[18] Por outro lado, na década de 1970, muitos viram na desregulação do mercado financeiro americano uma reação defensiva de uma economia fragilizada, e, no entanto, isto foi apenas o primeiro passo de uma desregulação em cadeia, que se transformou, nos anos 1990, na mola mestra da globalização vitoriosa do capital financeiro norte-americano, movendo muitas vezes recursos acumulados pelos dois choques dos preços do petróleo, no início e no fim da década de 1970. Além disto, hoje está claro que foi à sombra da derrota americana no Vietnã, em 1973, que os Estados Unidos e a China negociaram a sua nova parceria estratégica, que contribuiu para o fim da União Soviética e

---

[17]"Essa descrição da mudança que começa na década de 1970 é correta, mas não é suficiente, porque a crise não se explica a si mesma e não é fácil compreender como se gerou uma mudança de tamanhas proporções numa conjuntura geopolítica caracterizada pela 'coexistência pacífica' entre os Estados Unidos e a União Soviética, e numa conjuntura econômica caracterizada pelo crescimento contínuo da economia capitalista mundial." J. L. Fiori, "O poder global dos Estados Unidos: formação, expansão e limites", p. 90.

[18]"O governo americano desvalorizou o dólar e aboliu, em 1974, o seu sistema de controle de capital, em perfeita continuidade com todas as decisões estratégicas que já vinham sendo tomadas desde a década de 1960." J. L. Fiori, "O poder global dos Estados Unidos: formação, expansão e limites", p. 93.

da Guerra Fria e revolucionou a geopolítica mundial deste início do século XXI.[19] E, por fim, a derrota dos Estados Unidos no Vietnã foi um momento de virada na estratégia internacional norte-americana[20] e, ao mesmo tempo, o ponto de partida da revolução tecnológico-militar que culminou com a vitória americana na Guerra do Golfo, em 1991, quando os Estados Unidos apresentaram ao mundo o seu novo arsenal de armas aéreas e teleguiadas. Ou seja, aquilo a que se assistiu depois da "crise dos 1970" não foi o "declínio americano", mas uma mudança estrutural do sistema mundial, e um aumento exponencial do poder dos Estados Unidos. "Pouco a pouco, o sistema mundial foi deixando para trás um modelo 'regulado' de 'governança global', liderado pela 'hegemonia benevolente' dos Estados Unidos, e foi se movendo na direção de uma nova ordem mundial com características mais imperiais do que hegemônicas."[21]

Agora de novo, neste início do século XXI, não existem evidências convincentes de um "colapso" do poder americano.[22] A crise hipotecária e financeira americana de 2007-2008 se aprofundou e se transformou numa crise financeira global, mas ainda não atingiu a centralidade do dólar, dos títulos da dívida e da economia americana. O fracasso político americano no Iraque não diminuiu o poder

---

[19] "Hoje se pode ver com clareza que os norte-americanos responderam, de imediato e de forma contundente, à sua perda de posição na península da Conchinchina, bloqueando a possibilidade de uma hegemonia russa no sudeste asiático e, ao mesmo tempo, propondo aos chineses um retorno à velha parceria que havia começado com o tratado de 1844, em torno à defesa da política de 'portas abertas', e que havia se revigorado com a aproximação sino-americana de 1943." J. L. Fiori, "O poder global dos Estados Unidos: formação, expansão e limites", in J. L. Fiori (org.), *O poder americano*, p. 91.

[20] "Não há dúvida de que a derrota no Vietnã acabou se transformando num momento decisivo na trajetória da luta americana pelo poder global, porque foi ali que se viabilizou a vitória, dentro do *establishment* da política externa americana, dos que defendiam, e já fazia tempo, a necessidade de os Estados Unidos se desfazerem de seu 'comportamento hegemônico' para poderem lutar pela 'conquista de todo o mundo' e a formação de um 'império mundial'." Idem, p. 91.

[21] J. L. Fiori, "O poder global dos Estados Unidos: formação, expansão e limites", pp. 93 e 94.

[22] P. Craig Roberts, *The Collapse of American Power*.

militar dos Estados Unidos, que segue sendo muito superior ao de todas as demais potências juntas; a economia americana prossegue na condição de a mais poderosa do mundo e mantém sua capacidade de inovação; os Estados Unidos permanecem no controle de cerca de 70% de toda a informação produzida e distribuída ao redor do mundo; a "moeda internacional" ainda é o dólar; o déficit externo não ameaça os Estados Unidos neste novo padrão monetário internacional "dólar flexível";[23] e os Estados Unidos não parecem estar sem "os meios e a vontade de continuar conduzindo o sistema de Estados na direção que seja percebida como expandindo não apenas o seu poder, mas o poder coletivo dos grupos dominantes do sistema", como pensa Giovanni Arrighi.[24] As dificuldades políticas e econômicas dos Estados Unidos, no final da primeira década do século XXI, poderão se prolongar e aprofundar, mas, do nosso ponto de vista, com certeza não se trata do fim do poder americano, muito menos da economia capitalista.

De qualquer maneira, o problema de fundo de todas estas profecias "terminais" não está na sua leitura imediata da conjuntura internacional deste início do século XXI. Seu ponto fraco está na

---

[23]"No atual padrão dólar flexível, os crescentes déficits em conta corrente não impõem nenhuma restrição de balança de pagamentos à economia americana. Como o dólar é o meio de pagamento internacional, ao contrário dos demais países, praticamente todas as importações dos Estados Unidos são pagas em dólar. Isso também implica que praticamente todos os passivos externos norte-americanos sejam também denominados em dólar. Como os dólares são emitidos pelo FED, é simplesmente impossível (enquanto as importações americanas forem pagas em dólar) os Estados Unidos não terem recursos (dólares) suficientes para pagar suas contas externas. Além disso, naturalmente é o FED que determina diretamente a taxa de juros de curto prazo do dólar, enquanto as taxas de juros de longo prazo em dólar são inteiramente dominadas pela expectativa do mercado sobre o curso futuro da taxa do FED. Portanto, como a 'dívida externa' americana é em dólar, os Estados Unidos estão na posição peculiar de determinar unilateralmente a taxa de juros que incide sobre sua própria dívida externa. Como a dívida pública americana que paga os juros determinados pelo FED é o ativo financeiro de maior liquidez em dólar, ela é também o ativo de reserva mais importante do sistema financeiro internacional." F. Serrano, "Relações de poder e política macroeconômica americana, de Bretton Woods ao padrão dólar flexível", in J. L Fiori (org.), *O poder americano*, p. 211.
[24]G. Arrighi, *Adam Smith in Beijing*, p. 150.

confusão que fazem entre planos e tempos históricos diferentes. Fernand Braudel distingue o tempo breve, da vida política imediata, do tempo cíclico da vida econômica e da "longa duração" das grandes estruturas históricas. Deste ponto de vista, é verdade que os Estados Unidos estão enfrentando uma crise de liderança, no "tempo breve" das relações políticas imediatas com seus aliados e adversários, mas isto não significa, necessariamente, uma diminuição do seu "poder estrutural", segundo a distinção clássica de Susan Strange.[25] Da mesma forma, no tempo cíclico da economia, os Estados Unidos vêm enfrentando uma sucessão de "bolhas especulativas" desde 1987, mas nenhuma delas provocou ainda uma recessão mais profunda e prolongada da economia americana. Por fim, no plano das "longas durações" históricas, onde tudo se transforma de maneira mais lenta, as derrotas militares americanas e a expansão chinesa não significam, necessariamente, uma crise final do poder americano. Pelo contrário, do nosso ponto de vista, elas fazem parte de uma grande transformação expansiva do sistema mundial, que começou na década de 1970 e se prolonga até hoje, associada, em grande medida, à expansão contínua e vitoriosa do próprio poder americano neste período. Sem distinguir estes planos e os diferentes tempos, pode-se confundir, com facilidade, o fim de um ciclo normal da economia capitalista com uma crise estrutural ou terminal do próprio capitalismo. Ou mesmo confundir o impasse militar dos Estados Unidos no Iraque, ou sua derrota no Vietnã, com a perda de sua supremacia política e militar no mundo. Em todos estes planos, reencontra-se o viés funcionalista da teoria dos "ciclos hegemônicos" e sua dificuldade de ler e entender as "contradições" do sistema mundial. A teo-

---

[25] "*There are two kinds of power exercised in a political economy — structural power and relational power. Relational power is the power of A to get B to do something they would not otherwise do. Structural power, on the other hand, is the power to shape and determine the structures of the global political economy within which other states, their political institutions, their economic enterprises and (not least) their scientists and other professional people have to operate.*" S. Strange, *States and Markets*, p. 24.

ria dos ciclos hegemônicos dá uma atenção quase exclusiva às contribuições "positivas" do "poder hegemônico", para o funcionamento do sistema, e com isto não consegue entender, por exemplo, por que o *hegemon* é quem mais contribui para a contínua desestruturação das regras e instituições do próprio sistema. Tampouco consegue entender por que o *hegemon* segue competindo e atropelando as demais potências do sistema, mesmo nos períodos de máxima segurança e "tranqüilidade hegemônica". Por isto, finalmente, estas teorias chamam de "crise" qualquer "disfunção sistêmica", e anunciam "crises terminais" e "rupturas históricas" a cada nova turbulência da vida política e econômica do sistema mundial.

É sempre possível falar do "declínio relativo" de algum país que tenha acumulado uma quantidade excepcional de poder após uma guerra vitoriosa, como foi o caso dos Estados Unidos depois de 1945 e depois de 1991. A partir deste momento vitorioso, é inevitável que a potência vencedora perca posições relativas dentro da hierarquia mundial do poder e da riqueza, na medida em que avança a reconstrução dos Estados e das demais economias que foram atingidos ou destruídos pela guerra. Por um caminho ou por outro, nesses períodos de recuperação, a velocidade da reconstrução física e militar e do crescimento econômico dos derrotados ou destruídos tende a ser maior do que o da potência líder. O que não se percebe, muitas vezes, é que esta reconstrução e aceleração do crescimento do poder político e econômico dos demais são, ao mesmo tempo, dependentes e indispensáveis para a acumulação de poder e riqueza da própria potência que está — supostamente — em "declínio". Por isto, pode-se falar de um "declínio relativo" do poder americano com relação à China, como já se falou do declínio do poder econômico americano com relação ao Japão e à Alemanha na década de 1970. Mas este declínio relativo dos Estados Unidos não significa — necessariamente — um "colapso" do seu poder econômico e da sua supremacia mundial. Do nosso ponto de vista, este declínio faz parte, neste início do século XXI, das transformações sistêmicas e estruturais em curso, com um papel decisivo do poder americano. Mas esta visão alternativa dos acontecimentos contemporâneos parte de uma teoria diferente, que olha para o sistema mundial como um "universo" em expansão contínua, onde todos os Estados que lutam pelo "poder global" — em particular, as grandes potências — estão sempre criando, ao mesmo tempo, ordem e desordem, expansão e crise, paz e guerra, sem perder sua preeminência hierárquica dentro do sistema.

II. A teoria do "universo em expansão" e a tese da "explosão expansiva"

Quando se olha para o sistema mundial, neste início do século XXI, como parte de um "universo" que se expande de forma contínua, a partir do "longo século XIII",[26] pode-se identificar, na sua trajetória, quatro "momentos" em que ocorreu uma espécie de "explosão expansiva" dentro do próprio sistema.[27] Nesses "momentos históricos", houve primeiro um aumento da "pressão competitiva"[28] dentro do "universo", e depois uma grande "explosão" ou alargamento das suas fronteiras internas e externas. O aumento da "pressão competitiva" foi provocado — quase sempre — pelo expansionismo de uma ou várias "potências" líderes, e envolveu também um aumento do

---

[26] Expressão utilizada por Peter Spufford em *Money and its Use in Medieval Europe*. Para referir-se ao período da história européia entre 1150 e 1350, numa clara analogia com o "longo século XVI" de Fernand Braudel.
[27] Expressão sugerida pela teoria física e cosmológica, quando fala da existência de um período de expansão acelerada do universo, bem no início da sua história. Antes desta fase, as galáxias estavam fortemente concentradas. "Os físicos associam este surto inflacionário à energia potencial armazenada em um novo campo, o *'inflaton'*, segundos depois do Big Bang." G. Valenziano, "O enigma envolvendo o início do tempo", *Scientific American*, edição especial, nº 21, 2007.
[28] "Existem mil e uma razões para o surgimento de tensões e conflitos entre Estados. Seja qual for a razão específica, a força propulsora primária é produzida pela pressão competitiva intrínseca à configuração, pela luta elementar de sobrevivência entre as unidades e por seus conflitos de status e de poder." N. Elias, *Envolvimento e alienação*, p. 218.

número e da intensidade dos conflitos, entre as outras unidades políticas e econômicas do sistema. E a "explosão expansiva" que se seguiu projetou o poder destas unidades ou "potências" mais competitivas para fora de si mesmas, ampliando as fronteiras do próprio "universo". A primeira vez que isto ocorreu foi no "longo século XIII", entre 1150 e 1350. O aumento da "pressão competitiva", dentro da Europa, foi provocado pelas invasões mongóis, pelo expansionismo das Cruzadas e pela intensificação das guerras "internas", na península ibérica, no norte da França e na Itália. E a "explosão expansiva" que se seguiu transformou-se numa espécie de "Big Bang" do "universo" de que estamos falando, o momento do nascimento do primeiro sistema europeu de "guerras e trocas", com suas unidades territoriais soberanas e competitivas, cada uma delas com suas moedas e tributos. A segunda vez que isto ocorreu foi no "longo século XVI", entre 1450 e 1650. O aumento da "pressão competitiva" foi provocado pelo expansionismo do Império Otomano e do Império Habsburgo e pelas guerras da Espanha com a França, os Países Baixos e a Inglaterra. É o momento em que nascem os primeiros Estados europeus, com suas economias nacionais e com uma capacidade bélica muito superior à das unidades soberanas do período anterior. Foi a "explosão expansiva" deste embrião do sistema interestatal europeu — para fora da própria Europa — que deu origem ao "sistema mundial moderno",[29] liderado, inicialmente, pelas potências ibéricas, e depois, pela Holanda, França e Inglaterra.[30] A terceira vez que isto ocorreu foi no "longo século XIX", entre 1790 e 1914. O aumento da "pressão competitiva" foi provocado pelo expansionismo

---

[29]Esse conceito clássico, da teoria do World System, de Immanuel Wallerstein, é utilizado neste artigo sem a mesma conotação teórica do autor, apenas com a mesma referência cronológica.
[30]"*One cannot understand western Europe's expansionist drives without seeing the region as a system of separate political units interacting intensively and competitively with each other. Because polities constructing empires overseas were simultaneously becoming more cohesive and centralized at home, it is reasonable to assume that the two processes were intertwined.*" D. B. Abernethy, *The Dynamics of Global Dominance*, p. 49.

francês e inglês, dentro e fora da Europa, pelo nascimento dos estados americanos e pelo surgimento, depois de 1860, de três potências políticas e econômicas — Estados Unidos, Alemanha e Japão — que cresceram muito rapidamente e revolucionaram a economia capitalista e o "núcleo central" das grandes potências. Logo em seguida, houve uma terceira "explosão expansiva", que assumiu a forma de uma "corrida imperialista" entre as grandes potências, que trouxe a África e a Ásia para dentro das fronteiras coloniais do "sistema mundial moderno". Por fim, desde a década de 1970, está em curso uma quarta "explosão expansiva" do sistema mundial. Nossa hipótese é que — desta vez — o aumento da "pressão competitiva" dentro do sistema mundial está sendo provocado em grande medida pela estratégia expansionista e imperial dos Estados Unidos, mas também pela multiplicação dos Estados soberanos do sistema, que já são cerca de duzentos, e, finalmente, pelo crescimento vertiginoso do poder e da riqueza dos estados asiáticos, e da China em particular. O tamanho desta "pressão competitiva" neste início do século XXI permite prever uma nova "corrida imperialista" entre as grandes potências, e uma gigantesca expansão das fronteiras deste "universo mundial". Esta é a hipótese central deste artigo, e por isto voltaremos a ela, mais adiante.

Este "universo" de que estamos falando nasceu na Europa, e só na Europa, apesar das semelhanças políticas e econômicas que possam ter existido entre a situação européia e o que se passava, naquele momento, em outros territórios, continentes ou civilizações. E apesar de que se pudesse encontrar, na mesma época, em certas regiões da Ásia, formas mais avançadas de comércio, finanças e agricultura.[31] Entre os séculos IX e XI, a Europa viveu um processo de grande

---

[31] "A grande diferença européia com relação aos impérios asiáticos é que a relação dos poderes soberanos com a atividade mercantil e financeira foi muito mais frouxa — uma relação de 'neutralidade indiferente' — segundo Irfan Habib —, graças a sua grande capacidade de tributação do uso da terra." J. L. Fiori, *O poder global e a nova geopolítica das nações*, p. 23.

fragmentação do seu poder territorial e de atrofia da sua atividade econômica, com o desaparecimento quase completo do comércio que não fosse na forma de escambo, dentro de pequenas comunidades e em territórios pouco distantes.[32] Nos dois séculos seguintes, entretanto — entre 1150 e 1350 —, aconteceu a grande revolução que mudou a história da Europa e do mundo: forjou-se no continente uma associação indissolúvel e expansiva entre a "necessidade da conquista" e a "necessidade do excedente", que se repetiu, da mesma forma, em várias unidades territoriais soberanas e competitivas que desenvolveram seus sistemas de tributação local[33] e criaram suas próprias moedas para financiar suas guerras de conquista. Guerras e tributos, moedas e comércio existiram em todo tempo e lugar, mas a grande novidade européia foi a forma como se articularam entre si, dentro de pequenos territórios altamente competitivos e sob a pressão da "guerra permanente".[34] Na Europa, a preparação para a guerra e as guerras propriamente ditas,[35] se transformaram na principal

---

[32] "O comércio sempre existiu em todos os tempos, mas, durante a maior parte da história, sua tendência natural foi manter-se no nível das necessidades imediatas ou da 'circulação simples' e só se expandir de forma muito lenta e secular. Mesmo depois da monetarização da economia européia, o comércio permaneceu, por longos períodos, restrito a territórios pequenos e isolados." J. L. Fiori, idem, p. 16.

[33] "O aumento do uso da moeda e da troca, juntamente com as formações sociais que as empregavam, manteve uma relação recíproca permanente com a forma e o desenvolvimento do poder monopolista dentro de uma área particular. Essas duas séries de fenômenos, em entrelaçamento constante, impeliram-se mutuamente para cima." N. Elias, *Envolvimento e alienação*, p. 142.

[34] "Já esboçamos as pressões que provocaram o lento declínio da Casa Real na sociedade guerreira com economia de troca, tão logo a Coroa deixou de poder expandir-se, isto é, de conquistar novas terras. Processos análogos surgiram tão logo diminuíram a possibilidade de expansão e a ameaça externa à sociedade guerreira." N. Elias, idem, p. 60.

[35] "A guerra não consiste apenas na batalha, ou no ato de lutar, mas naquele lapso de tempo durante o qual a vontade de travar batalha é suficientemente conhecida. Portanto, a noção de tempo deve ser levada em conta quanto à natureza da guerra, do mesmo modo quanto à natureza do clima. Porque tal como a natureza do mau tempo não consiste em dois ou três chuviscos, mas numa tendência para chover que dura vários dias seguidos, assim também a natureza da guerra não consiste na luta real, mas na conhecida disposição para tal, durante todo o tempo em que não há garantia do contrário." T. Hobbes, *Leviatã ou matéria, forma e poder de um Estado eclesiástico e civil*, p. 77.

atividade de todos os seus príncipes,[36] e a necessidade de financiamento destas guerras se transformou num multiplicador contínuo da dívida pública e dos tributos. E, por derivação, um multiplicador do excedente e do comércio, e também do mercado de moedas e de títulos da dívida, alimentando um "circuito virtuoso" e original entre os processos de acumulação do poder e da riqueza dentro do território europeu.[37] "Do nosso ponto de vista, não há como explicar ou deduzir a necessidade da acumulação do lucro e da riqueza a partir do 'mercado' ou do 'jogo das trocas' (...) Porque não existe nenhum 'fator intrínseco' à troca e ao mercado que explique a decisão de acumular e de universalizar os próprios mercados. Pelo contrário, o comércio sempre existiu em todos os tempos, mas durante a maior parte da história sua tendência natural foi manter-se no nível das necessidades imediatas ou da 'circulação simples', e só se expandir de forma muito lenta e secular."[38] Do nosso ponto de vista, portanto, no caso europeu, no "longo século XIII", foi a luta pelo poder que implodiu os mercados locais[39] e estimulou a produção agrícola e a

---

[36]"Deve, pois, um príncipe não ter outro objetivo nem outro pensamento, nem ter outra coisa como prática a não ser a guerra, porque essa é a única arte que se espera de quem comanda. (...) Um príncipe deve, pois, não deixar nunca de se preocupar com a arte da guerra e praticá-la na paz ainda mesmo que na guerra, e isto pode ser conseguido por duas formas: pela ação ou apenas pelo pensamento." N. Maquiavel, *O Príncipe*, p. 59.

[37]"Em termos rigorosos, o que temos é um mecanismo social muito simples que, uma vez posto em movimento, funciona com a regularidade de um relógio. Uma configuração humana em que um número relativamente grande de unidades que, em virtude do poder de que dispõem, concorrem entre si, tende a desviar-se desse estado de equilíbrio e a aproximar-se de um estado diferente, no qual um número cada vez menor de unidades podem competir entre si." N. Elias, *O processo civilizador*, vol. 2, p. 94.

[38]J. L. Fiori, *O poder global e a nova geopolítica das nações*, p. 16.

[39]O economista escocês James Steuart (1762-1780) talvez tenha sido o primeiro a perceber esta importância decisiva do poder do Estado para a criação e multiplicação do "excedente econômico". Segundo Steuart, "o cidadão que se tornou agricultor não possuiria nenhum interesse em produzir excedente se não tivesse com o que gastar a renda auferida com esta nova produção. Apenas mais bens de subsistência não poderiam justificar o esforço extra". Na concepção de Steuart, mesmo que este agricultor vendesse este excedente, não o permaneceria produzindo, simplesmente decidiria não mais investir em expansão da produção. O argumento steuartiano passa a necessitar de um mecanismo propulsor da acumulação. E é neste ponto que ele introduz a intervenção direta do Estado para garantir a continuidade deste processo. M. M. de Malta, "A teoria da acumulação de James Steuart: controvérsias no contexto da economia política clássica", pp. 91 e 92.

multiplicação do excedente econômico. E a cunhagem das moedas soberanas facilitou a troca destes excedentes e a autonomização da "economia de mercado". Mas, ao mesmo tempo, estas mesmas guerras criaram as oportunidades de multiplicação do dinheiro pelo dinheiro, longe da produção, e que está na origem do capital e do capitalismo. O mundo dos "grandes predadores" e dos "lucros extraordinários", segundo a clássica distinção de Fernand Braudel.[40] Mas esta multiplicação do dinheiro pelo dinheiro só foi possível porque — ao contrário do que pensava Braudel — as guerras européias impediram a formação de uma "economia-mundo", sob a égide de uma só moeda e de um só sistema de preços[41] no continente europeu. A competição e as guerras também fragmentaram o "jogo das trocas" e criaram um verdadeiro "mosaico" de moedas[42] e títulos públicos e privados, transacionados em vários mercados "financeiros" onde foi possível multiplicar o dinheiro (D-D'), longe da produção, através da troca de moedas e de títulos soberanos, e da conquista de posições monopólicas, feitas à sombra dos poderes vitoriosos.[43]

---

[40]"Braudel estabelece uma distinção fundamental entre os conceitos de 'economia de mercado' e de 'capitalismo'. Mais do que isto, ele defende a tese de que o capitalismo é o 'antimercado', porque o mercado é o lugar das trocas e dos ganhos 'normais' e o capitalismo, o lugar da acumulação dos 'grandes lucros' e dos 'grandes predadores'." J. L. Fiori, *O poder global e a nova geopolítica das nações*, p. 15.

[41]A existência desta força gravitacional entra em choque com a tese de F. Braudel e I. Wallerstein a respeito da existência, na origem da "modernidade capitalista", de uma única "economia-mundo", ou de uma só "divisão de trabalho" integrada dentro do território europeu, antes da formação dos seus Estados e economias nacionais.

[42]"A introdução da moeda no mundo do poder e da troca transformou a Europa em um imenso 'mosaico monetário' na medida em que todos os soberanos foram monetizando progressivamente seus próprios tributos e, como conseqüência, também seus créditos e dívidas internas de longo prazo. Dessa forma, surgiram infinitas moedas pela Europa, cada uma válida dentro do seu território de tributação, que se tornou, ao mesmo tempo, uma 'comunidade de pagamentos' do ponto de vista do mercado." J. L. Fiori, *O poder global e a nova geopolítica das nações*, p. 21.

[43]"Apesar das sucessivas moratórias reais e falências privadas, forja-se desde então uma complementaridade de visões e interesses cada vez maior entre os poderes territoriais expansivos e os detentores da riqueza líquida de que necessitavam os soberanos. O príncipe vê na riqueza do comerciante e do banqueiro o financiamento que precisa para as guerras, e os banqueiros descobrem nos empréstimos para as guerras uma máquina multiplicadora de dinheiro, uma verdadeira varinha mágica que 'chove dinheiro do céu', como diria Marx, muito mais tarde." J. L. Fiori, "Formação, expansão e limites do poder global", p. 30.

Essas guerras cumpriram um papel decisivo no processo de centralização do poder que levou à formação dos primeiros Estados nacionais europeus,[44] que iniciaram a conquista do "sistema mundial moderno". Este sistema não existia antes da formação dos Estados nacionais, e não foi um produto natural e evolutivo destes Estados, muito menos da "economia de mercado" ou do "modo de produção capitalista".[45] Foi uma criação do poder conquistador destes primeiros Estados territoriais que definiram suas fronteiras no mesmo momento em que se expandiam para fora da Europa. "Nesse sentido, o mais correto é dizer que o 'império', ou a 'vontade imperial', foi uma dimensão essencial dos primeiros Estados nacionais europeus. Como resultado, desde o início, o novo sistema estatal europeu esteve sob o controle compartido e competitivo de um pequeno número de 'Estados-impérios' que se impuseram dentro da própria Europa, conquistando, anexando ou subordinando outras formas de poder local menos poderosas que os novos Estados. Foi assim que nasceram as primeiras potências, um pequeno número de 'Estados-impérios' que se impuseram na sua região e se transformaram no 'núcleo central' do sistema estatal europeu. O núcleo das grandes potências que nunca foi homogêneo, coeso ou pacífico e viveu em estado de guerra quase permanente, exatamente porque todos os seus Estados eram ou tinham 'vocação imperial' e mantinham, entre si, relações complementares e competitivas."[46] Até o fim do século XVIII, o "sistema mundial moderno" restringia-se aos Estados europeus e suas colônias

---

[44] "O desenvolvimento concreto dessa luta constante e as relações de poder entre os adversários variam profundamente conforme os países. O resultado dos conflitos, porém, é, em sua estrutura, quase sempre o mesmo: em todos os maiores países da Europa Continental, e ocasionalmente também na Inglaterra, os príncipes e os seus representantes terminam por acumular uma concentração de poder à qual não se comparam os demais Estados." N. Elias, *O processo civilizador*, vol. 2, p. 15.

[45] "Não podemos deixar de pensar que este processo de formação do mercado nacional inglês poderia ter tido resultados muito diferentes, se a Inglaterra não tivesse, ao mesmo tempo, se assenhorado da dominação do mundo." F. Braudel, *A dinâmica do capitalismo*, p. 82.

[46] J. L. Fiori, "Formação, expansão e limites do poder global", pp. 38 e 39.

americanas, e foi só depois da sua grande "explosão expansiva", no século XIX, que ele passou a incluir a África e a Ásia dentro de suas fronteiras coloniais. Mas foi só na segunda metade do século XX que o sistema interestatal se "globalizou" definitivamente, depois da criação de Estados nacionais independentes, da Ásia e da África.

Existem duas características fundamentais que distinguem a originalidade e explicam a força vitoriosa destes Estados nacionais que surgiram na Europa durante o "longo século XVI":

• a forma como nasceram, dentro de um sistema competitivo e obrigados a se expandir para sobreviver, como acontecia com as unidades soberanas do período medieval;[47]

• a forma como se articularam com suas economias nacionais, transformando-as no seu principal instrumento de poder e num fator decisivo de sua expansão imperial.[48]

Com relação à primeira característica — competitividade e expansividade política — do novo sistema interestatal, "ele manteve os traços fundamentais do sistema político anterior formado pelas cidades e pelas 'unidades imperiais' menores que os Estados: ele também nasceu armado, e se expandiu graças às suas disputas territoriais e às suas guerras de conquista (...) Por isso mantiveram-se válidas, para o novo sistema de poder, as observações de Norbert Elias com relação às guerras do século XIII. Na relação entre os Estados nacionais, como antes, a mera preservação da existência social exige uma

---

[47]"Em todos os tempos os reis, e as pessoas dotadas de autoridade soberana, por causa de sua independência vivem em constante rivalidade, e na situação e atitude dos gladiadores, com as armas assestadas, cada um de olhos fixos no outro; isto é, seus fortes, guarnições e canhões guardando as fronteiras de seus reinos, e constantemente com espiões no território de seus vizinhos, o que constitui uma atitude de guerra." T. Hobbes, *Leviatã ou matéria, forma e poder de um Estado eclesiástico e civil*, p. 77.
[48]"A economia nacional é um espaço político que foi transformado pelo Estado, devido às necessidades e às inovações da vida material, num espaço econômico coerente, unificado, cujas atividades passaram a se desenvolver em conjunto numa mesma direção numa façanha que a Inglaterra realizou precocemente, a revolução que criou o mercado nacional inglês." F. Braudel, *A dinâmica do capitalismo*, p. 82.

expansão constante do poder, porque, na livre competição, quem não sobe cai. Ou seja, no sistema interestatal, toda grande potência está obrigada a seguir expandindo o seu poder, mesmo que seja em períodos de paz, e se possível, até o limite do monopólio absoluto e global".[49] Mas este limite é uma impossibilidade dentro do próprio sistema, porque se ele se realizasse, o sistema se desintegraria.[50] Para ser mais preciso: do nosso ponto de vista, a vitória e a constituição de um império mundial seria sempre a vitória de um Estado nacional específico. Daquele Estado que fosse capaz de monopolizar o poder, até o limite do desaparecimento dos seus competidores. Mas se isto acontecesse, se interromperia a competição entre os Estados, e, neste caso, eles não teriam como seguir aumentando o seu próprio poder. Seria ilógico, do ponto de vista teórico, porque destruiria o mecanismo central de acumulação de poder que mantém o sistema mundial em estado de expansão desordenada, desequilibrada, mas contínua. Por isto mesmo, a preparação para a guerra e as próprias guerras não impedem a convivência, a complementaridade e até alianças e fusões entre os Estados envolvidos nos conflitos. Às vezes, predomina o conflito, às vezes a complementaridade, mas é esta "dialética" que permite a existência de períodos mais ou menos prolongados de paz no sistema mundial, sem que se interrompa a concorrência e o conflito latente entre seus Estados mais poderosos. A própria "potência líder" ou "hegemônica" precisa seguir expandindo o seu poder de forma contínua, para manter sua posição relativa. E sua acumulação de poder, como a de todos os demais, também depende da competição e da preparação para a guerra contra adversários reais ou virtuais, que vão sendo criados pelas

---

[49] J. L. Fiori, "Formação, expansão e limites do poder global", pp. 41 e 42.
[50] "Foi o Estado nacional bem delimitado que proporcionou ao capitalismo sua oportunidade de desenvolvimento — e enquanto o Estado nacional não ceder lugar a um império mundial, o capitalismo também persistirá." M.Weber, *General Economic History*, p. 249.

contradições do sistema.⁵¹ Se esta competição desaparecesse, as "potências líderes" ou "hegemônicas" também perderiam força, como todos os demais Estados, e todo o sistema mundial se desorganizaria, entrando em estado de homogeneização entrópica. Assim se consegue entender melhor porque é logicamente impossível que algum *hegemon* possa ou consiga estabilizar o sistema mundial, como pensa a teoria dos "ciclos hegemônicos". A própria potência hegemônica — que deveria ser o grande estabilizador, segundo aquela teoria — precisa da competição e da guerra, para seguir acumulando poder e riqueza. E para se expandir, muitas vezes, ela precisa ir além e destruir as próprias regras e instituições que ela mesma construiu, num momento anterior, depois de alguma grande vitória. Por isto, ao contrário da "utopia hegemônica", neste "universo em expansão" nunca houve nem haverá "paz perpétua", nem hegemonia estável. Pelo contrário, trata-se de um "universo" que precisa da guerra e das crises para poder se ordenar e "estabilizar" — sempre de forma transitória — e manter suas relações e estruturas hierárquicas.

A segunda característica que distingue a originalidade e explica a força vitoriosa dos primeiros Estados europeus é a relação simbiótica que estabeleceram com suas economias nacionais, transformadas no seu principal instrumento de poder depois do século XVII. Desde o início do "sistema mundial moderno", o expansionismo dos seus Estados líderes teve um papel decisivo no desenvolvimento das suas economias nacionais, e vice-versa. O impulso conquistador desses Estados impediu que seus mercados locais se fechassem sobre si mesmos e alargou suas fronteiras, com a inclusão de outras eco-

---

⁵¹"Os príncipes se tornam grandes, sem dúvida, quando superam as dificuldades e a oposição que se lhes movem. Assim, a fortuna, máxime quando quer engrandecer a um novo príncipe, o qual tem mais necessidade de conquistar reputação do que um hereditário, suscita-lhe inimigos que o guerreiam a fim de que tenha ele a oportunidade de vencê-los e subir mais, valendo-se daquela escada que os próprios inimigos lhe estendem. Muitos julgam, por isso, que um príncipe sábio, quando tiver ocasião, deve fomentar com astúcia certas inimizades contra ele mesmo, a fim de que pela vitória sobre os inimigos mais se possa engrandecer." N. Maquiavel, *O Príncipe*, pp. 88 e 89.

nomias no seu "território econômico supranacional", ao mesmo tempo que foi criando as oportunidades monopólicas para a realização dos "lucros extraordinários" que movem o capitalismo.[52] Neste novo sistema interestatal manteve-se — num patamar muito mais elevado — a mesma "relação virtuosa" que já existia na Europa, nos séculos XIII e XIV, entre a acumulação do poder, as guerras e o aumento contínuo da produtividade e do excedente econômico; e entre as guerras, as dívidas públicas, os sistemas de crédito e a multiplicação do capital financeiro. A relação ficou mais complexa, mais veloz e menos transparente, mas manteve-se, em última instância, a relação virtuosa entre os processos de concentração e centralização do poder e da riqueza dentro de cada Estado e de cada economia nacional, e dentro da economia mundial como um todo. Desde o início do novo sistema interestatal até hoje, "a expansão competitiva dos seus 'Estados-economias nacionais' criou impérios e internacionalizou a economia capitalista, mas nem os impérios nem o 'capital internacional' eliminaram os Estados e as economias nacionais".[53] E mesmo nos países vitoriosos que lideraram a internacionalização capitalista, os seus capitais seguem sendo "designados" e "realizados" nas suas próprias moedas nacionais.[54] A idéia de uma "moeda internacional", vista como um "bem público" — como na teoria da "estabilidade hegemônica" de Charles Kindleberger, por exemplo —, esconde o fato de que todas as moedas são nacionais, e um instrumento de poder na luta pela supremacia econômica internacional.

---

[52]"Desses grandes lucros derivam as consideráveis acumulações de capitais, tanto assim que o comércio a distância se reparte apenas entre poucas mãos (...) só os grandes comerciantes praticam e concentram em suas mãos lucros anormais." F. Braudel, *A dinâmica do capitalismo*, p. 49.

[53]J. L. Fiori, *O poder global e a nova geopolítica das nações*, p. 30.

[54] "O desenvolvimento do capitalismo mundial traz como resultado, de um lado, a internacionalização da vida econômica e o nivelamento econômico; e, de outro, em medida infinitamente maior, o agravamento extremo da tendência à nacionalização dos interesses capitalistas, à formação de grupos nacionais estreitamente ligados entre si, armados até os dentes e prontos, a qualquer momento, a lançar-se uns sobre os outros." N. Bukharin, *A economia mundial e o imperialismo*, p. 66.

Nesse sentido, pode-se afirmar que não existe capital nem capitalismo sem a mediação nacional do poder, do território e da moeda, ou seja, não existe capital "em geral"; existem sempre capitais nacionais que se internacionalizam sem perder seu vínculo e sua referência com alguma moeda nacional ou soberana. E através da história, todas as "moedas internacionais" foram sempre as moedas nacionais dos Estados "vencedores". Por isto, pode-dizer que existe uma hierarquia de moedas que corresponde, mais ou menos, à hierarquia de poder dos seus Estados emissores. Como também se pode-se dizer que os sistemas monetários internacionais são um retrato bastante fiel da correlação de forças existente, num determinado momento, entre as grandes potências. Não há evidência de que o florim holandês tenha sido uma moeda de circulação internacional, durante o século XVI, mas não há dúvida de que a fusão financeira da Holanda com a Inglaterra foi decisiva para a internacionalização da libra durante os séculos XVIII e XIX, antes de sua "quase fusão" com o dólar, no século XX. Criando-se uma espécie de continuidade e supremacia monetária financeira global anglo-holandesa-americana no decorrer dos últimos quatro séculos da história do sistema interestatal capitalista. A força expansiva dessas grandes potências "ganhadoras" provocou, em alguns casos, uma reação e uma estratégia econômica defensiva da parte de outros Estados que se protegeram desenvolvendo suas próprias economias nacionais. E, em geral, quando estes Estados que adotaram esta estratégia defensiva tentaram conquistar — posteriormente — seu próprio "território econômico supranacional", acabaram provocando um grande aumento da "pressão competitiva" dentro do sistema mundial, como está acontecendo nestas últimas décadas, desde a "crise da década de 1970".

Por fim, resumindo e voltando à discussão da conjuntura internacional e da "crise americana" neste início do século XXI: do nosso ponto de vista, o sistema mundial é um "universo em expansão" contínua, onde todos os Estados que lutam pelo "poder global" — em particular, a potência líder ou hegemônica — estão sempre criando, ao mesmo tempo, ordem e desordem, expansão e crise, paz e guerra. Por isto, crises econômicas e guerras não são, necessariamente, um anúncio do "fim" ou do "colapso" dos Estados e das economias envolvidas. Pelo contrário, podem ser uma parte essencial e necessária da acumulação do poder e da riqueza destes Estados, e do próprio sistema mundial. E nesta conjuntura, em particular, as crises e guerras que estão em curso fazem parte — do nosso ponto de vista — de uma transformação estrutural, de longo prazo, que começou na década de 1970 e que aponta, neste momento, para um aumento da "pressão competitiva" mundial — geopolítica e econômica — e para o início de uma nova "corrida imperialista" entre as grandes potências, que já faz parte de mais uma "explosão expansiva" do sistema mundial, que se prolongará pelas próximas décadas e contará com uma participação decisiva do poder americano.

2. A CONJUNTURA INTERNACIONAL

A conjuntura internacional deste início do século XXI não é uma obra exclusiva dos Estados Unidos. Ela envolve decisões, processos e contradições que estão fora do controle direto norte-americano, embora sempre envolvam alguma presença ou influência da potência líder do sistema mundial, como nos casos de desenvolvimento recente na Ásia, na África ou na própria Rússia.[55] Por isto, a expansão contínua do poder imperial dos Estados Unidos segue sendo decisiva para entender a conjuntura geopolítica internacional, como a evolução da economia americana permanece essencial para qualquer análise do presente e do futuro da economia internacional.[56] No plano geopolítico, como no plano econômico, está em curso, neste

---

[55]Vide, neste mesmo livro, o artigo de Carlos Aguiar de Medeiros "Desenvolvimento econômico e ascensão nacional: rupturas e transições na Rússia e na China".
[56]Vide, neste mesmo livro, o artigo de F. Serrano "A economia americana, o padrão dólar flexível e a expansão mundial nos anos 2000".

momento, uma transformação estrutural de longo prazo que começou na década de 1970, e em ambos os planos a expansão dos Estados Unidos teve e ainda tem um papel decisivo, mesmo no fortalecimento dos seus principais concorrentes políticos e econômicos.

A projeção internacional do poder americano não é um fenômeno novo: começou pouco depois da independência dos Estados Unidos e se prolongou, de forma contínua, pelos séculos XIX e XX.[57] Mas foi só na segunda metade do século XX, e em particular depois da "crise dos anos 1970", que os Estados Unidos adotaram uma estratégia imperial explícita e amplamente vitoriosa, na década de 1990.[58] "Na hora da vitória, o desaparecimento da União Soviética e o fim da Guerra Fria colocaram os Estados Unidos e o mundo, pela

---

[57] "Depois da sua independência, os Estados Unidos se expandiram de forma contínua, como aconteceu com todos os Estados nacionais que já se haviam transformado em grandes potências e em impérios coloniais. Pelo caminho das guerras ou dos mercados, os Estados Unidos anexaram a Flórida em 1819, o Texas em 1835, o Oregon em 1846, o Novo México e a Califórnia em 1848. E no início do século XIX, o governo dos Estados Unidos já havia ordenado duas 'expedições punitivas', de tipo colonial, no norte da África, onde seus navios bombardearam as cidades de Tripoli e Argel, em 1801 e 1815. Por outro lado, em 1784, um ano apenas depois da assinatura do Tratado de Paz com a Grã-Bretanha, já chegavam aos portos asiáticos os primeiros navios comerciais norte-americanos, e meio século depois os Estados Unidos, ao lado das grandes potências econômicas européias, já assinavam ou impunham tratados comerciais à China, em 1844, e ao Japão, em 1854. Por fim, na própria América, quatro décadas depois da sua independência, os Estados Unidos já se consideravam com direito à hegemonia exclusiva em todo o continente, e executaram sua Doutrina Monroe intervindo em Santo Domingo, em 1861, no México, em 1867, na Venezuela, em 1887, e no Brasil, em 1893. E, finalmente, declararam e venceram a guerra com a Espanha, em 1898, conquistando Cuba, Guam, Porto Rico e Filipinas, para logo depois intervir no Haiti, em 1902, no Panamá, em 1903, na República Dominicana, em 1905, em Cuba, em 1906, e, de novo, no Haiti, em 1912. Por fim, entre 1900 e 1914, o governo norte-americano decidiu assumir plenamente o protetorado militar e financeiro da República Dominicana, do Haiti, da Nicarágua, do Panamá e de Cuba, e confirmou a situação do Caribe e da América Central como sua 'zona de influência' imediata e incontestável." J. L. Fiori, "O poder global dos Estados Unidos: formação, expansão e limites", pp. 74 e 77.

[58] "A derrota no Vietnã acabou se transformando num momento decisivo na trajetória da luta americana pelo poder global, porque foi ali que se viabilizou a vitória, dentro do *establishment* da política externa americana, dos que defendiam a necessidade de os Estados Unidos se desfazerem de seu 'comportamento hegemônico' para poderem lutar pela conquista de todo o mundo e a formação de um 'império mundial'." J. L. Fiori, idem, p. 91.

primeira vez, diante da possibilidade de um 'poder global', sem limites militares."[59] Mas hoje está claro que a disputa entre as grandes potências não acabou nem se interrompeu em 1991. Apenas desacelerou — temporariamente —, como costuma acontecer depois de uma grande guerra ou de uma vitória contundente, como foi o caso da vitória norte-americana na Guerra Fria e na Guerra do Golfo. Nos dois casos, não houve uma rendição explícita dos derrotados, nem um "acordo de paz" entre os vitoriosos que consagrasse uma nova ordem internacional, como aconteceu logo depois da Segunda Guerra Mundial.[60] Porque não havia, naquele momento, outra potência com o poder e a capacidade de negociar ou limitar o arbítrio unilateral dos Estados Unidos, e porque os norte-americanos tampouco tinham disposição de negociar ou limitar sua nova posição de poder no mundo.[61] Essa situação ficou encoberta pela surpresa da

---

[59]J. L. Fiori, "O poder global dos Estados Unidos: formação, expansão e limites", p. 94.
[60]Na Primeira Guerra Mundial, os Estados Unidos tiveram uma participação decisiva para a vitória da Grã-Bretanha e da França, na Europa, e nas decisões da Conferência de Paz de Versalhes, em 1917. Mas foi só depois da Segunda Grande Guerra que passaram a ocupar o lugar da Grã-Bretanha no sistema mundial, impondo sua hegemonia na Europa e na Ásia, e um pouco mais à frente, no Oriente Médio, depois da Crise de Suez, em 1956. Foi neste período de reconstrução da Europa, da Ásia e do próprio sistema político e econômico mundial que os Estados Unidos lideraram — até a década de 1970 — uma experiência de "governança mundial" baseada em "regimes internacionais" e "instituições multilaterais", tuteladas pelos norte-americanos. A engenharia deste novo sistema apoiou-se na bipolarização geopolítica do mundo, com a União Soviética, e numa relação privilegiada dos Estados Unidos com a Grã-Bretanha e com os "povos de língua inglesa". Mas, além disto, tiveram papel decisivo no funcionamento dessa nova "ordem regulada": a unificação européia, sob proteção militar da Otan, e a articulação econômica — original e virtuosa — dos Estados Unidos com o Japão e a Alemanha, que foram transformados em "protetorados militares" norte-americanos e em líderes regionais do processo de acumulação capitalista, na Europa e no Sudeste Asiático. Esse período de reconstrução do sistema mundial e de "hegemonia benevolente" dos Estados Unidos durou até a década de 1970, quando os Estados Unidos perderam a Guerra do Vietnã e abandonaram o regime monetário e financeiro internacional, criado sob sua liderança, na Conferência de Bretton Woods, no final da Segunda Guerra Mundial. Foi quando se falou de uma "crise de hegemonia", e muitos pensaram que fosse o final do poder americano.
[61]"Os impérios não têm interesse em operar dentro de um sistema internacional; eles aspiram ser o próprio sistema internacional." H. Kissinger, *Does America Need a Foreign Policy*, p. 27.

vitória e pela hegemonia das idéias neoliberais a respeito da globalização econômica, do fim das fronteiras nacionais e do "fim da história". Depois dos atentados de 11 de setembro de 2001, entretanto, a estratégia imperial americana ficou mais visível, porque assumiu uma postura explícita, bélica e unilateral. E foi só depois dos revezes sucessivos dessa política externa no Oriente Médio que ficou mais aparente a nova "geopolítica mundial", que permanecera à sombra do "império americano" durante os anos 1990. Por isto, pode-se dizer — apesar do aparente paradoxo — que a estratégia imperial americana dos anos 1970 teve um papel decisivo na transformação de longo prazo da geopolítica mundial, ao trazer de volta a Rússia e a Alemanha e ao fortalecer a China, a Índia e quase todos os principais concorrentes dos Estados Unidos neste início de século. Ao mesmo tempo, pode-se dizer, do ponto de vista do curto prazo, que a crise de liderança dos Estados Unidos, depois de 2003, deu visibilidade ou abriu portas para que essas novas e velhas potências regionais passassem a atuar de forma mais "desembaraçada" na defesa dos seus interesses nacionais e na reivindicação de suas "zonas de influência". Ou seja, também neste caso a política expansiva da potência líder ou hegemônica ativou e aprofundou as contradições do sistema mundial, derrubou instituições e regras, fez guerras e acabou fortalecendo os Estados e as economias que disputam com os Estados Unidos as supremacias regionais ao redor do mundo. Mas, ao mesmo tempo, esta competição e as guerras, em todos os tabuleiros geopolíticos e econômicos do mundo, vêm cumprindo um papel decisivo na reprodução e na acumulação do poder e da riqueza dos próprios Estados Unidos, que precisam desta concorrência, destas guerras e destas crises para reproduzir sua posição no topo da hierarquia mundial.

I. A política bélica e o impasse americano

Foi logo depois da queda do Muro de Berlim, em 1989, que o governo de George Bush (pai) formulou e anunciou pela primeira vez a doutrina estratégica norte-americana para o século XXI, de "contenção preventiva universal"[62] contra qualquer tipo de concorrente que pudesse reproduzir a ameaça soviética ao poder americano observada na segunda metade do século XX. Essa mesma doutrina foi seguida durante as duas administrações do presidente Clinton, e serviu de justificativa para suas intervenções militares ao redor do mundo[63] e para sua rápida ocupação estratégica da Europa Central, depois da retirada das tropas soviéticas do Pacto de Varsóvia. Apesar da retórica globalista e pacifista do governo Clinton, na década de 1990 os Estados Unidos consolidaram uma infra-estrutura de poder global, com cerca de 750 bases militares, 350 mil soldados e acordos de ajuda militar com cerca de 130 países, o que permitiu aos Estados Unidos, um controle quase monopólico dos oceanos e

---

[62] "O presidente Bush constituiu, em 1989, uma força-tarefa encarregada de delinear as bases do que deveria ser a nova estratégia mundial dos Estados Unidos depois da Guerra Fria, presidida pelo seu secretário de defesa, Dick Cheney, e com a participação de Paul Wolfowitz, Lewis Libby, Eric Edelman e Donald Rumsfeld, além de Colin Powell. Foi com base no relatório deste grupo de trabalho que o presidente Bush (pai) fez um discurso frente ao Congresso Americano — em agosto de 1990 — onde defendeu, pela primeira vez, uma política externa de contenção ativa de qualquer tipo de potência regional que pudesse concorrer com os Estados Unidos na sua própria região ou que pudesse aspirar algum dia ao poder global, como havia sido o caso da União Soviética." J. L. Fiori, "O poder global dos Estados Unidos: formação, expansão e limites", p. 96.

[63] "Durante suas duas administrações, Bill Clinton manteve um ativismo militar constante, apesar da retórica 'globalista' que propunha uma 'convivência pacífica pelo mercado', desde que fossem respeitadas as regras do novo império. Durante a sua administração, os Estados Unidos se envolveram em 48 intervenções militares, muito mais do que em toda a Guerra Fria, incluindo os ataques à Somália em 1992-1993; o bombardeio da Bósnia nos Bálcãs, em 1995; o bombardeio do Sudão em 1998; a guerra do Kosovo, na Iugoslávia, em 1999; e o bombardeio quase constante ao Iraque, entre 1993 e 2003. Além disto, foi o presidente Bill Clinton que anunciou, em fevereiro de 1998, ao lado do primeiro-ministro inglês Tony Blair, a segunda Guerra do Golfo ou do Iraque, que acabou sendo protelada até 2003." Idem, p. 97.

do espaço aéreo e sideral. Mas não há dúvida de que foi no início do século XXI, depois dos atentados de 11 de setembro de 2001, que este projeto imperial adotou uma postura bélica mais explícita. Do nosso ponto de vista, o insucesso quase imediato do novo militarismo, no Iraque e na "guerra global" ao terrorismo, e a dificuldade crescente para manter o controle militar do Afeganistão não são o "sintoma terminal" do fim do poder e da hegemonia mundial dos Estados Unidos, mas sinalizam a existência de limites e de contradições numa estratégia que vai provocando resistências na medida em que avança e expande seus instrumentos e espaços de poder. Do ponto de vista "vertical", está cada vez mais difícil para os Estados Unidos "manter a ordem" e impor suas posições nos territórios que deixaram de ser colônias na segunda metade do século XX: mais de cem Estados nacionais que se tornaram independentes, em muitos casos com o apoio ativo dos Estados Unidos, depois da Segunda Guerra Mundial. Num mundo com cerca de duzentos Estados nacionais soberanos, parece difícil manter um império global sem colônias, só com bases militares, e os Estados Unidos não têm condições de arcar com os custos humanos, financeiros e político-ideológicos de um novo sistema colonial. Por outro lado, do ponto de vista "horizontal", a estratégia "asiática" dos Estados Unidos da década de 1970 contribuiu para uma nova realidade que vai lhe escapando progressivamente de controle, porque hoje os Estados Unidos não têm interesse nem como frear — se fosse o caso — a expansão econômica do leste asiático, nem têm mais como gerir seu poder global sem contar — pelo menos — com a aliança estratégica da China. Além do mais, a vitória americana na Guerra Fria trouxe de volta para o jogo do poder europeu e internacional dois velhos e complicados *players*: a Alemanha e a Rússia, que estão reconstruindo suas "zonas de influência" na Europa e na Ásia Central e confrontando as ambições americanas nestas regiões. E o mesmo se pode dizer — ainda que em menor grau — de outras regiões do mundo, onde o sucesso ou o fracasso dos Estados Unidos, aliado à pressão econômica chinesa, vem estimulando, por caminhos diferentes, o fortalecimento de atores locais que começam a disputar a hegemonia em suas respectivas regiões.

Por outro lado, nos Estados Unidos os revezes recentes da sua política externa estão produzindo uma divisão e um realinhamento profundo dentro do *establishment* norte-americano, como ocorreu no início dos anos 1950 e na década de 1970, depois das guerras da Coréia e do Vietnã. São momentos em que se formam novas coalizões de poder e se podem definir novas estratégias internacionais. Mas estes processos de realinhamento são lentos, e neste novo contexto internacional dependerão muito da evolução das situações de poder, guerra e competição econômica, nos vários tabuleiros geopolíticos e nas várias regiões econômicas ao redor do mundo. Porque apesar dos seus revezes recentes, e de suas dificuldades econômicas, os Estados Unidos seguem sendo o único *player* global, que está presente e disputa posições em cada uma das regiões do mundo, como se pode ver na análise a seguir, sobre o aumento da "pressão competitiva" nas diversas regiões geopolíticas e econômicas do mundo.

II. O aumento da "pressão competitiva" ao redor do mundo

O Oriente Médio transformou-se no epicentro dos principais conflitos desta conjuntura internacional, e na região onde os Estados Unidos acumularam maiores revezes políticos e militares neste início do século XXI. O insucesso da intervenção militar americana no Iraque, sobretudo depois de 2004, desacreditou o projeto do "Grande Médio Oriente" da segunda administração Bush, que se propunha implantar democracias e mercados livres no território situado entre o Marrocos e o Paquistão. Além disto, corroeu a credibilidade das ameaças de intervenção direta dos Estados Unidos em qualquer outro Estado com capacidade militar e apoio internacional. Para o

Iraque, a herança mais grave da invasão americana é a guerra civil[64] que dividiu sua população e fragmentou seu território, sem nenhuma perspectiva de término, no curto prazo, para as tropas de ocupação e para o próprio Iraque. Mas do ponto de vista da geopolítica do Oriente Médio, a intervenção americana provocou uma reviravolta impensável,[65] na correlação de forças na região e no próprio campo da luta ideológica ou religiosa, com efeitos diretos ou indiretos, no norte da África e na Ásia Central. Ao derrotar os sunitas e entregar o governo do Iraque aos xiitas,[66] os Estados Unidos fortaleceram indiretamente o Irã e o nacionalismo religioso,[67] que são seus principais adversários no Oriente Médio. Além disto, fortaleceu a

---

[64]"*In fact there is a civil war in progress in Iraq, one comparable in important aspects to other civil wars that have occurred in postcolonial states with weak political institutions. Those cases suggest that the Bush administration's political objective in Iraq — creating a stable, peaceful, somewhat democratic regime that can survive the departure of US troops — is unrealistic.*" J. D. Fearon, "Iraq's civil war", p. 2.

[65]"Um observador dos países árabes, ou de muitos outros países muçulmanos, em meados da década de 1980, poderia chegar à conclusão de que alguma coisa semelhante ao caminho iraniano seria o caminho do futuro, mas essa talvez fosse uma conclusão apressada, mesmo no que se referia ao Irã. Num certo sentido, o governo de homens de religião era uma reafirmação da tradição, mas em outro, era uma contra a tradição. O saber herdado dos ulemás era de que não deviam ligar-se muito estreitamente ao governo do mundo; deviam manter-se a uma distância moral dele, preservando ao mesmo tempo o acesso aos governantes e a influência sobre eles: era perigoso ligar os interesses eternos do Islã ao destino de um governante transitório do mundo." A. Hourani, *Uma história dos povos árabes*, p. 455.

[66]"*The Bush administration has attempted to help put in place an Iraq government based on a power-sharing among Shiite, Sunni and Kurdish leaders, but it has done so in the midst of an escalating civil war. The historical evidence suggests that is a Sisyphean task. The effective provision or security by an intervening power may even undermine the belief that the government could stand on its own without the third party's backing. US military intervention in Iraq is thus unlikely to produce a government that can survive by itself whether the troops stay ten more months or ten more years.*" J. D. Fearon, "Iraq's Civil War", p. 9.

[67]"O pensamento político árabe dos séculos XIX e XX defrontou-se com a seguinte contradição: deveria optar pela modernidade, para melhor resistir à penetração do mundo ocidental, mas, nesse caso, perceberia que pouco sobrava da identidade árabe, a não ser a língua, e o vínculo com a pátria territorial. E, indiretamente, essa opção estava fadada a ressuscitar um islã fundamentalista, que contestava a idéia de nação assim concebida e queria reencontrar as fontes da verdade da fé." M. Ferro, *História das civilizações*, p. 287.

aliança sírio-iraniana no próprio Iraque, mas também no Líbano e na Palestina, através das relações sírias com o Hamas e o Hezbollah. É pouco provável que o Hamas monopolize o poder na Palestina, mas não é improvável que o Hezbollah conquiste o governo do Líbano, e, neste caso, o fortalecimento imediato do Irã aumentará a competição regional com Israel, Egito, Arábia Saudita e Jordânia, e poderá desencadear uma corrida atômica na região. Os Estados Unidos seguirão tendo influência no Oriente Médio, mas perderam sua posição arbitral, e daqui para a frente terão que conviver com o aumento da "pressão competitiva" regional, devido à presença cada vez mais ativa da Rússia, da China e de outros países com interesses energéticos no Oriente Médio, além do desafio hegemônico direto, da parte do Irã. A hipótese de um ataque militar preventivo contra o Irã segue presente nos cálculos do Departamento de Estado americano e do governo de Israel. E este clima de preparação para a guerra torna insolúvel o problema palestino, radicaliza a divisão interna do Líbano e alarga as fronteiras da disputa hegemônica até o Afeganistão, incluindo, de forma indireta, a divisão interna e a luta política em torno do poder atômico do Paquistão e a própria disputa entre as forças islâmicas e o secularismo militar na Turquia. A tensão com Israel já se transformou num conflito crônico, que baliza e ordena as relações estratégicas de toda a região, mas esta expansão do poder iraniano pode exigir uma reordenação completa do sistema e da hierarquia de poder, que se consolidou após a década de 1970 entre os governos árabes, os judeus e os iranianos. Deste ponto de vista, a conclusão é inevitável: a sobreposição dos conflitos religiosos, com as divergências territoriais e a abundância de recursos energéticos, manterá o Oriente Médio no epicentro das tensões internacionais, e deve transformar seu território no espaço preferencial de experimentação de alianças e de todo tipo de armamento "assimétrico" e convencional produzido pelas velhas e novas grandes potências.

A Europa se transformou numa sociedade economicamente rica, politicamente pacífica e intelectualmente pasmada neste início do século XXI. E o motivo é claro: a União Européia não tem um poder central unificado capaz de definir e impor objetivos e prioridades estratégicas aos seus Estados-membros, mantendo-se sob o comando militar e o protetorado atômico dos Estados Unidos. Esta impotência já faz tempo que imobiliza a Europa, e ficou ainda mais patente depois da ampliação forçada da União Européia pelos Estados Unidos, para incluir os países que pertenciam à órbita de influência soviética até 1991. Atualmente, a União Européia se transformou numa unidade política fraca, com uma moeda supostamente "forte" e com pouca capacidade de iniciativa estratégica autônoma e unificada no sistema mundial. Estranho paradoxo, porque foi a Europa que inventou os Estados nacionais, o capitalismo, o sistema mundial e o uso sistemático da competição e da guerra como mecanismos de acumulação de poder e riqueza. E agora está se propondo transformar num território político e econômico sem fronteiras e sem competição e guerras internas no continente, mas, ao mesmo tempo, um "ente político-econômico" incapaz de ter um estratagema competitivo global. A Europa está cada vez mais dividida entre os projetos estratégicos de seus três principais sócios, a França, a Grã-Bretanha e a Alemanha, com suas alianças cruzadas e flutuantes com os Estados Unidos.[68] Uma divergência que reproduz a competição secular que sempre existiu e que esteve adormecida depois da Segunda

---

[68]Já em 1954, o general De Gaulle formulou uma dúvida crucial com relação à possibilidade de sucesso deste projeto supranacional, ao declarar numa entrevista de imprensa que "aos seus olhos a Europa era formada por nações indestrutíveis" (*Le Monde*, 11/5/2005) e que portanto o que ele defendia era a criação de uma "Europa dos Estados", uma "Europa Européia", como ele costumava dizer, para diferenciar da "Europa Americana" da Otan, e da simples "Europa dos Mercadores" de que falaria mais tarde François Mitterrand. Essa posição gaulista ficou longos anos encoberta pela Guerra Fria, que conseguiu manter coesa a União Européia sob a égide militar da Otan e dos Estados Unidos.

Guerra Mundial,[69] mas que ressuscitou depois do fim da Guerra Fria, com a reunificação da Alemanha e o ressurgimento da Rússia.[70] É indisfarçável o temor atual da França e da Grã-Bretanha diante do fortalecimento da Alemanha, no centro da Europa.[71] E não há dúvida de que a reunificação da Alemanha e a sua aproximação da Rússia, no cenário europeu, atingiram fortemente o processo da unificação européia. A Alemanha fortaleceu sua posição como maior potência demográfica e econômica do continente, e passou a ter uma política externa independente, centrada nos seus próprios interesses nacionais. Além disso, depois da reunificação, a Alemanha

---

[69]Vale relembrar brevemente a história, o projeto de unificação da Europa só conseguiu manter sua identidade e unidade durante quatro décadas, graças à Guerra Fria. Num primeiro momento, logo depois da Guerra, a França, a Grã-Bretanha, a Bélgica, Luxemburgo e Holanda se uniram para criar, em 1948, a União Ocidental (UO) de defesa coletiva dirigida contra a Alemanha. Só depois de 1950 é que estes países abdicaram de sua posição revanchista e transferiram para os Estados Unidos e a Otan a função de "domesticação" da Alemanha. Por isso, em 1955, os alemães foram admitidos na Otan e transformados imediatamente num "protetorado militar" dos Estados Unidos. Graças a esta "divisão de funções", a Alemanha Federal pôde assinar o Tratado de Roma, em 1957, sendo incorporada ao projeto de construção da Comunidade Econômica Européia. Mas apesar destas múltiplas concessões cruzadas e das esperanças criadas pelos primeiros grandes acordos assinados entre as antigas potências beligerantes, nunca desapareceu a desconfiança com relação à Alemanha, e ainda mais depois da sua reunificação.

[70]No momento da reunificação alemã, em 1991, a primeira-ministra inglesa, Margareth Thatcher, chegou a dizer para o presidente François Mitterrand, numa reunião de cúpula da União Européia, que "a situação agora havia ficado mais perigosa, porque a Alemanha já estava a caminho de reconstruir o seu império" (*Le Monde*, 13/5/2005). Mas mesmo que isto não tenha acontecido, a verdade é que a unificação alemã representou, de fato, uma transformação qualitativa no processo de unificação da Europa. Não apenas porque a Alemanha se transformou da noite para o dia na maior potência demográfica e econômica da União, mas também porque passou a operar uma política externa mais autônoma e mais centrada nos seus próprios interesses nacionais. E depois da sua expansão econômico-financeira na direção da Europa Central e da Rússia, a Alemanha reapareceu ainda mais forte, como um centro de poder com possibilidade real de hegemonizar a Europa.

[71]Nesse caso vale lembrar o que disse François Mitterrand para a sra. Thatcher na reunião do Conselho da Europa em Estrasburgo, no dia 8 de outubro de 1989, quando foi decidido o apoio da comunidade européia à unificação alemã: "nos tempos de grandes perigos, sra. Tatcher, a França e a Grã-Bretanha sempre se reaproximam" (*idem*).

seguiu aprofundando sua Ostpolitik dos anos 1960, e assim vem fortalecendo seus laços econômicos e financeiros com a Europa Central e a Rússia. Uma estratégia que recoloca a Alemanha no centro da Europa e da luta pela hegemonia na União Européia, ofuscando o papel da França e desafiando o "americanismo" da Grã-Bretanha. A médio prazo, não é improvável uma aliança mais estreita entre a Alemanha e a Rússia, que é a maior fornecedora de energia da Alemanha e de toda a Europa, além de ser a segunda potência atômica do mundo. Esta aliança afetaria inevitavelmente o futuro da União Européia e provocaria uma mudança de conseqüências imprevisíveis nas relações entre a Alemanha e os Estados Unidos. Ameaçando, inclusive, o caminho já andado, com o reinício da competição e da fragmentação tradicional do continente europeu. A menos que o aumento da "pressão competitiva" global sobre a Europa seja tão grande que se transforme num inimigo externo comum e facilite a aceitação da hegemonia alemã na Europa. Neste caso, a Alemanha assumiria também o comando da política externa da União Européia, uma vez que já detém o comando da sua política macroeconômica.

Neste novo cenário internacional, a Rússia ocupa uma posição decisiva, disputando espaço econômico e influência geopolítica na Europa e na Ásia, além de no Oriente Médio e na África, através de suas grandes empresas energéticas e de sua indústria militar de ponta. Pela sua própria extensão territorial, a Rússia também disputa com os Estados Unidos a liderança da Ásia Central e no sul da Ásia, junto à sua velha aliada dos tempos da Guerra Fria, a Índia. Logo depois da Segunda Guerra Mundial, Hans Morgenthau — o pai do "realismo" norte-americano — formulou uma tese sobre a origem das guerras que permanece válida até hoje: "a permanência do status de subordinação dos derrotados pode facilmente produzir a vontade de desfazer a derrota e jogar por terra o novo *status quo* internacional criado pelos vitoriosos, retomando seu lugar na hierarquia do poder mundial. Em outras palavras, a política imperialista perseguida pelos vitoriosos tende a provocar uma política imperialista igual e contrária da parte dos derrotados. E se o derrotado não tiver sido arruinado para sempre, ele desejará retomar os territórios que perdeu e, se possível, ganhar ainda mais do que perdeu na última guerra".[72] Esta foi a condição da Alemanha durante todo o século XX, e é a situação da Rússia neste início do século XXI. Em 1991, depois do fim da Guerra Fria, não houve um acordo de paz que estabelecesse as perdas da União Soviética e que definisse claramente as regras da nova ordem mundial, imposta pelos vitoriosos, como acontecera no fim da Primeira e da Segunda Guerra Mundiais. De fato, a União Soviética não foi atacada, seu exército não foi destruído e seus governantes não foram punidos, mas durante toda a década de 1990, os Estados Unidos e a União Européia apoiaram a autonomia dos países da antiga zona de influência soviética e promoveram ativamente o desmembramento do território russo. Começando pela Letônia, pela Estônia e pela Lituânia, e seguindo pela Ucrânia, pela Bielo-Rússia, pelos Bálcãs, pelo Cáucaso e pelos países da Ásia Central.[73] Nesse período, os Estados Unidos também lideraram a expansão da Otan, na direção do leste, contra a opinião de alguns países europeus. E mais recentemente os Estados Unidos e a União Européia apoiaram a independência do Kosovo, aceleraram a instalação de seu "escudo antimísseis" na Europa Central, e estão armando e treinando as forças armadas da Ucrânia, da Geórgia e dos países da

---

[72]H. J. Morgenthau, *Politics Among Nations, The Struggle for Power and Peace*, p. 66.
[73]"*Thus the destruction of the Soviet Union achieved the reversal of almost four hundred years of Russian history, and the return of the country to something like the dimensions and international standing of the era before Peter the Great (1672-1725). Since Russia, whether under the Tsars or as the Soviet Union, had been a great power since the middle of the eighteenth century, its disintegration left an international void between Trieste and Vladivostok, which had not previously existed in modern world history, except briefly during the Civil War of 1918-20: a vast zone of disorder, conflict and potential catastrophe.*", E. Hobsbawm, *Age of Extremes*, p. 495.

Ásia Central, sem levar em conta que a maior parte desses países pertenceu ao território russo, durante os últimos três séculos. Em 1890, o Império Russo, construído no século XVIII por Pedro, o Grande, e Catarina II, tinha 22.400.000 quilômetros quadrados e 130 milhões de habitantes, era o segundo maior império contíguo da história da humanidade e uma das cinco maiores potências da Europa. No século XX, durante o período soviético, o território russo se manteve do mesmo tamanho, a população chegou a 300 milhões de habitantes, e a Rússia se transformou na segunda maior potência militar e econômica do mundo. Pois bem, hoje a Rússia tem 17.075.200 quilômetros quadrados de território e apenas 152 milhões de habitantes, ou seja, em apenas uma década (1990), a Rússia perdeu cerca de 5 milhões de quilômetros quadrados e cerca de 140 milhões de habitantes. Logo depois da dissolução da União Soviética, os Estados Unidos e a União Européia definiram como um problema prioritário da sua agenda geopolítica a "administração" da desmontagem do "império russo", por causa de suas conseqüências econômicas, e pelo velho desafio geopolítico da Europa Central. Para os Estados Unidos, o objetivo fundamental era impedir o surgimento de uma "terra de ninguém" no Leste Europeu, e por isto eles apressaram a expansão das fronteiras da Otan — contra o voto dos europeus — e aceleraram, por conta própria, a ocupação das posições militares abandonadas pelas tropas soviéticas na Europa Central. Esta ofensiva estratégica dos Estados Unidos e da Otan e sua intervenção militar nos Bálcãs, com a União Européia, provocaram uma reação imediata e defensiva da parte da Rússia, que começou com o governo de Vladimir Putin, em 2000, e a sua opção por uma estratégia militar agressiva depois de 2001.[74] Durante suas duas administrações, o presidente Putin manteve a economia de mercado, mas

---

[74] "*None of this should be surprising, for Putin's aim has been unvarying from the start of his presidency, restore Russian greatness.*" Y. Tymoshenko, "Containing Russia", p. 71.

recentralizou o poder e reconstruiu o Estado e a economia russa, refazendo seu complexo militar-industrial[75] e nacionalizando seus recursos energéticos. A Rússia ainda detém o segundo maior arsenal atômico do mundo, e o governo Putin aprovou uma nova doutrina militar que autoriza o uso de armamento nuclear mesmo no caso de um ataque convencional ao território russo, na eventualidade de fracassarem os outros meios para repelir o agressor. Além disto, o novo governo russo alertou os Estados Unidos — ainda no ano 2000 — para a possibilidade de uma corrida nuclear, caso insistissem no seu projeto de criação de um "escudo antibalístico" na Europa Central. Neste mesmo período, depois de 2001, a economia russa se recompôs e começou a acelerar o crescimento, liderada pelas grandes empresas estatais do setor energético e de produção de armamentos. E, no início de 2007, a Rússia já havia alcançado o nível de atividade econômica anterior à sua grande crise da década de 1990.[76] Ou seja,

---

[75]"*Rúsia vive un proceso sin precedentes de rearme y modernización militar. Nuevos sistemas armamentísiticos entran em funcionamiento en todas las esferas; defensa aérea, mísiles estratégicos, aviones de combate, buquês de guerra, missiles balísticos lanzados desde submarinos, artilleria y blindados. (...) Solo en el primer semestre de este año los militares rusos han recibido 36 nuevos tipos de armamentos. La perla en esta corona es, indudablemente, el sistema de cohetes S-400 Triunfador o simplemente Triunfo, con el que los rusos han comenzado a reemplazar su escudo antiaéreo. Paulatinamente, Rúsia también está reemplazando sus misiles balísticos con los nuevos Topol-M de ajivas divisibles, es decir, con multiples cargas nucleares. Solo este año, el Kremlin emplazará 17 misiles de esta nueva generacion, capaces de penetrar cualquier escudo nuclear, incluído el sistema antimisiles que Estados Unidos está creando. En comparación con 2001, el presupuesto militar casi há cuadruplicado este año.*" "Rúsia intenta recuperar su papel de gran potencia", *El País*, Cuaderno Internacional, 11 de agosto de 2007.

[76]"*Annual economic growth was averaged close to 7 per cent for nearly 10 years. Powered first by the ruble's devaluation after Russia's 1998 financial crisis, then by record energy and commodity prices, it is being sustained in part by consumer and investment boom. That has produced an extraordinary six-fold increase in gross domestic product in nominal dollar terms during Mr. Putin's two terms, to US$ 1.270 in last year. A country almost bankrupt 10 years ago has amassed US$ 5000 bn of gold and foreign exchange reserves — the world's third-biggest after China and Japan. Average wages have jumped from US$ 80 a month in 2000 to about US$ 640 now. Alexei Kudrin, finance minister, says that with real GDP last year finally regaining its 1990 level — before the long post-Soviet decline — Russia has reached a 'watershed'.*" "Russia", *Financial Times Special Report*, 18 de abril de 2008, p. 1.

neste início do século XXI, a Rússia retornou ao "grande jogo geopolítico", aumentando sua pressão sobre a Europa e sua presença nos conflitos da Ásia Central e do Oriente Médio. Além de retomar sua posição como grande fornecedora de armas e tecnologia militar para China, Índia, Irã e vários outros países ao redor do mundo, incluindo recentemente a Argentina e a Venezuela. Apenas 15 anos depois do fim da União Soviética, o governo russo retomou o comando estratégico de sua economia e de sua inserção internacional. A maior parte dos analistas internacionais que se dedicam a prever o futuro se esquece — em geral — que os grandes vitoriosos de 1991, foram não apenas os Estados Unidos, mas também a Alemanha e a China. Numa virada histórica em que só houve um grande derrotado, a União Soviética, cuja destruição trouxe de volta ao cenário mundial uma Rússia mutilada e ressentida. A Alemanha e a China ainda levarão muitos anos para "digerir" os novos territórios e zonas de influência que conquistaram nas últimas décadas na Europa Central e no Sudeste Asiático. Enquanto isso, o desaparecimento da União Soviética colocou a Rússia na condição de potência derrotada, que perdeu um quarto de seu território e metade de sua população, mas que ainda mantém de pé seu armamento atômico e seu potencial militar e econômico, com uma decisão cada vez mais explícita "de desfazer a derrota e jogar por terra o novo *statu quo* internacional criado pelos vistoriosos (em 1991), retomando seu lugar na hierarquia do poder mundial". Por isso, neste início do século XXI, a Rússia é um desafio e uma incógnita para os dirigentes de Bruxelas e de Washington e para os comandantes militares da Otan.[77] Quando, na verdade, o mistério não é tão grande, e se Hans Morghentau estiver com a razão, se trata de um segredo de polichinelo. A Rússia

---

[77]"*Neither Washington nor Brussels is comfortable about dealing with a Russia that has, under Mr. Putin, been increasingly ready to assert itself in the world, particularly among the countries of the former Soviet Union. And Moscow is still struggling to define what exactly it aims to achieve through its assertiveness.*" "Russia", *Financial Times Special Report*, 18 de abril de 2008, p. 3.

foi a grande perdedora da década de 1990 e, ao contrário do que diz o senso comum, será a grande questionadora da nova ordem mundial, qualquer que ela seja, até que recupere seu velho território conquistado por Pedro, o Grande, e Catarina II. Nesse sentido, o conflito da Geórgia em agosto de 2008 deverá ser o primeiro de uma série de outros que se sucederão em toda a zona fronteiriça e de "influência" da Rússia. De qualquer maneira, neste início do século XXI, a Rússia já recuperou sua importância no sistema mundial como maior Estado territorial e maior reserva energética do mundo, como segundo arsenal atômico e único país com capacidade de intervenção estratégica e de disputa hegemônica em todo o continente eurasiano.[78]

A Ásia e em particular o leste asiático ocupam uma posição central e decisiva na transformação de longo prazo que está em curso no sistema mundial. Na própria região, a competição entre seus Estados e economias nacionais lembra o velho modelo europeu de Estados competitivos, que está na origem do sistema mundial. E, ao mesmo tempo, o leste asiático é a região de onde vem a maior parte da "pressão competitiva" e "expansiva" que se faz sentir em todos os cantos do mundo neste início do século XXI. Neste momento, a Ásia se transformou no subsistema interestatal onde está situado um dos pólos fundamentais da acumulação capitalista e do desenvolvimento da economia mundial. Em poucos anos, a participação da Ásia no PIB mundial cresceu a uma taxa constante e elevada, enquanto a relação entre a economia chinesa e a norte-americana se transformava no coração e no pulmão da economia mundial. E, ao mesmo tempo, é na Ásia que está em curso a disputa mais explícita pela

---

[78] "*Sergei Rogov, the director of the institute of the USA and Canada at the Russian Academy of Sciences, says bluntly: 'We are now very close to a new cold war which will not be a repletion of the original cold war since Russia is not a superpower and it will probably never again be a superpower. But it will be a cold war with a very adversarial relationship with an arms race, political zero sum games, economic confrontation and ideological warfare.' Others are less hawkish. But even among liberal experts there is a sense that Russia should stand up for itself in a way that it did not a few years ago. Andre Klimov, head of the Dumkas's sub-committee on European co-cooperation, says: 'If people want to do with Russia as they wish, it will be a bad mistake'.*" Idem, p. 3.

hegemonia regional, envolvendo as suas velhas potências imperiais, a China, o Japão e a Coréia, além da Rússia, mas também os Estados Unidos e a Índia. Existe o conflito latente entre a China e os Estados Unidos por Taiwan, mas hoje há fatos novos que estão intensificando a competição geopolítica e econômica dentro e fora da região. Por um lado, tem havido uma aproximação estratégica crescente entre a China e a Rússia, que têm participado de manobras militares conjuntas e criaram, em 2001, a Organização de Cooperação de Shangai, que tem como membros permanentes, além da Rússia e da China, o Cazaquistão, o Quirguistão, o Tadjiquistão e o Uzbequistão, e, como países observadores, a Mongólia, a Índia, o Paquistão e o Irã. Uma organização de cooperação política e militar que se propõe, explicitamente, ser um contrapeso aos Estados Unidos e às forças militares da Otan. Pelo seu lado, neste início do século XXI, os Estados Unidos mantêm seu apoio militar permanente a Japão, Taiwan e Coréia do Sul, e tem liderado operações navais conjuntas com Austrália e Cingapura. Além disso, os Estados Unidos têm estimulado discretamente a reativação militar do Japão, e já não está mais excluída a possibilidade de que os japoneses venham a ter, em breve, o seu próprio arsenal atômico. Este "tabuleiro" do leste asiático se complica ao envolver a Índia na sua disputa regional, depois do seu acordo nuclear com os Estados Unidos e da recente revolta do Tibete, da vitória das forças "maoístas" no Nepal e da sua presença guerrilheira em várias províncias do norte da Índia. Além disto, hoje está colocado o problema da competição cada vez mais intensa entre a Índia e a China, por recursos energéticos e alimentares. Do ponto de vista de sua disputa energética, os números falam por si mesmos e são contundentes: China e Índia detêm um terço da população mundial e vêm crescendo, nas duas últimas décadas, a uma taxa média entre 6% e 10% ao ano. Se forem mantidas as atuais taxas de crescimento das duas economias nacionais, a China deverá aumentar em 150% o seu consumo energético, e a Índia em 100%, até 2020. A China já foi exportadora de petróleo, mas hoje é o segundo maior importador de óleo do mundo. E essas importações atendem apenas um terço de suas necessidades internas. No caso da Índia, sua dependência do fornecimento externo de petróleo é ainda maior: nestes últimos 15 anos essa dependência aumentou de 70% para 85% do seu consumo interno. Para complicar ainda mais o quadro da competição econômica e geopolítica na Ásia, o Japão e a Coréia também dependem de suas importações de petróleo e de gás para sustentar suas economias domésticas. Esta situação de carência coletiva e competitiva é que explica a aproximação recente de todos estes países com o Irã, a despeito do desagrado norte-americano. Esta mesma disputa energética explica também a ofensiva da China e da Índia na Ásia Central, na África e na América Latina, como também no Vietnã e na Rússia, além da participação conjunta da China e da Índia na disputa com os Estados Unidos e com a Rússia pelo petróleo do mar Cáspio e pelos seus oleodutos alternativos de escoamento. De qualquer maneira, a grande incógnita a respeito das relações da Ásia com o "resto do mundo" segue sendo a expansão do poder político e econômico da China. A China tem se restringido até aqui à luta pela hegemonia no leste asiático e na sua região próxima do Pacífico, mantendo-se fiel à estratégia de não provocar nem aceitar nenhum tipo de confronto militar fora de sua "zona de influência". Mas não é provável que a China se mantenha por muito tempo nesta mesma posição, sobretudo porque sua economia está cada vez mais atrelada à estratégia expansiva do poder nacional chinês.[79] Na África, em particular, já é possível identificar os primeiros sinais de conflito entre o expansionismo chinês e as demais potências que já disputam o continente africano, em particular os Estados Unidos. Nesse sentido, não cabe dúvida de que é esta nova relação de complementaridade e competição, entre Estados Unidos e China, que está por trás da grande transformação estrutural em curso no sistema mundial, e do aumento gigantesco da "pressão competitiva" que extravasa por todos os lados nesta conjuntura internacional do início do século XXI.

---

[79] Vide o artigo de Carlos Medeiros neste livro: "Desenvolvimento econômico e ascensão nacional: rupturas e transições na Rússia e na China."

A África não é uma região simples nem homogênea, com seus 53 estados, cinco grandes regiões e seus quase 800 milhões de habitantes. Um mosaico gigantesco e fragmentado de territórios, onde não existe um verdadeiro sistema estatal competitivo, tampouco uma economia regional integrada. O atual sistema estatal africano segue as linhas traçadas pelas potências coloniais européias, e os efeitos perversos da Guerra Fria, que atingiu a África Setentrional depois da crise do Canal de Suez em 1956; a África Central, depois do início da luta pela independência do Congo, na década de 1960; e finalmente, a África Austral, depois da independência de Angola e Moçambique, em 1975, e do início da sua guerra com a África do Sul. O término da Guerra Fria contribuiu decisivamente para o fim do *apartheid* na África do Sul e para a independência da Namíbia. Mas, na década de 1990, depois da Guerra Fria, e no auge da globalização financeira, o continente africano ficou praticamente à margem dos fluxos de comércio e de investimento direto estrangeiro. Desde 2001, entretanto, este panorama econômico africano reverteu, em particular na África Negra. O crescimento econômico médio, que era de 2,4% em 1990, passou para 4,5%, entre 2000 e 2005, alcançando a taxa de 5,3% em 2006, com uma previsão de que chegue a 5,5% em 2007 e 2008. Por trás desta transformação africana está o crescimento e a nova pressão econômica da China e da Índia, através do comércio e dos investimentos diretos.[80] Hoje existem no continente africano mais de 800 companhias, com 900 projetos de investimento e 80 mil trabalhadores chineses. Um verdadeiro "desembarque econômico", liderado por empresas estatais que obedecem a uma estratégia nacional muito clara e ousada, seguidas, ainda que em menor

---

[80]"*The rapid increase in foreign direct investment (FDI) flows between Asia and Africa, even though much more modest than the increase in trade, is also noteworthy. India's cumulative FDI in Africa was US$ 1.8 billion as of the end of 2004; China's was US$ 1.3 billion as of the end of 2005. Over the past decade, much of this investment has been concentrated in a few countries and in the extractive industries. But in the last few years China's and India's FDI flows to Africa have begun to reach many other sectors and many more countries.*" H. G. Broadman, "China and India Go to Africa", p. 98.

escala, pelo governo e pelos capitais privados indianos que estão fazendo um movimento semelhante de investimento maciço e de aprofundamento das suas relações políticas, econômicas e culturais com a África.[81] Deste ponto de vista, todos os sinais econômicos estão apontando na mesma direção: a África Subsaariana está se transformando na área de "acumulação primitiva" do capitalismo asiático e na principal fronteira de expansão econômica e política da China e da Índia nas primeiras décadas do século XXI. Por isto, como já vimos, ao falar da Ásia, está aumentando a competição e a tensão geopolítica entre a China, a Índia e as demais potências que já estavam instaladas, ou que estão chegando ao continente africano neste início de século, em busca de sua "segurança energética". E neste ponto reaparecem, inevitavelmente, os Estados Unidos. Em 1993, depois da fracassada "intervenção humanitária" norte-americana na Somália, o presidente Bill Clinton visitou o continente e definiu uma estratégia de "baixo teor" para a África Negra: democracia e crescimento econômico através da globalização dos seus mercados nacionais. Mas depois de 2001, os Estados Unidos mudaram sua política africana, em nome do combate ao terrorismo e da proteção dos seus interesses energéticos, sobretudo na região do "Chifre

---

[81] "*The commercial activity of Chinese and Indian companies in Africa has been significantly aided by Beijing's and New Delhi's public programs for trade and investment finance. The Chinese government largely through Export-Import Bank of China and more recently through the China Development Bank, provides export credits, loans and investment guarantees to Chinese investors. At the end of 2005, its concessional loans to all Africa reached US$ 800 million and covered 55 projects in 22 countries. In 2006, Beijing issued "China's African Policy", which set out core principles to guide future cooperation with the continent, and hosted a widely heralded summit with 488 African leaders, at which President Hu Jintao announced that China would double its assistance to African countries by 2009, provide them with $5 billion in concessional loans and credits. Likewise, the Export-Import Bank of India facilitates trade and investment between India and African counties. The bank recently launched the Focus Africa Program to identify new priorities areas for bilateral trade and investment. In 2006, it extended to African countries a line of credit totaling US$ 558 million, about half of which went to the Bank for Investment and Development of the Economic Community of West African States. Such government backing has sometimes led to the perception that the overseas activities of Chinese and Indian companies are an extension of the two countries' foreign policies.*" Idem, pp. 99 e 100.

da África"⁸² e do Golfo da Guiné. Como no caso recente da criação do *Africa Comand* (*AFRICOM*), que assinala o "início de uma nova era de engajamento, sem precedente, da Marinha norte-americana na costa oeste da África".⁸³ Este aumento da presença militar americana, entretanto, não é um fenômeno isolado, e vem sendo seguido de perto pela União Européia e pela Rússia, que assinou recentemente vários acordos econômicos e militares com países africanos. Em poucos anos, portanto, o cenário africano mudou e aumentou a competição das grandes potências, sobretudo na África Negra. E, neste sentido, não há como se enganar: todos os sinais indicam que a África será — pela terceira vez — o território privilegiado da nova "corrida imperialista" que está começando. Como aconteceu com a primeira "explosão expansiva" e colonialista do poder europeu, que começou com a conquista de Ceuta, no norte da África, em 1415,⁸⁴ e prosseguiu pela costa ocidental do continente africano, com a transformação da sua população negra na principal *commodity* da economia mundial nos

---

⁸²"*The Greater Horn of Africa — a region half size of the United States that includes Sudan, Eritrea, Ethiopia Djibouti, Somalia, Kenya and Uganda — is the hottest conflict zone in the world. Some of the most violent wars of the last half-century have ripped the region apart. Today, two clusters of conflicts continue to destabilize it. The first centers on interlocking rebellions in Sudan, including those in Darfur and southern Sudan, and engulfs northern Uganda, eastern Chad, and northeastern Central African Republic. The main culprit is the Sudanese government, which is supporting rebels in these three neighboring countries — and those states, which are supporting Sudanese groups opposing Khartoum. The second cluster links the festering dispute between Ethiopia and Eritrea with the power struggle in Somalia, which involves the fledgling secular government, antigovernment clan militias, Islamic militants, and anti-Islamic warlords. Ethiopia's flash intervention in Somalia in December temporarily secured the ineffectual transitional government's position, but that intervention, which Washington backed and supplemented with its own air strikes, has sown the seeds for an Islamic and clan-based insurgency in the future. Recent U.S. policy has only made matters worse.*" J. Prendergast e C. Thomas-Jensen, "Blowing the Horn", p. 59.
⁸³*Financial Times*, 15/4/2008.
⁸⁴"*Ceuta became the first site since Roman times to be held by Europeans on a sustained basis and effectively administered from the capital of a European policy (...) The little North African town whose capture marks the start of a long history of modern European imperialism. In the half millennium following Ceuta's capture, the rulers of eight countries that together account for a mere 1.6 percent of the land surface of the earth — Portugal, Spain, the United Kingdom, the Netherlands, Belgium, Germany and Italy — claimed vast territories and asserted sovereign rights over hundreds of millions of human beings.*" D. B. Abernethy, *The Dynamics of Global Dominance, European Overseas Empires 1415-1980*, p. 6.

primórdios da "globalização" capitalista.⁸⁵ E depois, de novo, com a segunda grande "explosão expansiva" da "era dos impérios", no final do século XIX, em particular após a Conferência de Berlim, em 1885,⁸⁶ quando as potências européias conquistaram e submeteram — em poucos anos — todo o continente africano, com exceção da Etiópia.

Por fim, na América do Sul, o cenário é um pouco diferente, porque nunca existiu no continente uma disputa hegemônica entre os seus próprios Estados nacionais. Primeiro, foram colônias, e depois de suas independências estiveram sob a tutela anglo-saxônica: da Grã-Bretanha, até o fim do século XIX, e dos Estados Unidos, até o início do século XXI.⁸⁷ Nestes dois séculos de vida independente, as lutas políticas e territoriais na América do Sul nunca atingiram a intensidade nem tiveram os mesmos efeitos que na Europa. E tampouco se formou no continente um sistema integrado e competitivo de Estados e economias nacionais, como viria a ocorrer na Ásia, depois da sua descolonização. Como conseqüência, os Estados latino-americanos nunca ocuparam posição importante nas grandes disputas geopolíticas do sistema mundial, e funcionaram durante todo o século XIX como uma espécie de

---

⁸⁵"*Given this situation, legally free labor could not form the basis of large-scale commodity production in the Americas for Atlantic commerce. Hence, enslaved Africans became the specialized large-scale producers of commodities for Atlantic commerce in the Americas, because they did not have the choice available to legally free European migrants at the time.*" J. E. Inikori, *Africans and the Industrial Revolution in England*, p. 481.

⁸⁶"A conferência não se reunira para dividir a África, mas para abri-la ao livre comércio e à civilização, no espírito de cooperação e harmonia européias. Ninguém podia contestar isso, e assim varreu-se a questão da partilha para debaixo do tapete." H. L. Wesseling, *Dividir para dominar. A partilha da África — 1880-1914*, p. 134.

⁸⁷Em agosto de 1823, o ministro das Relações Exteriores da Inglaterra, George Canning, propôs ao embaixador americano em Londres, Richard Rush, uma declaração conjunta contra qualquer "intervenção externa" na América Latina. O presidente James Monroe, apoiado no seu secretário de Estado John Quincy Adams, declinou o convite inglês. Mas três meses depois o próprio Monroe propôs ao Congresso Americano uma doutrina estratégica nacional quase idêntica à da proposta inglesa. Foi assim que nasceu a "Doutrina Monroe", no dia 2 de dezembro de 1823. Como era de se esperar, os europeus consideraram a proposta de Monroe impertinente e sem importância, partindo de um Estado que ainda era irrelevante no contexto internacional. E tinham razão: basta registrar que os Estados Unidos só reconheceram as primeiras independências latino-americanas depois de receberem o aval da Inglaterra, França e Rússia. E mesmo depois do discurso de Monroe, recusaram-se a atender o pedido de intervenção dos governos independentes de Argentina, Brasil, Chile, Colômbia e México. Por isto, muito cedo, os europeus e os próprios latino-americanos compreenderam que a Doutrina Monroe havia sido concebida, e seria sustentada durante quase todo o século XIX, pela força da Marinha e dos capitais ingleses.

laboratório de experimentação do "imperialismo de livre-comércio". Depois da Segunda Guerra Mundial, e durante a Guerra Fria, os governos sul-americanos alinharam-se com os Estados Unidos, à exceção de Cuba, a partir de 1959.[88] E depois da Guerra Fria, durante a década de 1990, mais uma vez, a maioria dos governos da região aderiu às políticas e reformas neoliberais preconizadas pelos Estados Unidos. A partir de 2001, entretanto, a situação política do continente mudou, com a vitória — em quase todos os países da América do Sul — das forças políticas nacionalistas, desenvolvimentistas e socialistas,[89] com o novo

---

[88] Depois de 1991 e do fim da União Soviética e da Guerra Fria, os Estados Unidos mantiveram e ampliaram sua ofensiva contra Cuba, embora mantenham relações amistosas com o Vietnã e a China. No auge da crise econômica provocada pelo fim de suas relações preferenciais com a economia soviética, entre 1989 e 1993, os governos de George Bush e Bill Clinton tentaram um xeque-mate contra Cuba, proibindo as empresas transnacionais norte-americanas instaladas no exterior de negociar com os cubanos e, depois, impondo penalidades às empresas estrangeiras que tivessem negócios com a ilha, através da Lei Helms-Burton, de 1996. Esta posição permanente dos Estados Unidos não autoriza grandes ilusões neste momento de mudanças nos dois países. Do ponto de vista americano, Cuba lhes pertence, e está incluída na sua "zona de segurança". Por isto, o objetivo principal dos Estados Unidos, em qualquer negociação futura, será sempre o de fragilizar e destruir o núcleo duro do poder cubano.

[89] A eleição de Fernando Lugo para presidente do Equador, em 2008, foi mais uma de uma série de vitórias das forças políticas de esquerda, seguindo as eleições de Hugo Chávez, Luiz Inácio Lula da Silva, Michele Bachelet, Néstor e Cristina Kirchner, Tabaré Vasquez e Rafael Correa. Esta mudança político-eleitoral trouxe de volta algumas idéias e políticas "nacional-populares" e "nacional-desenvolvimentistas", que haviam sido engavetadas durante a década neoliberal de 1990. São idéias e políticas que remontam, de certa maneira, à Revolução Mexicana e, em particular, ao programa de governo do presidente Lázaro Cárdenas, adotado na década de 1930. Cárdenas foi um nacionalista e seu governo fez uma reforma agrária radical, estatizou a produção do petróleo, criou os primeiros bancos estatais de desenvolvimento industrial e de comércio exterior da América Latina, investiu na construção de infra-estrutura, praticou políticas de industrialização e de proteção do mercado interno, implantou uma legislação trabalhista e adotou uma política externa independente e antiimperialista. Depois de Cárdenas, este programa se transformou no denominador comum de vários governos latino-americanos que em geral não foram socialistas nem mesmo de esquerda. Assim mesmo, suas idéias, políticas e posições internacionais se transformaram numa referência importante do pensamento e das forças de esquerda latino-americanas. Basta lembrar a revolução camponesa boliviana de 1952, o governo democrático de esquerda de Jacobo Arbenz na Guatemala, entre 1951 e 1954, a primeira fase da Revolução Cubana entre 1959 e 1962 e o governo militar-reformista do general Velasco Alvarado no Peru, entre 1968 e 1975. Em 1970, estas idéias reaparecerem também no programa de governo da Unidade Popular de Salvador Allende, que propunha uma radicalização do "modelo mexicano" com a aceleração da reforma agrária e a nacionalização das empresas estrangeiras produtoras de cobre, ao mesmo tempo que defendia a criação de um "núcleo industrial estratégico", de propriedade estatal, que deveria se transformar no embrião de uma futura economia socialista.

ciclo de crescimento da economia mundial neste início de século. A grande mudança, neste novo ciclo de crescimento sul-americano, é o peso decisivo da demanda e da pressão asiática sobre a economia continental. Em particular, da China, que tem sido a grande compradora das exportações sul-americanas de minérios, energia e grãos. Por sua vez, os novos preços internacionais das *commodities* fortaleceram a capacidade fiscal dos estados sul-americanos e estão financiando políticas de integração da infra-estrutura energética e de transportes do continente. Além disso, permitiram a formação de reservas em moedas fortes, diminuindo a fragilidade externa das economias regionais e aumentando a capacidade de resistência e negociação internacional dos seus estados. Como no caso das reservas em moeda forte da Venezuela, que lhe permitiram atuar, duas vezes, como "emprestador em última instância" da Argentina e do Paraguai. A América do Sul dispõe de recursos energéticos renováveis e não-renováveis, grandes reservas minerais, gigantescos mananciais de água, enorme potencial de produção de alimentos e uma riquíssima biodiversidade, e tem 370 milhões de habitantes e um PIB de cerca de 1,5 bilhão de dólares. E o Brasil, em particular, será na próxima década o maior produtor mundial de alimentos, e um dos grandes produtores e exportadores mundiais de petróleo, além de controlar a maior parte do território da Amazônia. De todos os pontos de vista, portanto, a América do Sul é hoje uma região essencial para o funcionamento e a expansão do sistema mundial, e por isto deve sofrer uma pressão econômica e política cada vez maior, de fora e de dentro da própria região. Neste sentido, tudo indica que a China terá uma presença cada vez mais importante na economia sul-americana, mas não é provável que ela se envolva diretamente, nos próximos anos, na geopolítica regional. O mais provável é que esse aumento da "pressão competitiva" produzida pela nova geopolítica, associada ao ciclo de expansão e crise da economia mundial produza crescimento dos conflitos entre os próprios Estados da região, e deles com os Estados Unidos. Já apontam nessa direção o envolvimento militar cada vez maior dos Estados Unidos com a Colômbia, o projeto de transferência da base de Manta do Equador para a Colômbia e a reativação da IV Frota Naval dos Estados Unidos para atuar no Atlântico Sul, além da intensificação dos conflitos fronteiriços entre Venezuela, Colômbia e Equador, independentemente de quais sejam os seus motivos imediatos. E, numa direção oposta, a criação da União das Nações Sul-Americanas (UNASUL) e o projeto de criação do Conselho de Defesa da América do Sul, sem participação dos Estados Unidos, tampouco do México e da América Central, além dos projetos de integração física e energética do continente que já estão em curso, com o apoio e o financiamento dos próprios governos e dos capitais privados da região. Essas iniciativas políticas e econômicas representam uma revolução das relações continentais e enfrentam a oposição dentro do próprio continente, dos países e forças políticas favoráveis à manutenção da América do Sul no espaço hegemônico e no "território econômico supranacional" dos Estados Unidos. Já não há possibilidade de escapar da "pressão competitiva" mundial, e isto acelera a formação objetiva e incontornável de um subsistema estatal no continente sul-americano, potencializando o poder interno e externo dos seus Estados. Mas a integração econômica do continente ainda permanece um desafio absolutamente original, porque suas economias não são complementares, porque não existe um país que cumpra o papel de "locomotiva" da região, e porque a América do Sul não tem um inimigo externo comum. De qualquer maneira, a longa "adolescência assistida" da América do Sul acabou. E o mais provável é que esta mudança provoque, no médio prazo, uma competição cada vez mais intensa entre o Brasil e os Estados Unidos pela supremacia na América do Sul.

III. Potências emergentes e Estados relevantes

A mudança nas relações econômicas entre a Ásia, a África e a América Latina é um fato novo e de enorme importância para o redesenho da geometria econômica internacional. Pela primeira vez na história do sistema mundial, as relações entre países "não desenvolvidos" adquirem uma densidade e um dinamismo direto e expressivo. Além disto, o crescimento da economia mundial e desses fluxos e conexões econômicas aumenta a "pressão competitiva" sobre esses continentes e sobre seus principais países, envolvendo-os de forma definitiva no sistema interestatal capitalista. Mas existe uma indiscutível precipitação da parte dos analistas que utilizam os dados da conjuntura e algumas projeções econômicas para prever e anunciar a transformação em grandes potências dos principais países emergentes,[90] desses três continentes, ou seja, China, Índia, África do Sul e Brasil. São quatro países que ocupam posições de destaque nas suas respectivas regiões, devido ao tamanho dos seus territórios e das suas populações, e devido à sua liderança política e econômica dentro dos três continentes. O que estas análises e previsões desconsideram, em geral, é o fato de que se trata de quatro países muito diferentes do ponto de vista da inserção internacional, do controle de tecnologias de ponta, do poderio militar e da capacidade de iniciativa estratégica autônoma no sistema mundial. Senão, vejamos:

A China e a Índia possuem em comum civilizações milenares e um terço da população mundial. Porém, mais importante do que

---

[90] Um caso típico e muito citado é o da sigla BRIC, criada em 2001 pelo economista Jim O'Neill, do Goldman Sachs, para se referir ao Brasil, Rússia, Índia e China, países que teriam em comum as altas taxas de crescimento e a perspectiva de se transformarem em grandes potências econômicas e superarem os atuais países do G7, a partir de 2027 até 2050. Os dados e projeções utilizados são basicamente econômicos e desconsideram totalmente as diferenças geopolíticas entre estes países, inclusive o fato de que a Rússia tenha sido uma grande potência européia desde o século XIX, antes de a União Soviética se transformar na segunda potência do mundo, no século XX, e detentora até hoje do segundo maior arsenal atômico do mundo.

isso é o fato de que esses dois gigantes asiáticos possuem entre si 3.200 quilômetros de fronteira, afora as fronteiras que ambos têm com Paquistão, Nepal, Butão e Mianmar. Além disso, China e Índia têm territórios em disputa, guerrearam entre si nas últimas décadas e são potências atômicas. No xadrez geopolítico asiático, os indianos consideram que as relações amistosas da China com o Paquistão, com Bangladesh e com o Sri Lanka fazem parte de uma estratégia chinesa de "cerco" da Índia e de expansão chinesa no Sul da Ásia, a "zona de influência" imediata dos indianos. Por sua vez, os chineses consideram que a aproximação recente entre os Estados Unidos e a Índia e a sua nova parceria estratégica e atômica — de que já falamos — fazem parte de uma estratégia de "cerco" da China.[91] Tudo isto são fatos, expectativas e desdobramentos que caracterizam uma competição territorial e bélica latente em torno da supremacia no sul e no leste da Ásia, envolvendo Estados Unidos, China e Índia. Além disso, como já vimos, China e Índia também competem, neste momento, na Ásia Central, no Oriente Médio e na África, na luta para assegurar sua "segurança energética". A China investe hoje pesados recursos na modernização de suas forças armadas e dos seus arsenais. Como no caso da frota submarina chinesa, movida a energia diesel e a energia atômica, o que caracteriza uma indiscutível preocupação de controle marítimo do Pacífico Sul. E o mesmo se pode dizer do recente desenvolvimento do sistema chinês de ataque e destruição de satélites — uma tecnologia que só era controlada pelos Estados Unidos e pela Rússia —, que capacita o país a destruir o nexo

---

[91] "*When Condoleezza Rice visited India in March 2005, shortly after taking office as secretary of state, she set out to lay a new coroner-stone for the transformed relationship. She emphasized to Prime Minister Singh that the United States would alter its long held framework that tied and balanced its relations with 'India-Pakistan'. We would effectively 'de-hyphenate' our South Asia policy by seeking highly individual relations with both India and Pakistan. That meant an entirely new and comprehensive engagement between the United States and India. Secretary Rice also told Prime Minister Singh that the United States would break with long-standing nonproliferation orthodoxy and work to establish full civil nuclear cooperation with energy-starved India.*" R. N. Burns, "America's strategic opportunity with India", p. 135.

básico de controle informacional da nova tecnologia de guerra norte-americana. Por outro lado, não é segredo que a China ocupa um lugar central no planejamento estratégico dos Estados Unidos. A China teve um papel decisivo nas guerras da Coréia e do Vietnã, e tem todas as características das grandes potências que existiram no sistema mundial, desde suas origens européias, no século XVI. Com a diferença, até agora, como já vimos, de que o expansionismo chinês fora da Ásia tem sido quase estritamente diplomático e econômico. Mas, na Ásia, o projeto chinês já é claramente hegemônico e competitivo, também do ponto de vista militar. E muito em breve a China também deverá projetar seu poder para fora do continente asiático, como aconteceu, no passado, com todas as grandes potências deste "sistema mundial moderno" em que ainda vivemos, no início do século XXI.

A Índia, por outro lado, não apresenta, à primeira vista, as características de uma potência expansiva, e se comporta estrategicamente, como um Estado que foi obrigado a se armar para proteger e garantir sua segurança numa região de alta instabilidade, onde sustenta uma disputa territorial e uma competição atômica com o Paquistão, além da China. Mas, ainda assim, desenvolve e controla tecnologia militar de ponta, como no caso do seu sofisticado sistema balístico e do seu próprio arsenal atômico, e possui um dos exércitos mais bem treinados de toda a Ásia. Foi só depois da sua derrota militar para a China, em 1962, e da primeira explosão nuclear chinesa, em 1964, logo antes da sua guerra com o Paquistão, em 1965, que a Índia abandonou o "idealismo prático" da política externa de Neruh e assumiu a *realpolitik* do primeiro-ministro Bahadur Shastri, que autorizou o início do programa nuclear indiano, na década de 1960. Foi quando a Índia mudou a sua política externa e adotou uma nova estratégia atômica de defesa nacional, que atingiu sua maturidade com as explosões nucleares de 1998 e com o sucesso do míssil balístico indiano Agni II, em 1999. Naquele momento, a Índia assumiu a condição de potência nuclear e definiu sua nova estratégia de inserção regional e internacional com base na afirmação simultânea do seu poder econômico e militar.

No caso do Brasil e da África do Sul, a situação é bastante diferente. Esses dois países compartem com a China e com a Índia a condição de Estados e de economias mais importantes de suas respectivas regiões, responsáveis por uma parte expressiva da população, do produto e do comércio interno e externo da América do Sul e da África. Mas nenhum dos dois países tem uma estratégia internacional expansiva ou um inimigo externo claro, sequer são potências militares relevantes. Depois da Segunda Guerra Mundial e durante o período do *apartheid*, entre 1948 e 1991, a África do Sul enfrentou uma rebelião social e política interna quase permanente, foi objeto do boicote da comunidade internacional e, na década de 1980, travou uma guerra regional com os países da Conferência de Coordenação para o Desenvolvimento da África Austral. Mas depois do fim do *apartheid* e da eleição de Nelson Mandela, em 1994, a questão da segurança interna e da inserção internacional da África do Sul mudou radicalmente, em particular em relação à África Negra. Desde sua democratização, a África do Sul se envolveu em quase todas as negociações de paz dentro do continente negro, mas sem jamais apresentar nenhum traço expansivo ou disposição para uma luta hegemônica explícita. Pelo contrário, tem sido um Estado que se move com enorme cautela, devido ao seu próprio passado racista e belicista. Por outro lado, desde o primeiro governo de Mandela a África do Sul tem se proposto cumprir um papel de ponte entre a Ásia e a América Latina, mas o volume e o ritmo de crescimento do PIB sul-africano, suas limitações militares e sua falta de coesão interna impedem que o país possa aspirar a qualquer tipo de supremacia que não seja na sua região imediata, na África Austral, ou na condição de um "estado relevante" para os assuntos da África Negra.

Por outro lado, o Brasil tampouco jamais foi um Estado com características expansivas, nem disputou a hegemonia da América do Sul com a Grã-Bretanha ou os Estados Unidos. Depois da Guerra do Paraguai, na década de 1860, o Brasil teve apenas uma participação pontual, na Itália, durante a Segunda Guerra Mundial, e algumas participações posteriores nas "forças de paz" das Nações Unidas e da OEA. Sua relação com seus vizinhos da América do Sul, depois de 1870, foi sempre pacífica e de pouca competitividade ou integração política e econômica, e durante todo o século XX sua posição no continente foi a de sócio menor e auxiliar da hegemonia continental dos Estados Unidos. Depois da Segunda Guerra Mundial, o Brasil não teve maior participação na Guerra Fria, apesar do seu alinhamento com os Estados Unidos. Na década de 1970, assumiu um projeto de "potência intermediária", aprofundando sua estratégia econômica desenvolvimentista, rompendo seu acordo militar com os Estados Unidos, ampliando suas relações afro-asiáticas e assinando um acordo atômico com a Alemanha. Mas sua crise econômica dos anos 1980 e o fim do regime militar desativaram este projeto, que foi arquivado nos anos 1990, quando o Brasil voltou a alinhar-se com os Estados Unidos e seu projeto de criação da Alca. Mais recentemente, entretanto, depois de 2002, a política externa brasileira mudou de rumo e assumiu uma posição mais agressiva de afirmação sul-americana e internacional, dos interesses e da liderança brasileira. Mas o Brasil ainda enfrenta limitações importantes para expandir seu poder internacional: primeiro, porque seu competidor estratégico na luta pela hegemonia sul-americana são os Estados Unidos, potência líder mundial e seu principal sócio e protetor durante todo o século XX; em segundo lugar, devido à sua baixa capacidade de coordenação estratégica do desenvolvimento econômico com uma política externa de afirmação do poder brasileiro em escala internacional.

IV. Convergências "assintóticas"

Essa breve comparação destaca algumas diferenças fundamentais que distinguem China, Índia, Brasil e África do Sul como candidatos a potências internacionais neste início do século XXI. A China e a Índia, depois dos anos 1990, se projetaram no sistema mundial como potências econômicas e militares, têm claras pretensões hegemônicas nas suas respectivas regiões e ocupam hoje uma posição geopolítica e geoeconômica global absolutamente assimétrica com relação ao Brasil e à África do Sul. Apesar disto, Brasil, África do Sul e Índia — e mesmo a China — ainda ocupam a posição comum dos "países ascendentes", que sempre reivindicam mudanças nas regras de "gestão" do sistema mundial e na sua distribuição hierárquica e desigual do poder e da riqueza. Por isto, neste momento, compartilham uma agenda reformista com relação ao Sistema das Nações Unidas e à formação do seu Conselho de Segurança. Da mesma forma como compartem posições multilaterais e liberalizantes em matéria de comércio internacional, como no caso da formação do G20 ou na Rodada de Doha, na Organização Mundial do Comércio. Mas nesta nova "geopolítica das nações" do início do século XXI, deve-se prever, para breve, um distanciamento progressivo da China com relação a qualquer grupo ou aliança de países que restrinjam seus graus de liberdade estratégica, uma vez que o país já vem atuando — em vários contextos — com a postura de quem comparte, e não de quem questiona a atual "gestão" do poder mundial. Daqui para a frente, a China tende a se comportar — cada vez mais — como todas as grandes potências que fazem ou já fizeram parte do "círculo dirigente" do sistema mundial. E mesmo com relação à Índia, os pontos de convergência serão cada vez mais tópicos, porque o Brasil e a África do Sul não contam, por enquanto, com as ferramentas de poder e com os desafios externos indispensáveis ao exercício da *realpolitik*. Por isto, o mais provável é que o Brasil e a África do Sul mantenham-se por algum tempo ainda na condição de "Estados relevantes", mas sem uma estratégia nacional claramente defensiva, como a Índia, ou expansiva, como a China.

3. MUDANÇA ESTRUTURAL E TENDÊNCIA

Nossa análise da conjuntura internacional deste início do século XXI confirma nossa hipótese de que não estamos vivendo a "crise terminal" do poder americano, nem assistindo ao nascimento de um sistema pós-estatal. Pelo contrário, os Estados Unidos se mantêm como potência decisiva no sistema mundial, e aumenta a cada dia a "pressão competitiva" entre os Estados e as economias nacionais ao redor do mundo. Como conseqüência, o nacionalismo econômico está de volta, os Estados intervêm de forma cada vez mais extensa no comando estratégico de suas economias, através de suas próprias empresas ou de seus "fundos soberanos", e todos os governos estão começando a regular, de novo, seus mercados, incluindo o mercado financeiro norte-americano.[92] Uma vez mais, a internacionalização fortaleceu a tendência contrária à nacionalização do poder e do capital. Mas, neste caso, esta aparente "reversão" nacionalista é sintoma de uma mudança estrutural mais profunda, provocada, em grande medida, pelo expansionismo imperial dos Estados Unidos e pela relação "siamesa" que se estabeleceu entre esta "globalização" americana e o "milagre econômico" chinês.

O primeiro passo do "milagre econômico" chinês, depois do acordo geopolítico com os Estados Unidos, na década de 1970, foi a "inclusão" chinesa no mercado e no capital financeiro norte-americano. Foi a maior e mais rápida expansão do "território econômico supranacional" dos Estados Unidos. Ela aumentou, de forma geométrica,

---

[92]"Barreiras nacionais vêm sendo levantadas até na internet, o símbolo do mundo sem fronteiras. Ela foi projetada para ficar fora do alcance dos governos, transferindo poder para indivíduos ou organizações privadas. Agora, sob pressão da Rússia, da China, da Índia e da Arábia Saudita, a empresa americana que distribui endereços na internet está procurando meios de os países usarem o alfabeto de sua língua-mãe. Estamos assistindo ao passo a passo da balcanização da internet global. 'Ela está se transformando numa série de redes nacionais', diz Tim Wu, professor de Direito da Universidade de Columbia, em Nova York." Bob Davis, "Neonacionalismo ameaça a globalização", *The Wall Street Journal*, reproduzido no *Valor Econômico*, 29 de abril de 2008.

o poder do dólar e dos títulos da dívida pública do governo americano e a capacidade de multiplicação do seu capital financeiro. No caso desta "incorporação econômica", entretanto, houve uma intermediação ativa e defensiva do Estado chinês, que utilizou a seu favor a força da própria expansão americana. Esta posição defensiva, entretanto, começou a mudar de signo a partir da década de 1990, quando a China articulou sua estratégia de crescimento econômico com a de expansão do poder nacional e de construção do seu próprio "território econômico supranacional". E já agora, neste início do século XXI, é possível dizer que a internacionalização americana associada com o crescimento chinês já produziu uma mudança estrutural de longa duração no sistema mundial, com a criação de um novo centro nacional de acumulação de poder e de capital com capacidade gravitacional equivalente à dos Estados Unidos. Completamente diferente do que aconteceu com a hegemonia britânica, no século XIX, e diferente também do que aconteceu no século XX, onde existiu uma bipolaridade geopolítica sem que houvesse maior complementaridade econômica entre os Estados Unidos e a União Soviética. Esta nova configuração estrutural está na raiz da "pressão competitiva" que está crescendo ao redor do mundo e anunciando uma nova "explosão expansiva" do "sistema mundial moderno".

Assim mesmo, nas próximas décadas, o "núcleo duro" da competição geopolítica mundial deverá incluir ao lado dos Estados Unidos e da China, a Rússia, graças às suas reservas energéticas, ao seu arsenal atômico e ao tamanho do seu "ressentimento nacional" ou territorial, como ensinou Hans Morghentau. Um núcleo composto, portanto, por três "Estados continentais", que detêm um quarto da superfície da Terra e mais de um terço da população mundial. Nessa nova "geopolítica das nações", a União Européia terá papel secundário, ao lado dos Estados Unidos, enquanto não dispuser de poder unificado, com capacidade de iniciativa estratégica autônoma. E Índia, Irã, Brasil e África do Sul deverão aumentar o seu poder regional, em escalas diferentes, mas não serão poderes globais, ainda por muito tempo. Haverá uma nova "corrida imperialista", e ela provocará aumento dos conflitos localizados entre os principais Estados e economias do sistema. Mas é muito difícil prever os caminhos do futuro, depois desta nova "era imperialista". Seja como for, uma coisa é certa, do nosso ponto de vista: não haverá nada parecido a um "duelo final" entre os Estados Unidos e a China nesta primeira metade do século XXI. Pelo contrário, do ponto de vista econômico o que se deve esperar é uma fusão financeira cada vez maior entre a China e os Estados Unidos.

Maio de 2008

Referências bibliográficas

ABERNETHY, D. B. *The Dynamics of Global Dominance*. European Overseas Empires, 1415-1980. New Haven: Yale University Press, 2000.
ARRIGHI, G. *Adam Smith in Beijing*. Londres: Verso, 2007.
——. *O longo século XX*. Rio de Janeiro: Contraponto, 1994.
BROADMAN, H.G. "China and India Go to Africa". *Foreign Affairs*, mar./abr. 2008.
BRAUDEL, F. *A dinâmica do capitalismo*. Rio de Janeiro: Rocco, 1996.
BUKHARIN, N. *A economia mundial e o imperialismo*. São Paulo: Victor Civita, 1984 [1915].
BURNS, R.N. "America's strategic opportunity with India". *Foreign Affairs*, nov./dec. 2007.
COX, R. e SINCLAIR, T. J. *Approaches to World Order*. Cambridge: Cambridge University Press, 1996.
ELIAS, N. *O processo civilizador, vol. 2*. Rio de Janeiro: Jorge Zahar Editor, 1976 [1939].
——. *Envolvimento e alienação*. Rio de Janeiro: Bertrand Brasil, 1990.
FEARON, J.D. "Iraq's civil war". *Foreign Affairs*, mar./abr. 2007.
FERRO, M. *História das civilizações*. São Paulo: Companhia das Letras, 1996.
FIORI, J.L. "O poder global: formação, expansão e limites". In FIORI, J. L. *O poder americano*. Petrópolis: Vozes, 2004.
——. *O poder global e a nova geopolítica das nações*. São Paulo: Boitempo, 2007.
——. "O poder global dos Estados Unidos: formação, expansão e limites". In FIORI, J.L. (org.). *O poder americano*. Petrópolis: Vozes, 2004.
GILL, S. (org.). *Gramsci, Historical Materialism and International Relations*. Cambridge: Cambridge University Press, 1993.

HOBBES, T. *Leviatã ou Matéria, forma e poder de um Estado eclesiástico*. São Paulo: Victor Civita, 1983 [1652].

HOBSBAWM, E. *Age of Extremes. The Short Twentieth Century 1914-1991*. Londres: Michael Joseph, 1994.

HOURANI, A. *Uma história dos povos árabes*. São Paulo: Companhia das Letras, 2001.

INIKORI, J.E. *Africans and the Industrial Revolution in England*. Cambridge: Cambridge University Press, 2002.

KEOHANE, R. "The theory of hegemonic stability and changes in international economic regimes, 1967-1977". In HOLSTI et alii. *Change in International System*. Boulder: Westview Press, 1980.

KINDLEBERGER, C. *The World in Depression*. Berkeley: University of California Press, 1973.

——. *World Economic Primacy 1500-1990*. Oxford: Oxford University Press, 1996.

KISSINGER, H. *Does America Need a Foreign Policy?* Nova York: Simon & Schuster, 2001.

MAQUIAVEL, N. *O príncipe*. São Paulo: Victor Civita, 1983 [1517].

MALTA, M. M. "A teoria da acumulação de James Stuart: controvérsias no contexto da economia política clássica". Tese de doutoramento. Departamento de Economia da UFF, Niterói, 2005.

MORGENTHAU, H. *Politics Among Nations. The Struggle for Power and Peace*. Nova York: McGraw, 1993 [1949].

PRENDERGAST, J. e THOMAS-JENSEN, C. "Blowing the Horn". *Foreign Affairs*, mar./abr. 2007.

ROBERTS, P.C. *The Collapse of American Power*. Paul Craig Roberts Archive, 2008.

SERRANO, F. "Relações de poder e política macroeconômica americana, de Bretton Woods ao padrão dólar flexível". In FIORI, J. L. *O poder americano*. Petrópolis: Vozes, 2004.

SPUFFORD, P. *Money and its Use in Medieval Europe*. Cambridge: Cambridge University Press, 1989.

STRANGE, S. *States and Markets*. Londres: Pinter Publishers, 1988.

THOMAS-JENMSEN, C. "Blowing the horn". *Foreign Affairs*, mar./abr. 2007.

TYMOSHENKO, Y. "Containing Russia". *Foreign Affairs*, mai./jun. 2007.

WALLERSTEIN, I. *The Politics of the World-Economy*. Cambridge: Cambridge University Press, 1984.

——. *Após o liberalismo*. Petrópolis: Vozes, 2002.

WEBER, M. *General Economic History*. Nova York: Collier, 1961.

WESSELING, H.L. *Dividir para dominar. A partilha da África — 1880-1914*. Rio de Janeiro: Revan, 1998.

FRANKLIN SERRANO*

A economia americana, o padrão dólar flexível e a expansão mundial nos anos 2000

INTRODUÇÃO

O objetivo deste trabalho é discutir criticamente diversos aspectos do funcionamento da economia americana e do padrão dólar flexível no contexto da expansão da economia mundial dos anos 2000. A seção 1 apresenta de forma sucinta o prognóstico comum que aponta (mais uma vez) para a crise do padrão dólar e o conseqüente colapso do poder econômico americano e explica os traços gerais de nosso esquema de análise alternativo. A seção 2 utiliza este esquema para discutir o padrão de crescimento recente da economia americana distinguindo entre os fatores relacionados às suas tendências mais estruturais, aspectos cíclicos e implicações particulares da recente crise financeira deflagrada a partir dos problemas no mercado imobiliário subprime. A seção 3 discute a polêmica questão do déficit externo americano e as tendências do padrão dólar flexível. Na seção 4

---

*O autor agradece (sem implicar nas conclusões) aos professores José Luís Fiori e Carlos Medeiros (UFRJ), a Marcio Henrique de Castro (BNDES) e a Ernani Torres Filho (também do BNDES), pelas discussões sobre diversos aspectos dos temas tratados neste artigo; a Julia Braga (UFF), pelo uso de resultados de pesquisas conjuntas ainda não publicadas; ao professor Massimo Pivetti (Universidade de Roma 1), pelo acesso antecipado a trabalho seu ainda não publicado, e ao CNPQ pelo contínuo apoio financeiro.

analisamos algumas peculiaridades do ciclo de expansão recente da economia mundial e sua relação com a economia e a política econômica americana. A seção 5 apresenta breves observações finais sobre o poder econômico americano hoje.

1. UM PROGNÓSTICO MUITO COMUM E UMA PERSPECTIVA BEM DIFERENTE

O ponto é que os Estados Unidos estão em apuros porque, financeiramente, são dependentes do Leste da Ásia e também aumentou sua dependência do Sul em geral. Ao mesmo tempo, sua credibilidade militar foi mais corroída do que depois do Vietnã.

(Giovanni Arrighi entrevistado por Emir Sader no jornal *Folha de S.Paulo*, 2 de setembro de 2007)

The current crisis is not only the bust that follows the housing boom, it's basically the end of a 60-year period of continuing credit expansion based on the dollar as the reserve currency. Now the rest of the world is increasingly unwilling to accumulate dollars.

(George Soros, no Fórum Econômico Mundial, Davos, Suíça, 23, de janeiro de 2008)

... E hoje temos Bretton Woods 2, em que muitos países ainda têm o dólar como referência, como a Argentina. E estamos assistindo ao colapso deste regime, porque o dólar deixou de ser a moeda de reserva do mundo.

(Nouriel Roubini, entrevista à revista *Carta Capital*, 16 de julho de 2008)

O déficit em conta corrente dos Estados Unidos começou a aumentar sistematicamente na primeira metade dos anos 1980, reduziu-se a quase zero na virada dos anos 1990 e depois cresceu continuamente até 2006, quando atingiu mais de 6% do PIB. Na segunda metade dos anos 1980 os Estados Unidos se tornaram devedores externos líquidos e atualmente são os maiores devedores externos líquidos do mundo em termos absolutos.[1] Também desde a primeira metade dos anos 1980 não faltam autores das mais variadas abordagens em termos teóricos, ideológicos e políticos e profissionais que falam da iminente crise do dólar.[2]

A recente crise financeira nos Estados Unidos, deflagrada em 2007, que se agrega a uma tendência de desvalorização do dólar em relação ao euro e várias outras moedas, nos trouxe outra rodada de análises dos que acreditam (ou torcem para) que o dólar entre em crise e deixe de ser a moeda mundial no futuro próximo. Estes analistas argumentam que o iminente colapso do dólar levaria a uma profunda recessão nos Estados Unidos e/ou na economia mundial.

Para piorar o quadro, uma explosão dos preços do petróleo (e sua suposta crescente escassez), atribuída em parte à derrota militar no Iraque e em parte à própria desvalorização do dólar, assim como a recém-descoberta escassez mundial de alimentos, apontam para um quadro sombrio, onde seria possível delinear, além de uma forte recessão nos Estados Unidos, uma aceleração da inflação americana e mundial.

É verdade que às vezes não é muito fácil entender como se pode combinar no mesmo cenário uma crise financeira que leva a uma recessão por problemas de falta de demanda agregada (e, portanto, um excesso generalizado de oferta) com a idéia de escassez crônica

---

[1] Em relação ao PIB, o passivo externo líquido americano oscila em torno de 20-25%.
[2] A lista de autores que considera que o déficit em conta corrente americano levará mais cedo ou mais tarde à crise final do padrão dólar é imensa e inclui jornalistas, investidores, economistas ortodoxos e analistas de mercado conservadores de todos os tipos como George Soros, Stephen Roach Martin Wolf, Nouriel Roubini, Barry Eichengreen, Maurice Obstfeld, Ken Rogoff, Fred Bernstein, Paul Krugman, Olivier Blanchard, Jeffrey Frankel, Larry Summers, Morris Goldstein, entre outros. A lista dos heterodoxos que já partilharam desta visão também não fica atrás e inclui, entre outros, Giovanni Arrighi, Anwar Shaikh, Jayati Ghosh, Wynne Godley, Robert Blecker, Jane D'Arista, Dean Baker, Tom Pailley, James Galbraith, Arturo O'Connell e Celso Furtado.

de petróleo e alimentos (que evidentemente não poderia se sustentar sem um rápido crescimento da demanda). Mas em suas melhores versões este prognóstico duplamente sombrio é apresentado de duas formas mais coerentes. Alguns dizem que o problema de curto prazo é o de falta de demanda, enquanto o de longo prazo é o da escassez da oferta. Outros argumentam que está havendo um desacoplamento entre o crescimento dos Estados Unidos e os países desenvolvidos, de um lado, e dos países em desenvolvimento, de outro. Assim, a crise nos países ricos é financeira e de falta de demanda, e nos demais, exatamente porque continuam a crescer rapidamente, seria de escassez de petróleo e alimentos.

De maneira geral, os que acreditam na decadência do poder americano a partir da crise do dólar seguem, com algumas variações, um raciocínio do seguinte tipo: 1. Os Estados Unidos vivem acima dos seus meios com grandes déficits em conta corrente e são, de longe, o maior país devedor do mundo; 2. Estes déficits externos ocorrem não só porque o governo com freqüência está em déficit mas, principalmente, cada vez mais, porque as famílias americanas não poupam; 3. As famílias americanas não poupam porque a política monetária excessivamente expansionista produz bolhas nos preços de ativos financeiros e booms de crédito; 4. Os déficits externos são financiados por investidores externos privados e públicos, especialmente pelos países asiáticos que adotam uma estratégia mercantilista de acumulação de reservas externas e câmbio subvalorizado; 5. Com o estouro da crise financeira associada ao mercado imobiliário subprime e a desvalorização do dólar, estes investidores vão parar de financiar o déficit americano; 6. Isto levará a uma forte e descontrolada desvalorização do dólar ("*hard landing*"); 7. A desvalorização do dólar levará a um grande aumento das taxas de juros americanas, aumento da inflação e forte recessão nos Estados Unidos (e talvez no mundo); 8. Finalmente, esta crise geral dos Estados Unidos levará ao progressivo abandono do dólar como moeda internacional (possivelmente substituído, ao menos em parte, pelo euro) e para muitos marcará o fim do poder econômico americano, que se sustenta em grande parte no poder do dólar.

O curioso é que não é a primeira vez que a mesma cadeia de raciocínio foi defendida por uma enorme quantidade de analistas. Afinal, o termo *hard landing* do dólar data das discussões da primeira metade dos anos 1990. Nada disso aconteceu à época, mas a discussão aparece novamente durante toda a segunda metade dos anos 1990. A única diferença em relação à discussão atual é que a bolha que ao explodir levaria à profunda crise da economia americana e ao fim do padrão dólar flexível era a bolha da bolsa de valores, especialmente nas ações de empresas de alta tecnologia da chamada "Nova Economia". Nenhuma destas previsões sombrias se concretizou, mas no novo século (e com uma nova bolha, agora imobiliária) as mesmas previsões estão sendo feitas pelos mesmos analistas.[3] Será que desta vez será diferente, dada a reconhecida gravidade da crise financeira detonada a partir dos mercados hipotecários subprime?

Neste trabalho vamos apresentar uma avaliação bem diferente deste prognóstico sobre o que está acontecendo com o padrão dólar, as tendências da economia americana e a relação entre a economia e a política econômica americana com a economia mundial. Esta avaliação diferente é resultado de nossa perspectiva de análise, que é totalmente diferente da imensa maioria das demais análises do tema no que diz respeito a três aspectos principais:

Em primeiro lugar, não compartilhamos o hábito cada vez mais comum entre economistas que discutem estes temas de fazer extrapolações imediatas de qualquer mudança de curto prazo nas variáveis relevantes (tendência agravada pelos conhecidos e compreensíveis excessos de hipérbole da mídia na área econômica e financeira). Preferimos nos concentrar na análise de mudanças que nos parecem mais persistentes e significativas o suficiente para configurar uma nova tendência. Levamos em conta que as flutuações conjunturais,

---

[3] Para uma análise do que de fato ocorreu na virada do século ver Serrano (2004).

por mais dramáticas que pareçam em alguns momentos, com freqüência são apenas isso: oscilações conjunturais, que sempre ocorreram e nada mudam de significativo.

Em segundo lugar, seguimos um esquema de análise que tem como ponto de partida um fato fundamental sobre a economia americana e mundial nas últimas décadas cujas implicações mais óbvias continuam sendo ignoradas pela imensa maioria dos analistas.

O fato fundamental, que poucos levam devidamente em conta, é simples e bem documentado: praticamente a totalidade dos passivos externos americanos é denominada em dólares e praticamente todas as importações de bens e serviços dos Estados Unidos são pagas exclusivamente em dólar. Só este simples fato gera uma enorme assimetria entre o ajuste externo dos Estados Unidos e dos demais países, o que infelizmente não é bem compreendido pelos analistas.

A rigor, uma boa parte do que vamos dizer (especialmente na seção 3 a seguir) depende apenas do reconhecimento deste fato largamente conhecido e independe da aceitação da terceira diferença marcante entre nossa perspectiva e as demais, que é o esquema de análise teórica específico que adotamos. Mas é importante tornar explícito quais são os pontos centrais deste esquema, pois nos levam a uma interpretação muito diferente da dinâmica da economia americana e internacional.

Esse esquema, que temos usado há bastante tempo, baseia-se na abordagem clássica do excedente na forma como foi retomada e modernizada com base na obra de Sraffa e Garegnani a partir dos anos 1960 em Cambridge, Inglaterra. Este esquema de análise teórico tem três aspectos principais que nos interessam aqui.

O primeiro aspecto importante a ser ressaltado de nosso esquema teórico (e que será introduzido na seção 2) é que, nesta visão, a tendência do crescimento das economias capitalistas normalmente é puxada pela evolução da demanda efetiva. A idéia básica é que a expansão sustentada do mercado final (gastos em consumo, gastos públicos, exportações e investimento residencial), em última instância, explica a tendência de crescimento do investimento que cria capacidade para o setor privado da economia e, portanto, do produto potencial.[4] Essa visão contrasta fortemente com a idéia de que a oferta de poupança, a disponibilidade de mão-de-obra e o crescimento exógeno da eficiência dos fatores de produção capital e trabalho é que determinam o produto potencial da economia.

Um segundo aspecto do esquema teórico adotado que vale a pena enfatizar (e será utilizado na seção 4) é que nessa abordagem, independentemente da fortíssima volatilidade de curto prazo de diversos mercados, a tendência da inflação e também das mudanças de preços relativos (nacionais e internacionais) depende necessariamente dos custos de produção, que são determinados pela evolução da tecnologia e das variáveis distributivas (salários, impostos indiretos e rendas de diversos tipos). Estas variáveis distributivas, por sua vez, são fortemente influenciadas por fatores políticos e institucionais. Naturalmente, esse ponto de vista contrasta fortemente com a visão usual de que a tendência dos preços relativos seria um índice da "escassez relativa" dos produtos e dos fatores de produção utilizados em seu fabrico.

O terceiro aspecto peculiar de nossa abordagem contrasta definitivamente com a visão, tão comum entre economistas ortodoxos e heterodoxos, de que o Estado perdeu poder para o mercado. Este diz respeito à forma como é fixada a taxa de juros, que é controlada pela política monetária. Além de o Banco Central fixar diretamente a taxa básica de juros de referência de curto prazo, as taxas de juros de títulos públicos de prazos mais longos, embora determinadas pelo mercado, são fortemente atreladas às expectativas do mercado sobre o curso futuro das taxas curtas fixadas pela autoridade monetária, o que implica que o Banco Central tem o poder de influenciá-las decisivamente.

---

[4]Ver Serrano (2008) e Freitas e Serrano (2007).

2. SUPERMULTIPLICADOR, SUPERSTARS, SUPERCAPITALISMO, SUPERÁVIT E SUBPRIME

Vejamos mais de perto inicialmente os três primeiros elos da estilização do prognóstico sombrio descrito anteriormente, ou seja, 1) que a economia americana estaria vivendo acima dos seus meios e o déficit externo seria resultado de um excesso de demanda agregada, 2) que as famílias americanas não poupam mais e 3) que a política monetária foi excessivamente expansionista nos anos recentes.

2.1 Supermultiplicador

Qualquer economia que tenha um déficit comercial (e de serviços não fatores) externo está por definição consumindo e investindo mais do que está produzindo. No entanto, isso só significa que esta economia está vivendo "acima dos seus meios" se o único motivo pelo qual existe um déficit externo é porque a economia não tem capacidade produtiva agregada suficiente para atender à demanda agregada.

É surpreendente a quantidade de economistas de todos os tipos, inclusive heterodoxos, que interpretam o déficit externo dos Estados Unidos como resultado de um excesso de demanda agregada.

No entanto, não nos parece haver nenhum indício de que a economia americana, nas duas últimas décadas em que se registraram déficits externos significativos, tenha tido o seu crescimento restringido pelo lado da oferta. No período que nos interessa mais aqui, referente aos anos 2000, isso certamente não ocorreu.

Vejamos os dados do indicador do Banco Central americano sobre o grau de utilização da capacidade produtiva (estoque de capital) da indústria americana,[5] que tem sempre forte correlação com demais medidas do chamado hiato do produto para a economia como um todo (Corrado e Mattey, 1997). Dos anos 1980 para cá,

---

[5] Dados disponíveis em www.economagic.com.

este indicador (que tem uma média em torno de 82%) atingiu o máximo de 85% só em três meses (em janeiro de 1989, dezembro de 1994 e janeiro de 1995). Já depois de 2000 o grau médio de utilização da capacidade parece ter se reduzido ainda mais, e o máximo atingido por alguns meses (em julho e agosto de 2006 e em julho e setembro de 2007) não passou de 81,3%. Sem dúvida isto não parece sinal de uma economia superaquecida.

Quando analisamos a taxa de desemprego aberto da força de trabalho,[6] de fato ela foi substancialmente reduzida ao longo da expansão da segunda metade dos anos 1990, chegando a 3,9% por alguns meses de setembro a dezembro de 2000. No entanto, como se sabe, nesse período a inflação nos Estados Unidos caiu continuamente em vez de aumentar, o que levou à total desmoralização da idéia muito difundida entre economistas na época de que qualquer taxa de desemprego aberto menor que 6% levaria a uma aceleração da inflação (a chamada Nairu — Non Accelerating Inflation Rate of Unemployment).[7]

De qualquer maneira, a partir de 2001 a taxa de desemprego aberto aumentou sem parar até atingir 5,5% em outubro de 2004 e depois reduziu e estabilizou em torno de 4,5% em setembro de 2006. Em meados de 2007 começou a subir novamente, seguindo a desaceleração da economia, até atingir 5,5% em maio de 2008. Decorre, então, que as taxas de desemprego (além do baixo crescimento dos salários nominais nos anos 2000) também não apontam para uma economia aquecida.

Na realidade o crescimento da economia americana é limitado pela demanda agregada e não pela oferta. Isso significa que a causa dos seus

---

[6] O indicador utilizado é a taxa de desemprego civil fora do setor agrícola com ajuste sazonal, calculada pelo Bureau of Labor Statistics (disponível em www.economagic.com).
[7] Para a análise do crescimento americano neste período ver Braga e Serrano (2006). Para a discussão econométrica das mudanças na Nairu nos Estados Unidos, ver Braga (2006). Como a economia é uma ciência muito peculiar, depois do fracasso completo da idéia da Nairu, um dos seus idealizadores (junto a Milton Friedman), Edmund Phelps, recebeu o Prêmio Nobel de Economia de 2006 (ver Serrano, 2006).

grandes déficits externos não pode ser excesso de demanda agregada ou insuficiência de poupança agregada, como querem tantos.

Ao contrário, a característica marcante do ciclo de expansão da economia americana nos anos 2000, que termina com a forte desaceleração da economia no final de 2007, é a baixa taxa média de crescimento, tanto da demanda agregada quanto da economia. No ano em que o PIB mais cresceu neste ciclo recente, a taxa de crescimento foi de apenas 3,6% (2004) e o crescimento médio do PIB entre 2001 e 2007 foi de 2,4% ao ano.[8] Se esta média se mantiver até o fim da década teremos a taxa de crescimento média mais baixa de todo o pós-guerra.[9]

Esse fraco desempenho pode ser atribuído ao baixo ritmo de crescimento médio da demanda, apesar da popularidade da visão de que a demanda nos Estados Unidos cresce a ritmo acelerado e tem que ser atendida pelo restante do mundo. No período de 2001 a 2007, a demanda agregada total nos Estados Unidos, isto é, a demanda gerada internamente mais as exportações, cresceu apenas 3,1% a.a., o que significa que, mesmo se as importações dos Estados Unidos não tivessem crescido nada, é improvável que faltasse capacidade produtiva no agregado para atender à demanda (e, na realidade, as importações cresceram 4,1% ao ano no período). A demanda gerada internamente (consumo das famílias, investimento privado total e gastos do governo) cresceu apenas 2,7% a.a. no período. Os gastos privados em consumo e investimento total, apesar da retórica sobre a exuberância dos gastos das famílias americanas, cresceram ainda menos: em média apenas 2,3% a.a.

---
[8]Todos os dados mencionados no restante desta seção dizem respeito a taxas de crescimento em termos reais e foram elaborados a partir das Contas Nacionais americanas disponíveis (já deflacionados e ajustados sazonalmente) no site Nipaweb (http://www.bea.gov/bea/dn/nipaweb/index.asp).
[9]Para análises mais detalhadas que mostram o baixo crescimento da economia americana no ciclo atual em relação a ciclos anteriores ver Bivens e Irons (2008) e Aron-Dine, Stone e Kogan (2008).

De acordo com o modelo de crescimento liderado pela demanda do supermultiplicador,[10] a taxa de crescimento da capacidade produtiva da economia depende da taxa de investimento produtivo, isto é, a razão entre o investimento não-residencial que cria capacidade para o setor privado da economia e o PIB. Devido ao processo de concorrência entre as empresas, esta taxa de investimento produtivo, por sua vez, tende a aumentar ou diminuir gradualmente de acordo com a tendência de crescimento da demanda agregada. Mais especificamente, a taxa de investimento produtivo tende a seguir as mudanças na taxa de crescimento dos gastos "improdutivos" ou finais, ou seja, todos os gastos que criam demanda mas não criam diretamente capacidade produtiva para o setor privado da economia. Nestes gastos estão incluídos o consumo das famílias, as exportações (inclusive de bens de capital, pois criam capacidade apenas no exterior), todos os gastos públicos (inclusive os investimentos públicos) e o investimento residencial.

Na economia aberta, nem todo o crescimento destes gastos estimula o investimento produtivo doméstico, pois uma parte (que é crescente no caso americano) desta demanda final será atendida por importações. De fato, como vimos no período entre 2001 e 2007, as importações cresceram mais do que a demanda agregada, o que significa que uma crescente parcela da demanda é atendida por importações. Mas, mesmo assim, existe uma forte relação entre a taxa de crescimento destes gastos improdutivos e a taxa de investimento produtivo na economia americana.

No período entre 2001 e 2007, a taxa de crescimento médio anual dos gastos improdutivos, que tinha sido de 3,5% na década de 1990 (e 4,1% no boom da segunda metade da década), caiu para 2,9%. Como conseqüência, a taxa de investimento produtivo caiu de

---

[10]Ver Freitas e Serrano (2007) e Serrano (2008). Para uma análise do crescimento da economia americana nos anos 1990 utilizando esta abordagem ver Braga e Serrano (2006).

11,1% do PIB nos anos 1990 (11,8% entre 1995 e 2000) para 10,4%, com as empresas tentando limitar o acúmulo de capacidade ociosa não planejada.

O crescimento da demanda no período se explica em parte pela política fiscal. Muitos autores consideram que a política fiscal americana nos anos 2000 foi extraordinariamente expansionista. O governo passou de um superávit fiscal (que chega a um pico de 1,93% do PIB no primeiro trimestre de 2000) para uma situação de déficit fiscal, que atinge 5,48% do PIB no terceiro trimestre de 2003.

Talvez a política fiscal tenha sido menos expansionista do que os números do déficit público podem nos fazer pensar. Sem dúvida a política fiscal se tornou mais expansionista a partir de 2001, especialmente depois do terrível choque causado pelos ataques terroristas de 11 de setembro. Os gastos totais do governo (civis e militares) cresceram a uma média de 2,3% ao ano entre 2001 e 2007 com a "guerra contra o terrorismo", enquanto nos anos 1990, com "o fim da Guerra Fria", os gastos públicos haviam crescido apenas 1,2% ao ano. De qualquer maneira, um crescimento de 2,3% ao ano não configura uma expansão tão expressiva. O grosso da mudança na situação fiscal parece ter sido causado por queda na receita tributária. Uma parte desta, que foi decidida discricionariamente pelo governo, se deve a corte de impostos, isenções fiscais e subsídios de vários tipos, especialmente em 2001 e em 2003. Apesar de sua magnitude considerável, estes cortes de impostos em muitos casos não tiveram impacto muito significativo sobre a demanda agregada, pois beneficiaram empresas (que têm por característica não investir quando existe muita capacidade produtiva ociosa) e famílias bastante ricas, que têm relativamente menor propensão marginal a consumir, isto é, não têm porque ampliar o consumo significativamente quando aumenta suas já substanciais rendas e riquezas.

Outra parte substancial da diminuição relativa da arrecadação vem da queda endógena da arrecadação, que é resultado da própria desaceleração do crescimento econômico. Além disso, um fator pouco enfatizado, mas que parece ter tido grande importância tanto para explicar os substanciais superávits fiscais no final do governo Clinton quanto a rápida passagem para grandes déficits na administração de George W. Bush, foi a imensa bolha especulativa nas bolsas de valores americanas que começa a crescer em 1995 e estoura em 2000. As receitas de impostos sobre ganhos de capital cresceram muito com o boom da bolsa e caíram dramaticamente com seu final, bem antes dos pacotes de corte de impostos. É pouco provável que esta flutuação da arrecadação dos impostos sobre ganhos de capital tenha tido qualquer impacto significativo sobre a demanda agregada da economia, mas é significativo que a trajetória do superávit (e depois déficit) público siga o mesmo timing da bolha da bolsa.[11]

Se, em geral, o papel expansionista da política fiscal no período de 2001 a 2007 tende a ser superestimado por conta da grande virada nas contas públicas, a importância das exportações para o crescimento da economia americana tem sido bastante subestimada.

Mesmo entre os economistas que vêem o crescimento como resultado de impulsos de demanda, a maioria considera que um déficit comercial (de mercadorias e serviços não fatores) sempre reduz a demanda atendida pela produção doméstica e portanto leva a uma contração do produto. Nesta visão, somente um superávit comercial ou (no caso de já existir) uma redução do déficit externo poderia ter efeitos positivos diretos de contribuir para o aumento do PIB. No caso americano recente, como o déficit externo em conta corrente nos anos 2000 tendeu a crescer até o final de 2005, chegando a atingir mais de 6% do PIB, a imensa maioria dos economistas[12] e o

---

[11]Um dos primeiros a chamar a atenção para essa virada nas contas fiscais americanas foi Godley (ver Godley e Izurietta, 2004), mas a despeito de seu discurso em favor da análise consistente de fluxos e estoques, o autor não dá a devida importância às receitas fiscais derivadas da bolha da bolsa.

[12]Ver Godley e Izurietta (2004), Palley (2006) e dezenas de outros. A única exceção que conheço é Ray Fair (2005), que, embora não discuta explicitamente o tema, faz os cálculos da forma que parece ser a correta. O autor mostra que o baixo crescimento das exportações em si foi uma das causas do baixo crescimento da economia americana depois de 2000.

próprio Bureau of Economic Analysis do Departamento de Comércio, órgão do governo americano responsável pelo cálculo das Contas Nacionais, consideram que a contribuição do setor externo (i.e., exportações menos importações) ao PIB (em termos anuais) tem sido sempre negativa desde 1992, a não ser em 2007, quando o déficit externo caiu em proporção ao PIB pela primeira vez em todo este período.[13]

A análise correta do papel do setor externo na determinação do crescimento do PIB deve ser feita levando em conta que o produto vai ser dado pela proporção da demanda agregada (tamanho da demanda interna mais exportações) que é atendida pela produção interna. Assim, independentemente do que ocorre com o saldo comercial, qualquer coisa que aumente a demanda interna ou as exportações expande a economia. Qualquer coisa que aumente a parcela desta demanda agregada que se transforma em importações diminui o produto.

Para avaliar adequadamente o impacto do setor externo americano sobre o crescimento da economia americana, é preciso levar em conta duas coisas: o ritmo de crescimento das exportações e o aumento da proporção da demanda agregada que é atendida por importações.

De fato, a tendência de longo prazo de maior abertura da economia americana levou a um crescimento regular da proporção da demanda agregada atendida por importações, que passou de cerca de 5% em meados dos anos 1960 para quase 20% em 2006-2007.

A expansão do conteúdo importado da demanda agregada tem, sem dúvida, um efeito negativo sobre o crescimento da economia americana. Mas, por outro lado, o crescimento acelerado das exportações tem um efeito bastante positivo. Se o crescimento da proporção importada da demanda é gradual e a taxa de crescimento das expor-

---

[13] Ver no site do Nipaweb, http://www.bea.gov/bea/dn/nipaweb/index.asp, a tabela 1.1.2.

tações é rápida, o efeito líquido do setor externo da economia é positivo, mesmo que a economia apresente déficits externos crescentes.

Nossa impressão a partir de cálculos preliminares é que, no caso americano, o efeito positivo do rápido crescimento das exportações americanas e do comércio mundial nas últimas décadas, em geral, prevalece sobre o gradual crescimento do componente importado, e portanto, ao contrário do que dizem a maioria dos analistas, o setor externo americano não tem prejudicado e sim tido uma contribuição pequena mas positiva para o crescimento do produto liderado pela demanda nos Estados Unidos.

Ao efeito direto do crescimento das exportações, mencionado anteriormente, deve-se somar o efeito "multiplicador" do consumo de produtos americanos derivados dos salários pagos nas indústrias exportadoras e, adicionalmente, os possíveis efeitos "aceleradores" sobre o investimento produtivo do aumento da utilização da capacidade instalada nos setores exportadores da economia. É desta forma que as exportações contribuem para o crescimento a partir do supermultiplicador.

As exportações americanas cresceram em média 7,1% ao ano no período 1991-2000, transformando-se, a despeito dos crescentes déficits externos, num importante componente da demanda na economia americana. Entre 2001 e 2003, como resultado da desaceleração da economia mundial as exportações americanas cresceram à taxa negativa de –1,9% a.a.[14] e depois se recuperaram fortemente com a retomada do crescimento na economia mundial e a tendência à desvalorização do dólar, crescendo a 8,3% a.a. entre 2004 e 2007, o que gerou uma média de 3,7% no período de 2001 a 2007 como um todo.[15] Como veremos adiante, o crescimento acelerado das

---

[14]Fair (2005) nota que o baixo crescimento das exportações foi uma das principais causas do baixo crescimento da economia americana nesses anos.
[15]Por nossos cálculos preliminares utilizando nossa metodologia alternativa, a contribuição do setor externo (exportações e importações) ao crescimento da economia americana só foi realmente negativa nos anos em que a própria taxa de crescimento das exportações foi negativa (2001 e 2002).

exportações no período mais recente cumpriu um importante papel de compensar a queda do crescimento da demanda interna a partir dos desdobramentos da crise do subprime.

2.2 Superstars do supercapitalismo?

Já vimos que a economia americana nos anos 2000, apesar dos grandes déficits externos, não está propriamente "vivendo acima dos seus meios". Teremos, portanto, que procurar a causa de seus déficits externos em outros fatores. O crescimento relativamente baixo da economia nesta década de 2000 é puxado pela evolução da demanda, e não restrito pela oferta. Já discutimos também o crescimento geral da demanda agregada no período e o papel específico da política fiscal e do crescimento das exportações (e importações).

O próximo passo é tratar da questão do comportamento dos gastos em consumo e particularmente da idéia muito difundida da queda da poupança das famílias americanas, que tanto preocupa os analistas. Para entender o que está ocorrendo com o consumo na economia americana é necessário antes chamar a atenção para uma das mais importantes tendências recentes nos Estados Unidos: o forte aumento da desigualdade da distribuição de renda e riqueza, com fortíssima concentração de ganhos no topo da distribuição.

Estas tendências vêm pelo menos desde o início dos anos 1980 e continuaram se aprofundando nos anos 2000. Praticamente todo aumento de produtividade neste período aumentou as rendas dos 10% mais ricos. Além disso, houve intenso aumento da desigualdade entre os 10% mais ricos, pois a participação dos 1% mais ricos cresceu significativamente.[16]

No período mais recente, a renda se concentrou a partir tanto de uma mudança na distribuição funcional da renda quanto em termos da distribuição pessoal (ou por domicílio). Houve uma queda

---

[16]Para dados ver Dew-Becker e Gordon (2005, 2008) e Piketty e Saez (2006 e 2007).

na participação da renda do trabalho, um aumento da parcela das rendas da propriedade em geral e, em particular, da parcela dos lucros das empresas (de sociedade anônima).

A distribuição da renda pessoal continuou a concentrar-se, com baixíssimo crescimento dos salários reais dos trabalhadores ligados à produção e dos trabalhadores menos qualificados em geral (muito abaixo das relativamente altas taxas de crescimento da produtividade) e a continuação da tendência ao crescimento acelerado das remunerações dos níveis superiores de gerência, em particular dos que ocupam cargos de direção em grandes empresas, os CEOs (*Chief Executive Officers*), que nos Estados Unidos tendem cada vez mais a ser pagos com opções de ações das próprias empresas, mas cujos pagamentos continuam oficialmente classificados como remuneração do trabalho.

O crescimento desproporcional das remunerações dos que têm sido chamados de profissionais superstars — que incluem esses chefes executivos e também alguns profissionais muito bem pagos na área de entretenimento (esportes e artistas), assim como alguns advogados de grandes escritórios e altos gerentes de bancos de investimento e outras instituições financeiras — tem sido tão grande, que, recentemente, pela primeira vez na história, o 1% mais rico está recebendo mais renda (supostamente) do trabalho que da propriedade (juros, dividendos e aluguéis).

As diversas causas desse contínuo processo de concentração de renda e riqueza estão ligadas à forte redução do poder de barganha econômico e político dos trabalhadores nos Estados Unidos, com o correspondente reforço no poder de barganha das classes proprietárias e da elite gerencial das grandes empresas.

Quanto à distribuição funcional da renda, é interessante notar que a parcela dos lucros não foi reduzida nos anos 2000, apesar da tendência a uma moderada redução dos níveis das taxas de juros reais. Essa taxa define o custo financeiro e o custo de oportunidade do capital e estabelece um piso mínimo de rentabilidade para o capital a longo prazo em condições competitivas, o que provavelmente reflete o fato de que boa parte dos substanciais ganhos de produtividade não foram repassados em termos de menores preços dos bens e serviços.

No caso dos salários reais de base, as principais causas de seu baixo crescimento parecem estar relacionadas ao efeito combinado de fatores ligados à imigração, à crescente abertura comercial, à redução do poder dos sindicatos e à perda de valor real do salário mínimo, embora seja muito difícil especificar qual tem sido a contribuição de cada um destes fatores isoladamente.

Uma característica marcante da economia americana atual é a quantidade de imigrantes legais e ilegais na força de trabalho. Mais da metade do crescimento da força de trabalho de 1995 a 2005 é devido aos novos imigrantes. Desde 1990 existem nos Estados Unidos mais trabalhadores nascidos no exterior (14,7% da força de trabalho) do que negros americanos na força de trabalho. A grande quantidade de novos imigrantes (e especialmente os ilegais) exerce forte pressão para baixo nos salários de ocupações menos qualificadas, que com freqüência já são efetuadas por imigrantes mais antigos.

A crescente abertura comercial da economia americana também pressiona os salários para baixo. O componente importado na indústria é crescente e já atinge 20% na produção de insumos intermediários. Em menor escala, é cada vez mais importante o chamado *offshoring*, a importação de serviços na área de informática (e outros mais simples do tipo call center) de países de língua inglesa, boa infra-estrutura de internet e trabalhadores com qualificações técnicas, como a Índia e algumas ilhas do Caribe.

Durante anos se discutiu nos Estados Unidos se acordos comerciais como o Nafta, que abria mais o mercado americano para importações mexicanas, ou a crescente utilização de fornecedores chineses teriam forte impacto de perda de empregos nos Estados Unidos. A rigor, não parece ter havido perda significativa nos níveis de emprego, mas certamente o poder de barganha dos trabalhadores na indústria e seus salários reais parecem ter sofrido o impacto da concorrência externa e das constantes ameaças de realocação de fábricas de empresas americanas em países de custos salariais menores e câmbio desvalorizado em relação ao dólar.

Os sindicatos continuaram a perder poder e representatividade na economia americana nos últimos anos. Tem sido mantida, desde o governo Reagan, a tendência do crescimento do emprego em empresas que não aceitam a sindicalização, como a Wal-Mart. Finalmente, o salário mínimo federal passou dez anos sem qualquer reajuste nominal, entre 1997 e 2007, o mais longo período sem reajuste nominal de sua história. O valor real caiu cerca de 20% antes da parcial recuperação devido à recente seqüência de reajustes em 2007 e 2008.

O impacto conjunto de todos os fatores, num contexto de crescimento relativamente baixo do emprego, foi o baixo crescimento do salário real mediano, que de 2000 a 2007 cresceu apenas 3% enquanto a produtividade cresceu cerca de 20% no período.

Além do baixo crescimento dos salários dos trabalhadores menos qualificados, o que mais chama a atenção no processo de concentração de renda e riqueza em curso na economia americana é o crescimento exponencial das remunerações dos executivos das grandes empresas, que passaram de 24 vezes o salário médio em 1966 para 35 vezes em 1979. A razão aumenta na década seguinte e chega a 71 em 1989. Nos anos 1990, a concentração aumenta a um ritmo ainda maior e a remuneração dos executivos passa a ser 300 vezes maior que o salário médio em 2000, no auge da bolha da bolsa. Com a queda da bolsa a razão cai para 143 em 2002. Mas em 2005 já havia aumentado novamente e em média um CEO recebia US$10.982.000 por ano, 262 vezes o salário médio.[17]

---

[17] Ver Mishel, Bernstein e Allegretto (2006).

Existe grande controvérsia sobre as causas desse fenômeno. Há de um lado a explicação baseada na chamada economia dos superstars ou do "*the winner takes it all*". A teoria da remuneração dos superstars data dos anos 1980 e foi originalmente pensada para explicar as altas remunerações de uns poucos artistas e esportistas na área de entretenimento nos Estados Unidos. A idéia é que, de um lado, os consumidores preferem, se possível, ver a performance daquele que é considerado o melhor profissional de cada área (cantores pop, jogadores de golfe e beisebol etc.) e, de outro, as novas tecnologias, como vídeo, CDs etc., permitem reproduzir o trabalho desses profissionais em grandes quantidades e distribuí-lo para o mercado mundial. Por causa dessas imensas economias de escala, valeria muito mais a pena, mesmo em condições competitivas, pagar uma remuneração ao melhor profissional de cada área do que proporcional à superioridade de seu talento em relação a seus rivais próximos.

Mais recentemente, este mesmo raciocínio de que o mercado de grandes profissionais é como um campeonato ou torneio, onde os mais competentes recebem remunerações desproporcionalmente maiores, foi aplicado para explicar a explosão da remuneração dos executivos. Diversos autores argumentam que estas remunerações são resultado da concorrência acirrada por talento empresarial. Estes autores se incluem num amplo espectro ideológico e político e vão desde economistas que consideram estas remunerações justas aos que, embora lamentem o crescente fosso entre muito ricos e o resto dos mortais, consideram estas remunerações um resultado inevitável do "supercapitalismo" mais competitivo e desregulado do que no passado, advindo do progresso técnico e da globalização.[18] Estes autores apontam para evidências de que o crescimento das remunerações dos executivos teria aumentado praticamente na mesma proporção que o valor de mercado das grandes empresas[19] e

---

[18] Ver o livro *Supercapitalismo*, de Robert Reich (2007).
[19] Essa é a tese de Gabaix e Landier (2008).

até para estudos que demonstram que o mero anúncio da contratação de um CEO superstar aumenta o valor de mercado da empresa que o contrata.

Esta explicação para o fenômeno tem, no entanto, uma série de problemas. Em primeiro lugar, a teoria dos superstars é baseada na noção de que as grandes empresas que contratam estes executivos estão operando em condições de livre concorrência em seus próprios mercados e, portanto, não teriam lucros anormais persistentes, o que é totalmente desprovido de sentido. As grandes empresas com grandes vantagens de escala, tecnologia própria, marcas e estratégias de diferenciação de produto globais consolidadas estão sem dúvida em condições de acirrada concorrência, mas com outras poucas grandes empresas do mesmo tipo no mundo (por exemplo, a Boeing compete acirradamente com a Airbus e com mais ninguém no mercado de grandes aviões de passageiros). Portanto, no mundo real, estas grandes empresas têm rendas diferenciais persistentes que podem ser barganhadas sob diferentes condições entre a cúpula gerencial e os acionistas, independentemente da suposta capacidade individual dos executivos de agregar valor à empresa.[20]

Além disso, não é nada claro como o argumento central da teoria dos superstars (de que o trabalho do profissional mais competente pode ser replicado a custo baixo em grande escala)[21] se aplica aos grandes executivos, advogados, sócios dos maiores escritórios ou

---

[20]Cowling e Tomlinson (2005) mostram como a maior abertura das economias tem levado ao crescimento e fortalecimento de oligopólios globais, com vários setores dominados por bem poucas empresas. Note que os preços relativos de vários produtos de fato tendem a cair mais rápido neste processo, uma vez que as grandes empresas globais têm grandes vantagens em termos de ganhos de produtividade. Só que não há por que acreditar que a queda dos preços é exatamente proporcional às quedas de custos, fora de condições livremente competitivas.

[21]Atualmente, mesmo para artistas e esportistas esta questão da capacidade de reproduzir seu trabalho a baixo custo como explicação de ganhos imensos parece duvidosa devido aos avanços mais recentes na tecnologia, que permitem a qualquer consumidor baixar da internet ou copiar em CDs e DVDs o trabalho dos superstars, o que tem causado muita polêmica e reclamações por parte dos grandes estúdios de cinema e gravadoras de disco.

gerentes de bancos de investimento que, por mais admirados que sejam atualmente pela mídia e parte da academia, ao menos por enquanto não parecem ter a propriedade de estar em vários lugares ao mesmo tempo.

Também do ponto de vista empírico a evidência a favor da teoria dos CEOs superstars é bem mais frágil do que parece. Sem dúvida a remuneração dos executivos tem crescido com os lucros e com o aumento do valor das grandes empresas na bolsa, mas o crescimento destas remunerações parece ter sido bem mais do que proporcional ao crescimento dos lucros e do valor das ações e tem, recentemente, caído bem pouco, apesar da grande queda dos lucros e do valor das ações de muitas grandes empresas no período mais recente.[22] Além disso, o estudo de Malmendier & Tate (2008) mostra que o aumento no preço das ações das empresas, que ocorre logo após o anúncio da contratação de um CEO superstar, é temporário. As ações destas empresas tendem a cair depois de algum tempo a um nível inferior ao de antes da contratação.

Uma explicação mais razoável à tendência ao forte crescimento destas remunerações parece depender de outros fatores. Um deles foi a forte redução do grau de progressividade dos impostos nos Estados Unidos, principalmente a partir de 1986, e que foi muito reforçada pelas reduções de impostos nos anos 2000, particularmente sobre ganhos de capital. Isto tornou mais interessante para as empresas transformar lucros anormais em "salários" de gerentes (muitos dos quais já são grandes acionistas das empresas, como Jeff Bezos da Amazon ou Bill Gates da Microsoft). Outro fator importante foi a perda de poder dos sindicatos, que no passado exerciam forte pressão para a normatização e o controle do leque das remunerações e salários relativos dentro das empresas, além de pressionar por (e, com freqüência, conseguir) aumentos salariais para o conjunto dos fun-

---

[22] Ver Dew-Becker e Gordon (2008).

cionários quando as empresas obtinham ganhos de produtividade e lucros persistentemente elevados.

Outra força importante na direção de altas remunerações desses profissionais está ligada à combinação das mudanças na tributação mencionadas anteriormente com a crescente desregulamentação financeira, que também começa a partir dos anos 1980. Ao longo deste período, foi uma prática aceita e cada vez mais comum entre as empresas comprar suas próprias ações com seus lucros. Isto, de um lado, defende a gerência contra iniciativas de *take overs* hostis, que ocorrem quando a empresa está com muita liquidez e lucros retidos, e ao mesmo tempo tende a valorizar as ações. A baixa taxação dos ganhos de capital tem feito com que, cada vez mais, as empresas americanas paguem menos dividendos e recomprem mais ações, o que faz a renda dos acionistas depender cada vez mais dos movimentos dos preços das ações. Ao mesmo tempo, difundiu-se a prática de pagar os "salários" de executivos contratados em grande parte com opções de compra de ações a preços predeterminados, com o objetivo tanto de evitar impostos como de gerar incentivos para que a gerência tenha ainda mais interesse em preservar e ampliar o valor de mercado da empresa a longo prazo. Essas práticas, em um ambiente pouco regulado por instituições do governo, foram dando aos executivos uma imensa capacidade de manipulação (com freqüência fraudulenta e quase nunca transparente) das variações de curto prazo dos preços das ações, reforçando substancialmente o poder dos gerentes em relação aos acionistas e, portanto, sua capacidade de se apropriar de parte dos lucros anormais das empresas, a despeito da retórica de que o mercado de ações competitivo disciplinaria os executivos e subordinaria seus interesses aos dos demais acionistas.

2.3 Superávit

Agora que já vimos que o crescimento da economia americana em geral não tem estado limitado pelo lado da oferta nas últimas décadas e que neste período ocorreu um persistente processo de concentração de renda e riqueza, podemos voltar à nossa discussão dos elos do prognóstico comum sobre o declínio do dólar e do poder econômico dos Estados Unidos e examinar a tese, defendida tanto por autores ortodoxos quanto por uma grande parte da heterodoxia dita keynesiana, de que as famílias americanas não poupam e que isto estaria por trás do déficit *externo* dos Estados Unidos.

Este argumento é apresentado de várias formas. Às vezes, diretamente em termos de dados sobre a tendência ao declínio da taxa de poupança das famílias, isto é, a diferença entre a renda disponível das famílias e o consumo (como proporção da renda disponível). Em geral autores mais heterodoxos apresentam exatamente o mesmo argumento em termos de queda do superávit financeiro das famílias (confusamente chamado de poupança líquida das famílias) em relação à sua renda disponível. Neste caso, o superávit financeiro significa a renda disponível menos os gastos, tanto em consumo quanto em investimento residencial.

Outra maneira como o argumento é apresentado é em termos de queda da taxa de poupança do setor privado como um todo (famílias e firmas) ou, no caso dos heterodoxos, queda do superávit financeiro do setor privado como um todo — a diferença entre a renda disponível do setor privado e os gastos privados totais em consumo e investimento das empresas e famílias, como proporção da renda disponível do setor privado.[23]

Seja qual for a forma de apresentação, o argumento é substancialmente o mesmo. Basicamente se diz que os cidadãos americanos pararam de poupar porque não precisam mais, uma vez que a valo-

---

[23] Ver Godley, Papadimitriou, Hannsgen e Zezza (2007).

rização da riqueza financeira através da bolsa de valores e o aumento do valor dos imóveis os levam a consumir (e investir) cada vez mais, através do chamado "efeito riqueza", o que reduziria a taxa de poupança e o saldo financeiro das famílias e do setor privado como um todo.

Existem, é claro, divergências sobre as conseqüências e implicações desse processo, mas é impressionante o consenso a seu respeito. Autores mais ortodoxos, baseados na premissa de que os preços dos ativos financeiros em geral e das ações da bolsa e dos imóveis, em particular, representam adequadamente o valor fundamental dessa riqueza, consideram que tal processo é perfeitamente sustentável, uma vez que a riqueza dos cidadãos está de fato aumentando, o que naturalmente permite o descasamento temporário entre consumo e renda corrente por meio do uso de um sistema de crédito eficiente e competitivo.

Outros autores são bastante céticos sobre esse processo na medida em que acreditam, com toda a razão, que as avaliações de mercado têm seguido bolhas especulativas (primeiro na bolsa e, nos anos 2000, em imóveis) com pouco ou nenhum fundamento econômico de longo prazo.

Existem até os que dizem que este processo na realidade configura um novo modo de regulação do capitalismo: o capitalismo patrimonial (ou liderado pelas finanças). Neste, até a estagnação dos salários reais da maioria, por exemplo, não é tão importante, pois os trabalhadores também se tornaram sócios do capitalismo através das ações que possuem, especialmente nos fundos de pensão privados, e, portanto, também se beneficiam do aumento da rentabilidade das empresas.[24]

Mas vejamos então o que ocorreu de fato com o gasto de consumo nos Estados Unidos. Pelo argumento do boom de demanda puxado pelo efeito riqueza, devemos esperar que o consumo tenha altas

---

[24] Esta parece ser a visão de Aglietta (2005).

taxas de crescimento real tanto em termos absolutos quanto em relação à demanda agregada como um todo.

Aqui é importante distinguir entre os anos 1990 como um todo, a segunda metade da década de 1990 e os anos 2000. Se observarmos os dados para a segunda metade da década de 1990 apenas, de fato o consumo cresceu a taxas relativamente elevadas (embora não espetaculares) de 4,1% ao ano. Mas para os anos 1990 como um todo o crescimento médio é de 3,5% a.a., e para o período 2001-2007 foi de somente 3% a.a. Não apenas o crescimento do consumo não tem sido tão intenso quanto se diz como também, em todos estes períodos, o crescimento do consumo foi mais lento que o da demanda agregada como um todo (consumo, investimento privado total, gastos públicos e exportações).[25]

Muitos autores que se preocupam com a queda do superávit financeiro das famílias ou do setor privado mostram que o consumo tem crescido sistematicamente mais do que o Produto Interno Bruto. Mas como a economia americana é aberta e o consumo não cresceu mais que o resto da demanda agregada, este aumento do consumo em relação ao produto é, a rigor, um resultado do fato de que as importações cresceram a um ritmo mais veloz que a demanda agregada, em todos os períodos. Desta forma, nos parece mais razoável pensar que é o déficit externo que está fazendo o consumo crescer mais do que o produto, e não o crescimento absoluto excessivo do consumo que está causando o déficit externo.

Outros autores mostram que os gastos em consumo cresceram muito mais do que a renda disponível das famílias, tanto nos anos 1990 quanto nos anos 2000. Mas se os níveis de consumo não cresceram a taxas tão altas, o que ocorreu é que a renda disponível das famílias cresceu pouco. Mas por que teria acontecido isso? Aqui se

---

[25]Entre 1991-2000 a demanda agregada cresceu 4,3%; de 1995-2000, 5,2%; e de 2001-2007, 3,1%. Nestes três períodos, o consumo cresceu menos que a demanda doméstica (consumo, investimento total e gastos públicos).

combinam vários fatores além da menor taxa de crescimento do produto interno bruto mencionada no parágrafo anterior. Um deles, que teve grande importância neste período de fortes flutuações na bolsa de valores, está ligado ao fato de que nas estatísticas das Contas Nacionais oficiais americanas os ganhos de capital não são contabilizados como um aumento da renda disponível, enquanto que os impostos sobre estes ganhos são. Assim, mesmo com uma reduzida taxação dos ganhos de capital, temos que uma valorização da bolsa aparece diminuindo a renda das famílias, embora as famílias tenham ficado mais ricas e não mais pobres.[26]

Outro fator muito importante para o baixo crescimento da estatística da renda disponível das famílias está relacionado com o fato, mencionado anteriormente, de que as empresas americanas por motivos tributários cada vez pagam menos dividendos. Menores dividendos reduzem a estatística de renda disponível das famílias dos acionistas, mesmo que os lucros não distribuídos aumentem proporcionalmente (ou até mais por efeitos especulativos) o valor da carteira de ações destas mesmas famílias. Alguns estudos recentes têm mostrado que mais de 50% da queda da taxa de poupança das famílias americanas se deve a estes e outros problemas com as estatísticas oficiais.[27]

A partir desses estudos podemos ver que, fora fatores macroeconômicos como o crescimento das importações e, portanto, menor crescimento do produto e da renda do país em relação ao crescimento da demanda agregada, a queda da taxa de poupança das famílias

---

[26]Este efeito é ainda mais acentuado pela forma como os fundos de pensão privados operam nos Estados Unidos. Quando as ações na bolsa sobem as empresas podem contribuir menos para garantir as aposentadorias sob sua responsabilidade pois seus fundos de pensão se valorizam. Como a contribuição dos trabalhadores não muda e a contribuição dos empregadores diminui, o saldo entre as duas contribuições (a contribuição líquida) é somado à renda disponível, então aumentos nos preços das ações diminuem, também por esta via, a estatística de renda disponível dos trabalhadores, embora evidentemente estes não estejam mais pobres.
[27]Ver Guidolin e LaJeunesse (2007) e Steindel (2007).

reflete muito mais o aumento da poupança das empresas (cujos donos são também "as famílias") do que uma explosão da taxa de crescimento dos gastos em consumo.

Basta acrescentar a trajetória do crescimento dos investimentos residenciais para obtermos, com o mesmo tipo de argumento, uma explicação para a tendência de queda do superávit financeiro das famílias.

A queda da taxa de poupança privada agregada, por sua vez, é resultado da política fiscal na segunda metade dos anos 1990 e dos crescentes déficits externos desde os anos 1990, mas especialmente nos anos 2000. O importante é reter que o superávit financeiro privado é apenas um resultado final de forças macroeconômicas e não da decisão de gastar de um cidadão americano típico, seja lá o que isso for.

Aliás, a rigor, nos parece extremamente implausível, apesar da popularidade deste argumento, supor que a capacidade de poupança interna potencial de uma economia que está sofrendo um forte processo de concentração de renda e riqueza esteja sendo reduzida em vez de ampliada, uma vez que os ricos evidentemente são capazes de poupar muito mais que os pobres.

Além da suposição, freqüentemente implícita, de que o crescimento da economia americana está restrito pela oferta, a outra deficiência marcante nestas interpretações sobre a "gastança" do consumidor americano é a desconsideração deste forte processo de concentração de renda e riqueza.

O problema com a idéia de um forte efeito riqueza e da noção de capitalismo patrimonial (liderado pelas finanças), dos quais os trabalhadores também seriam sócios, é que a riqueza nos Estados Unidos é fortemente concentrada numa fração muito pequena da população.[28] Mais da metade da população sequer possui ações, e a

---
[28]Ver a crítica à tese do capitalismo patrimonial em Peralta e Garcia (2008).

grande maioria dos que as possuem, através da dotação de seus fundos de pensão, tem uma capacidade muito limitada de utilizar estas ações para alavancar seus gastos em consumo.[29]

Dada a enorme disparidade da distribuição da riqueza, o argumento de um forte efeito riqueza estimulando o consumo no agregado requereria que os ricos e muito ricos estivessem aumentando o seu consumo a taxas muito elevadas, que mais do que compensassem a tendência ao baixo crescimento do consumo da imensa maioria dos trabalhadores que não tiveram aumentos significativos de renda.

Essa explosão do consumo relativo dos ricos diante de um aumento da concentração de renda e riqueza evidentemente não ocorreu, corroborando as evidências de que, em geral, os ricos tendem a poupar relativamente muito mais que os mais pobres.

Pelo contrário, um fato marcante da evolução da economia americana nas últimas décadas tem sido que a crescente concentração de renda e de riqueza não tem vindo acompanhada por grande aumento da concentração da distribuição do consumo entre as diversas classes sociais. Isso ocorreu porque os ricos, de fato, têm uma maior propensão a poupar. Ademais, houve um enorme aumento na disponibilidade de crédito para as famílias de renda mais baixa que vivem de rendas do trabalho. Os ativos que serviram de colateral para essa imensa expansão do crédito têm sido, em grande parte, os próprios bens duráveis de maior valor comprados (basicamente automóveis) e as hipotecas das moradias destas famílias, que praticamente não têm patrimônio líquido acumulado (e sim dívidas). Os dados mostram que o crédito ao consumidor nos Estados Unidos se concentra em grande parte nos 80% mais pobres e que a proporção cresce para aqueles na parte inferior da distribuição de renda.

---

[29]Para dados sobre a estrutura de classes e a desigualdade nos Estados Unidos ver Wolff e Zacharias (2007).

Foi essa crescente substituição de salário por crédito que manteve o consumo agregado crescendo a taxas razoáveis, num contexto de relativa estagnação do salário real da maioria dos trabalhadores.[30] Um bom indicador da importância do crédito ao consumo nos Estados Unidos é a taxa de crescimento do consumo de bens duráveis. Nos anos 1991-2000 o consumo de duráveis cresceu 6,5% ao ano, chegando a crescer em média 8,5% ao ano na expansão da segunda metade da década. No período mais recente, de 2001 a 2007, o crescimento do consumo de duráveis foi também bastante expressivo e chegou à taxa de 5,3% ao ano em média. Parte importante da expansão de crédito para o consumo nos anos 2000 está muito ligada à valorização especulativa dos preços dos imóveis até 2005, como veremos adiante. A média de crescimento do crédito direcionado ao consumo foi de cerca de 8% ao ano no período 1992-2006. Além disso, nos Estados Unidos é prática muito comum extrair parte do aumento do valor dos imóveis comprados a partir das hipotecas para financiar gastos de consumo, refinanciando a hipoteca do imóvel quando o seu valor de mercado aumenta. Estimativas da extensão em que isso ocorreu mostram que no auge da bolha imobiliária em 2005 o valor chegou a 10% da renda disponível das famílias.[31]

Esse contínuo crescimento do consumo de duráveis e da construção civil financiados por crédito impediu o sucesso das previsões de que o fim da imensa bolha especulativa da bolsa de valores, liderada pelas ações das empresas da chamada "Nova Economia" (ligadas a informática e internet) contempladas no índice Nasdaq, levaria "o consumidor americano" a cortar seus gastos, tanto em consumo quanto em investimento residencial, de forma a trazer de volta o superávit financeiro das famílias a seus níveis históricos considerados "normais". Estas previsões se mostraram totalmente erradas: a

---

[30]Seguimos nesta seção a interpretação de Barba e Pivetti (2008).
[31]Ver Greenspan e Kennedy (2007).

recessão não foi conseqüência da queda dos gastos das famílias e sim da rápida contração dos investimentos produtivos das empresas. Por terem crescido a taxas totalmente insustentáveis, em parte pela disponibilidade de financiamento acionário extremamente barato no setor de alta tecnologia durante o período da bolha da "Nova Economia", esses investimentos estavam gerando níveis excessivos de capacidade ociosa não planejada.

Como ocorre em qualquer recessão, o superávit financeiro privado agregado certamente aumentou devido à diminuição das importações, do déficit externo, da arrecadação fiscal e ao aumento do déficit do setor público, que se seguem como conseqüência (e não como causa) da desaceleração do crescimento da demanda agregada da economia. De cerca de –6,0% do PIB em 2000 o saldo financeiro privado chega a ficar levemente positivo em 2002. A partir de 2003, com a aceleração do crescimento da economia e o aumento do déficit externo em conta corrente, o saldo volta a cair rapidamente, praticamente sem parar, até atingir o patamar de cerca de –3,5% do PIB em 2005. Em 2006 e 2007, a progressiva desaceleração do ritmo de crescimento fez com que este saldo financeiro privado agregado voltasse a aumentar. Particularmente, o saldo financeiro das famílias registrou um aumento temporário durante a breve recessão de 2001 e pouco depois continuou diminuindo sem parar até o final de 2005. Este comportamento passivo dos saldos financeiros agregados do setor privado e das famílias mostra que, ao contrário do que a maioria dos analistas parece supor, estes não nos dão informações relevantes sobre as taxas de crescimento agregadas dos gastos privados. Estes últimos dependem das decisões de investimento produtivo das firmas que, como vimos anteriormente, seguem as expectativas de crescimento da demanda e o grau de utilização da capacidade. Particularmente, nesse período, a expansão da demanda foi liderada pelo consumo de duráveis e da construção civil financiados por crédito, que dependem, por sua vez, da evolução das taxas de juros, disponibilidade, condições de pagamento e prazos do crédito e da evolução dos preços dos imóveis.

Vemos então que o problema da economia americana não é um suposto crescimento excessivo do consumo agregado ou falta de capacidade de poupança das famílias ou da economia como um todo. O problema é a necessidade cada vez maior de sustentar o crescimento do consumo a partir da expansão cada vez maior do crédito e do endividamento da maioria das famílias mais pobres, cuja renda tem aumentado pouco, devido ao forte processo ainda em curso de concentração de renda nas mãos de algumas poucas famílias.

3.4 Subprime

Como vimos anteriormente, o papel da valorização do mercado de ações sobre a evolução dos gastos de consumo agregado é muito superestimado. O crescimento do consumo financiado por crédito parece depender bem mais diretamente da evolução das taxas de juros e de mudanças nas condições de crédito da economia. A parte da riqueza que tem importância na evolução do consumo e da demanda agregada em geral é a riqueza imobiliária, pois a valorização dos preços dos imóveis estimula tanto o crescimento especulativo do investimento residencial quanto permite, por meio do refinanciamento de hipotecas já existentes, a realização de ganhos de capital e/ou a obtenção de crédito para consumo, onde o colateral é o próprio imóvel hipotecado.

Por isso, há hoje um certo consenso sobre a importância da grande valorização dos preços dos imóveis na economia americana de 2005, tanto para a moderação do período recessivo de 2001 quanto para a sustentação do crescimento da economia americana ao longo da década de 2000.

No entanto, a taxa média de crescimento do investimento residencial no período 2001-2007 foi de apenas 0,8% ao ano. A rigor, o nível real de investimento residencial no primeiro trimestre de 2008 é praticamente igual ao nível observado no primeiro trimestre de 1998.

Isto não quer dizer que o investimento residencial não tenha sido um fator fundamental na expansão da economia americana no ciclo de crescimento recente. De fato, estes gastos cresceram 4,8% em 2002, 8,4% em 2003, 10% em 2004 e 6,6% em 2005. O problema foi a dramática redução posterior, que começa ainda em 2006 e se acelera vertiginosamente em 2007 e no início de 2008. Os preços dos imóveis cresceram muito no período, cerca de 88% de 2000 a 2006 (pelo índice Case-Shiller).

É verdade que a construção civil residencial sempre teve fortes oscilações cíclicas na economia americana. A maior parte dos ciclos econômicos dos Estados Unidos do pós-guerra segue o padrão "primeiro casas, depois carros, depois o investimento das empresas", isto é, o crescimento é puxado inicialmente pela expansão do investimento residencial, que posteriormente é acompanhado pela expansão do consumo de duráveis e finalmente pelo investimento produtivo das empresas, e a reversão cíclica da expansão da construção civil também, na maior parte dos casos, puxa para baixo o consumo de duráveis e depois o investimento não-residencial.[32]

---

[32]Em trabalho recente Leamer (2007) mostra como as recessões americanas foram precedidas por quedas do investimento residencial, com a exceção das recessões dos anos 1950, causadas pela queda abrupta do gasto militar com o armistício que pôs fim à Guerra da Coréia, e a de 2001, causada pela queda do investimento produtivo. Os poucos "falsos positivos" (isto é, reduções da construção civil que não se transformaram em recessão da economia como um todo) ocorreram por aumentos compensatórios nas exportações e gastos públicos. O estudo econométrico de Green (1997) também confirma que na economia americana o crescimento é liderado pelo investimento residencial e o investimento produtivo das empresas só o segue posteriormente. No entanto, ambos os autores, sem nenhum argumento melhor que seu apego à idéia ortodoxa de que o crescimento a longo prazo não pode ser liderado pela demanda e sim pela oferta, insistem em que estas relações só seriam relevantes para as flutuações cíclicas de curto prazo. Essa premissa contradiz seus próprios testes estatísticos, assim como toda a evidência estatística da análise de séries temporais do PIB americano, que confirma que as mesmas forças que regulam as oscilações cíclicas do produto são as que determinam a tendência de crescimento do produto a longo prazo (ver Braga, 2008).

Uma novidade é que desta vez o ciclo foi muito mais extremo, tanto em termos de expansão quanto em termos de contração posterior. A outra é que, apesar do colapso do investimento residencial e da forte desaceleração da economia em 2007 e início de 2008, até o segundo trimestre de 2008 a economia americana não chegou a entrar em recessão, contrariando a imensa maioria das previsões e apesar da imensa crise financeira que foi detonada a partir dos problemas no mercado imobiliário.

Em geral, um ciclo do investimento residencial começa depois de reduções da taxa de juros por parte do Banco Central, que aos poucos vão afetando as taxas de juros de diversos prazos dos diversos mercados, inclusive o de hipotecas. Com a queda dos juros vem também um aumento dos preços de demanda dos imóveis existentes, o que aumenta ainda mais o incentivo ao sistema financeiro de conceder empréstimos para novas construções. Como é comum em mercados financeiros, onde a especulação está sempre presente, um movimento de alta de preços de ativos tende por um determinado tempo a levar a expectativas de continuação desta alta no futuro próximo. Isto reforça a tendência dos financiadores de expandir a oferta de crédito imobiliário em condições de pagamento mais fáceis, o que por sua vez realimenta a demanda por imóveis e faz o preço destes continuar aumentando. Esse aumento valoriza o patrimônio usado como colateral dos empréstimos e estimula ainda mais o crédito. Este movimento "altista" naturalmente faz as condições de liquidez irem se deteriorando parcialmente, pois uma proporção cada vez maior dos empréstimos imobiliários é estendida para agentes com menor capacidade de pagamento e, ao mesmo tempo, o mercado fica cada vez mais exposto aos efeitos de uma eventual queda dos preços dos imóveis.

Nesse tipo de ciclo é comum o surgimento de bolhas especulativas descritas por Minsky e Kindleberger,[33] situação em que a expansão do crédito é excessiva por algum motivo e os preços dos imóveis crescem a taxas aceleradas num processo de realimentação positivo.

Em geral o ciclo reverte quando surge algum fato novo, que leva a uma reavaliação da trajetória futura do preço dos imóveis. O mais comum deles é uma mudança de sinal na política de juros do Banco Central. A partir daí, a oferta de crédito se contrai e com freqüência surgem sérios problemas de liquidez em diversas instituições financeiras, que, via de regra, são socorridas pelo Banco Central em operações de emprestador de última instância, para evitar o risco sistêmico de uma onda de falências no setor financeiro. Depois de algum tempo digerindo os excessos do ciclo anterior, surge um novo fato que dispara um novo ciclo positivo, em geral a partir de um patamar bem superior de investimento residencial em relação ao ciclo anterior.

Por conta dessa dinâmica cíclica típica, que com freqüência leva a bolhas de preços dos imóveis e a um aumento endógeno da fragilidade financeira de devedores e financiadores, muitos autores têm apontado a recente crise financeira detonada a partir de dificuldades nos mercados imobiliários subprime como um "momento Minsky" típico. Muitos destes autores tendem a criticar o Banco Central americano por ter praticado uma política monetária excessivamente expansionista por um tempo demasiado, depois da recessão de 2001, levando à bolha tão intensa e à posterior crise tão mais grave do que em outros ciclos.

---

[33]Minsky pecava por tentar aplicar este esquema a um ciclo de investimentos produtivos das empresas, ao qual em geral não se aplica, pelo fato de as empresas usualmente não investirem em ampliação de capacidade produtiva meramente por haver financiamento barato, caso não haja perspectivas de crescimento substancial da demanda. A exceção parcial parece ter sido o ciclo da Nova Economia onde a bolha, a partir das operações ousadas e com freqüência fraudulentas de *venture capitalists*, de fato, contaminou a expansão do investimento produtivo, sobretudo nos setores de alta tecnologia. Kindleberger (1978) com sabedoria retira de Minsky a idéia mais geral de ciclo de preços de ativos financeiros e não subscreve à irrealista teoria do investimeno produtivo de Minsky.

Para combater a desaceleração em curso na economia, com o fim da bolha da "Nova Economia", as taxas de juros nominais de curto prazo controladas diretamente pelo Banco Central americano, que eram de 6,4% em dezembro de 2000, foram reduzidas para cerca de 3% antes do ataque de 11 de setembro de 2001. Depois do ataque as reduções continuaram e a taxa atingiu 1% em setembro de 2003, permanecendo neste patamar até julho de 2004. Neste ano a taxa começa a ser gradualmente aumentada praticamente até chegar ao patamar de 5,25% em julho de 2006, mantendo-se assim até julho de 2007.

As taxas de juros de prazo mais longo, como por exemplo a de títulos públicos de dez anos, que não são diretamente controladas pelo FED, o Banco Central americano, mas são fortemente influenciadas pelas expectativas do mercado sobre o curso futuro da taxa de curto prazo fixada pelo Banco Central, atingiram um pico de 6,6% um pouco antes em janeiro de 2000 e também caíram continuamente, mas em grau bem menor que a de curto prazo, atingindo brevemente um mínimo de 3,3% em junho de 2003. Depois essa taxa voltou a crescer, com oscilações, chegando a um patamar um pouco abaixo de 5% entre meados de 2006 e 2007.

Porém, a evolução das taxas de juros não parece ter sido o principal fator por trás da bolha imobiliária. O crescimento acelerado do crédito imobiliário e dos preços dos imóveis neste período é resultado direto da nova fase de desregulamentação financeira nos Estados Unidos, com o sistema financeiro começando a se aproveitar da extinção final da antiga lei de Glass-Steagall em 1999, ainda no governo Clinton. A característica marcante deste ciclo imobiliário foi a expansão sem precedentes da securitização de empréstimos imobiliários, o que gerou fortes incentivos à expansão especulativa do crédito imobiliário, num ambiente de pouca supervisão das autoridades governamentais.

Com o fim da lei Glass-Steagall, passou a não haver nenhuma restrição ou limite legal a um processo no qual a instituição que originava o empréstimo imobiliário vendia rapidamente um título correspondente a este, transferindo todo o risco para os compradores destes títulos. Isto gerou fortíssimos incentivos para que os originadores de empréstimos ampliassem ao máximo o número de empréstimos concedidos para todo e qualquer tipo de cliente. Daí o rápido crescimento do segmento do mercado chamado subprime, que diz respeito a clientes de baixa renda, sem garantias e com históricos de crédito problemáticos. Evidentemente, este processo não iria muito longe se estes títulos não pudessem ser vendidos com facilidade e, para isto, estes foram empacotados em vários e complexos instrumentos financeiros, que combinavam frações de empréstimos imobiliários de alto risco com outros ativos melhores. Com a garantia informal e implícita (que depois se mostrou totalmente falsa) de que os bancos originadores recomprariam estes títulos se houvesse problemas no mercado, e com uma complexa argumentação estatística e atuarial de que tais pacotes combinados afinal tinham baixo risco, as agências privadas classificadoras de risco financeiro aceitaram classificar estes títulos como de baixo risco. Isso garantiu grande demanda por estes títulos por parte de diferentes instituições financeiras (fundos de pensão, fundações sem fins lucrativos, indivíduos, governos locais, outros bancos etc.) tanto nos Estados Unidos quanto no exterior (Grã-Bretanha, China, entre outros).

Uma parte crescente dos empréstimos concedidos a clientes de baixa renda começava com pequenos pagamentos e juros baixos durante algo como dois anos. Depois os juros subiam drasticamente ao longo da maturação do empréstimo.

Isso não chegava a gerar problemas durante o período em que os preços dos imóveis cresciam continuamente, pois com freqüência estes empréstimos eram refeitos a partir de valores mais altos para os imóveis adquiridos. Parte do ganho de capital obtido podia ainda ir para o cliente, que usava esse dinheiro para aumentar seus gastos em consumo.

Nesse sentido, não havia propriamente uma tendência natural do mercado de transitar para estruturas financeiras menos líquidas e mais arriscadas ao longo do ciclo, e sim uma crescente quantidade de empréstimos que eram sabidos insolventes de antemão e que só podiam ser rolados enquanto a bolha continuasse, com a continuação do aumento dos preços dos imóveis.

Com a mudança na direção da política monetária a partir de meados de 2004 e o contínuo aumento das taxas básicas de juros, o crescimento do investimento residencial começou a se desacelerar em 2005, já que muitos dos empréstimos eram realizados a taxas de juros reajustáveis. O crescimento do preço dos imóveis desacelerou, atingindo um pico no primeiro trimestre de 2006. No final deste ano, os preços começaram a cair e o número de inadimplentes a aumentar. Ao longo de 2007 o investimento residencial iniciou uma trajetória de queda a taxas crescentes, se instaurando uma grave crise financeira. Houve perda de valor dos títulos imobiliários e grande retração de crédito entre as instituições financeiras, que buscavam manter determinado nível de liquidez. Nesse momento, surge uma enorme incerteza sobre a saúde financeira de diversas instituições, na medida em que vão aparecendo os prejuízos da crise e o mercado finalmente se dá conta de que os títulos tinham riscos não só elevados como (e em boa parte) desconhecidos. No final de 2007 as mesmas agências classificadoras de risco, que haviam classificado os títulos securitizados como sendo de baixo risco, rebaixaram o *rating* destes títulos. Nesse momento, o Banco Central americano (e o de diversos outros países) interveio pesadamente para prover liquidez, evitar falências em massa no setor financeiro e a paralisação do sistema de crédito da economia.

Com a eclosão da crise financeira e a queda acelerada do investimento residencial o Banco Central americano começou a baixar rapidamente a taxa básica de juros no segundo semestre de 2007, com uma seqüência de cortes que continua até meados de 2008. O Congresso americano aprovou em regime de urgência um pacote de estímulo fiscal, que tem como objetivo ampliar a renda disponível dos trabalhadores e estimular o consumo. Novas regras para a regulação do sistema financeiro foram introduzidas às pressas.

A rápida e decidida intervenção da política monetária e fiscal conseguiu evitar uma recessão aberta, apesar do colapso do investimento residencial e da queda dos preços dos imóveis. Para isso, contribuiu muito o rápido crescimento das exportações estimulado pela grande desvalorização do dólar, puxada pela redução dos juros americanos e pela contínua expansão da demanda agregada interna em diversos países, especialmente na Ásia.[34]

A bolha e a crise só tiveram a extensão e a gravidade observadas por conta da desregulamentação financeira e da falta de supervisão adequada do Banco Central e outras agências do governo. Quanto à política monetária, o que ainda não ficou bem explicado não é o fato de o Banco Central não ter subido os juros para evitar a bolha. No período em questão, apesar do crescimento acelerado dos preços dos imóveis e da construção civil, a demanda agregada da economia não estava crescendo a taxas muito elevadas e a inflação não estava acelerando. Se o Banco Central antecipasse um aumento de juros, impediria a recuperação da economia, pois os gastos em consumo e as exportações seriam prejudicados pela alta dos juros, devido aos seus impactos sobre os investimentos residenciais, o crédito e a taxa de câmbio. É a desregulamentação financeira e as falhas de supervisão que têm gerado a combinação de inflação de preços de ativos, com baixo impacto sobre a inflação de preços de bens e serviços.

Pelo contrário, resta saber por que o Banco Central americano começou a subir as taxas de juros em meados de 2004 e elevou-as até bons meados de 2006. Aparentemente, dada a ausência de motivos para o aumento e a recusa explícita do FED de praticar aumentos de juros para estourar a bolha, tratou-se de uma tentativa de não deixar o mercado se acostumar com a idéia de que juros baixos no

---

[34] Sobre a crise do subprime, ver Davidson (2008a).

curto prazo são normais e vieram para ficar e, portanto, de evitar uma redução mais permanente da taxa de juros de longo prazo. O problema é que esta tentativa de manter um regime de juros altos bate de frente com o alto grau de endividamento e baixo crescimento da renda da maioria dos trabalhadores americanos, o que, a não ser que seja compensado por uma aceleração substancial do crescimento dos gastos do governo, dificulta o crescimento sustentado da economia americana.

3. SUPERIMPERIALISMO

Existe uma enorme controvérsia sobre as causas do déficit externo em conta corrente da economia americana e também sobre a natureza e as implicações do seu financiamento. No que diz respeito às principais causas dos grandes e recorrentes déficits externos, existem pelo menos três grandes grupos de interpretações. Muitos autores parecem defender ao mesmo tempo mais de uma delas (nem sempre de forma muito coerente). O primeiro grupo consiste naquele conjunto de autores que afirma que o déficit externo é resultado direto da baixa taxa de poupança doméstica americana e da correspondente alta taxa de poupança de outros países, particularmente na Ásia. Dentro deste grupo há divergências sobre se o elemento central é a baixa taxa de poupança americana ou a elevada taxa de poupança dos demais países. Os que enfatizam a baixa taxa de poupança agregada americana argumentam que esta causa um excesso de demanda agregada e um déficit externo, o que leva a uma grande demanda por financiamento externo. Por outro lado, os que argumentam que o elemento central é a alta taxa de poupança dos demais países afirmam que o déficit americano é apenas uma contrapartida da grande oferta de financiamento externo que vem dos demais países, com uma enorme demanda dos demais países por ativos financeiros americanos.

Os que interpretam o déficit externo como resultado de uma baixa taxa de poupança dos Estados Unidos ainda se subdividem entre os que enfatizam a baixa poupança do setor privado (e em particular das famílias, como vimos na seção 2.3) e os que põem a culpa no déficit do setor público.[35] O problema central com este tipo de explicação é que a idéia de insuficiência de poupança potencial só faz sentido se supomos que a economia americana tem operado normalmente em condições de plena utilização de sua capacidade produtiva e que o déficit externo seria resultado do fato de que a economia americana não tem condição de atender ao volume agregado de demanda gerada nos Estados Unidos. No entanto, já vimos (na seção 2) que não há nenhuma evidência que fundamente este tipo de interpretação.

Além disso, nesta visão as taxas de juros reais de longo prazo nos Estados Unidos deveriam aumentar com o crescimento do excesso de demanda agregada e os déficits externos americanos para atrair a poupança externa necessária, o que não se verificou de forma alguma ao longo de todo o período de déficits externos crescentes dos anos 1990 e 2000, que ocorreram com taxas reais de juros (curtas e longas) bem mais baixas que as dos anos 1980, quando os déficits externos eram bem menores.[36]

O grupo dos que enfatizam o relativo excesso de poupança do resto do mundo como explicação para o déficit externo americano oferece diversas explicações para este excesso. Alguns, como Ben Bernanke, atual diretor do Banco Central americano, atribuem o fenômeno à existência de um relativo "excesso global de poupança"

---

[35]Mesmo entre os que acham que o problema vem da baixa poupança das famílias, é comum o argumento de que a solução de qualquer forma passaria por aumento dos impostos e redução do crescimento do gasto público.
[36]Além disso, conforme apontam Bibow (2006) e Xafa (2007), a versão que enfatiza os déficits fiscais como causa dos déficits externos (a visão dos "déficits gêmeos") não explica por que os déficits externos cresceram mais rapidamente nos anos 1990, quando o déficit fiscal foi reduzido e se transformou em superávit por alguns anos.

(*global savings glut*) de pleno emprego em relação às oportunidades lucrativas de investimento no mundo.[37] Segundo a teoria neoclássica, tal excesso levaria a taxas de juros globais baixas e a fortes fluxos líquidos de capital para os países que mostrassem oportunidades de investimento com retorno marginal alto em relação a outros países. Estes países acabariam investindo bem mais do que sua poupança de pleno emprego interno, pois atrairiam muita poupança externa, cuja contrapartida seria um déficit em conta corrente. A idéia aqui é que os países ditos emergentes da Ásia, em particular, mas não apenas a China, teriam alta propensão a poupar e acabariam aplicando uma boa parte destes recursos nos Estados Unidos, pois as oportunidades de investimento na economia americana seriam bem mais atrativas (em parte por conta das inovações da tecnologia da informação da chamada "Nova Economia") do que nos demais países ricos da Europa ou no Japão.

Outros atrativos do mercado americano seriam o baixo nível de desenvolvimento dos mercados financeiros dos demais países (particularmente dos países ditos "emergentes" de alto crescimento como a China) em contraposição aos mercados financeiros americanos, que seriam por diversos motivos profundos, líquidos, com boa regulação, inseridos em um ambiente de estabilidade política e respeito aos direitos de propriedade. Além disso, há o fato de os ativos americanos, em particular os títulos de sua dívida pública interna, serem os ativos de reserva do mundo por terem alta liquidez e estarem denominados na moeda usada no mundo inteiro tanto para o comércio quanto para as finanças.

De acordo com esse argumento, seria essa grande oferta de poupança externa que explicaria por que até agora não houve uma brutal e descontrolada desvalorização real do dólar, apesar dos déficits em conta corrente crescentes dos Estados Unidos. Ademais, explica-

---

[37]Ver Bernanke (2005), escrito antes de sua posse no FED, em fevereiro de 2006.

ria também o fato de as taxas de juros de longo prazo nos Estados Unidos não aumentarem com o aumento contínuo do déficit externo americano.

Uma crítica comum à idéia do *global savings glut* é o argumento de que como a economia mundial é por definição uma economia fechada, a taxa mundial de poupança é, por motivos contábeis, necessariamente idêntica à taxa mundial de investimento e, portanto, não poderia ocorrer o excesso de uma sobre a outra. Esta crítica, no entanto, não foca no ponto essencial. A lógica do argumento neoclássico de Bernanke é de que houve aumento na propensão mundial a poupar em pleno emprego em relação a uma dada função mundial de investimento, que relacionaria o nível global de investimento a diferentes níveis da taxa de juros. Isto levaria a uma queda na taxa global de juros que, viabilizando investimentos mais intensivos em capital, permitiria que a taxa de investimento aumentasse até se igualar a esta maior taxa de poupança potencial. Nesta posição de equilíbrio, em alguns países a poupança interna estaria acima do nível de investimento e em outros abaixo, mas a poupança mundial seria idêntica ao investimento global.[38]

Um problema com este argumento vem da constatação de que as taxas globais de investimento e poupança não aumentaram significativamente no período em que os déficits americanos cresceram e, portanto, a distribuição mundial da poupança e do investimento mudou muito.[39]

Outro problema é que a teoria neoclássica dos juros, na qual o argumento se baseia, é bastante frágil tanto em termos empíricos quanto teóricos. Em primeiro lugar, não é nada razoável supor uma

---

[38]Existe ainda a crítica dos que argumentam que há excesso global não de poupança, mas de liquidez, que viria da política monetária excessivamente frouxa do Banco Central americano, que estaria mantendo taxas de juros artificialmente baixas e provocando assim o excesso de demanda e o déficit externo americano. Já discutimos na seção anterior nossas objeções a este tipo de interpretação da política monetária americana.

[39]Sobre isto ver Roach (2007).

relação inversa estável entre taxa de juros e investimento produtivo, algo muito difícil de estabelecer ao nível de cada país, por uma série de razões. O motivo simples é o fato de que não faz sentido investir para ampliar a capacidade produtiva só porque os juros baixaram se não se espera um crescimento da demanda agregada. Além disso, sabemos desde os tempos de Keynes e Kalecki que numa economia monetária o único efeito prático direto de um aumento da propensão a poupar é uma redução relativa dos gastos em consumo, que vai levar simplesmente a uma redução do produto e da renda, que igualará a poupança efetivamente realizada ao nível de investimento anterior, sem nenhum efeito direto sobre as taxas de juros. Um eventual "excesso global de poupança", portanto, deveria se manifestar diretamente em termos de baixos níveis de produto e emprego global, e não em taxas de juros mais baixas e níveis de investimentos mais elevados.

Este tipo de interpretação, portanto, também vê os déficits externos americanos como a contrapartida de um crônico excesso de demanda agregada nos Estados Unidos, com a única diferença de que esta tendência é estimulada pelos efeitos no câmbio e nos juros das ações de investidores externos. Quanto à determinação global de taxas de câmbio e juros, este tipo de visão também partilha da noção neoclássica de uma tendência ao crescimento de longo prazo ser limitado pelo lado da oferta global de fatores de produção.

Dadas estas deficiências, o que é mais interessante e relevante discutir aqui é o reconhecimento destes autores de que há algo diferente e especial com a moeda e/ou o mercado financeiro americano. A idéia de que os Estados Unidos até certo ponto se tornaram, de alguma forma, o mercado financeiro do mundo (ou como querem alguns o *venture capitalist* do mundo)[40] faz sentido. Parece um tanto irônica, no entanto, a noção de que isso ocorre porque o mercado

---

[40]Ver Gourinchas e Rey (2005).

americano é bem regulado tendo em vista as graves falhas de regulação em praticamente todos os seus segmentos, conforme demonstrado pela seqüência de fraudes e escândalos de corrupção descobertas desde o final da bolha da "Nova Economia" (protagonizados por *venture capitalists*), passando por casos como o da Enron (protagonizados por empresas de auditoria) e, mais recentemente, pela crise subprime (que envolve bancos de investimento e agências classificadoras de risco, entre diversos outros). A rigor, uma das fontes de atração do mercado financeiro americano nos últimos anos para investidores parece ter sido exatamente a crescente desregulação destes mercados, que ao permitir práticas financeiras de alto risco prometiam alta rentabilidade.

Mesmo com essas ressalvas, existe uma grande dificuldade de explicar o déficit externo americano como contrapartida dos fluxos de capital do resto do mundo para os Estados Unidos. Nenhum destes argumentos sobre a natureza diferenciada dos fluxos de capital entre os Estados Unidos e o resto do mundo é capaz de explicar por que, em termos líquidos, entra mais capital do que sai e, portanto, existe um déficit em conta corrente. Na realidade, quando Kindleberger formulou o argumento, nos anos 1960, de que os Estados Unidos eram o "Banco do Mundo", ele o fez exatamente para explicar que os Estados Unidos podiam prover liquidez (em dólar) ao resto do mundo captando a curto de fora e aplicando a longo no exterior, *sem* necessidade de incorrer em déficits da conta corrente.[41] Vemos, portanto, que a provisão de liquidez ou de serviços financeiros variados pelos Estados Unidos não é capaz de explicar por si só o fluxo líquido de capital do resto do mundo para os Estados Unidos e justificar a existência de um déficit externo persistente nos Estados Unidos.

---

[41]Para a discussão crítica da visão de Kindleberger sobre o padrão ouro-dólar ver Serrano (2002, 2004).

Uma influente tentativa de prover uma explicação coerente do déficit dentro da abordagem segundo a qual o déficit externo americano é uma contrapartida da grande vontade dos demais países de aplicar capital nos Estados Unidos é a visão Bretton Woods II, dos economistas do Deutsche Bank.[42] Segundo estes autores, os países em desenvolvimento (e em particular a China) estariam seguindo uma estratégia de desenvolvimento baseada no crescimento liderado por exportações para os países desenvolvidos (e em especial os Estados Unidos). Para esta estratégia, a competitividade externa seria fundamental, o que explicaria por que os governos destes países tentariam manter as taxas de câmbio em dólar bastante desvalorizadas (levando, segundo estes autores, à subvalorização real das moedas locais). O forte acúmulo de reservas externas em dólar por parte destes países seria resultado desta política de desenvolvimento.

Mais adiante veremos que existem alguns problemas com esta caracterização das estratégias de desenvolvimento recente dos países asiáticos, mas no momento o que nos interessa é apontar que esta suposta política de desenvolvimento, em si, seria plenamente compatível com a existência de um equilíbrio (ou até de um déficit) em transações correntes para as economias emergentes de alto crescimento, e que portanto também não é capaz de explicar por si só o déficit externo americano em conta corrente. Para entender isso basta notar que um país em desenvolvimento pode acumular reservas externas em grande quantidade se seu governo quiser estabilizar a taxa de câmbio nominal, mesmo com equilíbrio em conta corrente, bastando para isso que o fluxo bruto de entrada de capital no país seja todo utilizado para comprar reservas.

A rigor, mesmo no caso de um déficit externo em conta corrente, um país pode até acumular reservas, se a entrada bruta de capital for maior que o déficit em conta corrente. Por outro lado, um país

---
[42]Ver Dooley, Folkerts-Landau e Garber (2007, 2008).

pode ter um superávit em conta corrente e estar perdendo reservas, caso haja uma saída bruta de capital maior do que o superávit em conta corrente.[43]

Os economistas do Deutsche Bank sabem disso, e, para poderem explicar os déficits externos crônicos dos Estados Unidos, criaram a idéia de que os governos desses países em desenvolvimento de crescimento acelerado acham que têm de ser credores líquidos em dólares, de forma a acumular uma espécie de garantia proporcional aos vultosos fluxos brutos de entrada de capital estrangeiro nesses países. A idéia é baseada numa analogia à necessidade de garantia para a redução do risco do credor. Porém, no nível internacional, não é possível utilizar os ativos financiados como garantia, pois o governo de qualquer país soberano pode em princípio desapropriar esse ativo ou suspender os pagamentos da dívida externa. Essa possibilidade de calote tenderia a restringir muito a oferta bruta de capital estrangeiro, tanto em termos de investimento direto quanto de empréstimo para os países em desenvolvimento. Faria sentido então para um país em desenvolvimento, que deseja atrair uma grande quantidade bruta de investimento estrangeiro para modernizar sua economia, manter como contrapartida um montante de ativos nos Estados Unidos de valor superior ao capital recebido de fora sob a jurisdição legal e política do governo americano como uma espécie de garantia do país emergente. Segundo os economistas do Deutsche Bank, os Estados Unidos têm uma reputação merecida de desapropriar os ativos nos Estados Unidos de governos estrangeiros quando estes tomam medidas que são consideradas contra os interesses americanos. Assim é para mostrar aos investidores internacionais que não é do interesse econômico do país emergente qualquer tentativa de dar um calote ou qualquer atuação econômica ou política contra os investidores externos estrangeiros que este país decide ser credor

---

[43]Para uma análise simples de como a possibilidade de acumulação de reservas desconecta os fluxos brutos de capital dos superávits em conta corrente ver Serrano (2000).

líquido externo dos Estados Unidos. Neste caso, sendo o país emergente, por definição, perderia mais com a desapropriação de seus ativos externos do que poderia ganhar se apropriando dos ativos estrangeiros ou dando calote em sua dívida externa.

Evidentemente, se um país quer sempre ampliar seus ativos externos em termos líquidos nos Estados Unidos, fatalmente haverá um superávit em conta corrente deste país com relação aos Estados Unidos, seja pelos motivos postulados pelos economistas do Deutsche Bank ou qualquer outro.

Apesar de bastante engenhosa, esta interpretação da natureza do déficit externo americano (ou dos superávits dos países em desenvolvimento) é altamente discutível. Um primeiro problema é que com freqüência os países que têm os maiores superávits em conta corrente não são apenas os países asiáticos de alto crescimento, e sim países exportadores de petróleo como a Rússia, vários países da Opep e também países ricos como a Alemanha e o Japão.[44]

Além disso, os próprios autores admitem (ver Dooley, Folkerts-Landau & Garber, 2007) que nenhum dos clientes (do Deutsche Bank) que investem na China que foram entrevistados se referiu explicitamente ao tema do colateral, embora todos manifestassem confiança de que seus ativos não estavam sujeitos a fortes riscos de desapropriação ou calote. Não há, portanto, nenhuma evidência mais sólida para esta intrincada interpretação do déficit externo americano como sendo a contrapartida da demanda por colateral (ou garantias) dos países emergentes.

Dado que o crescimento da economia americana e da economia mundial é normalmente limitado pela demanda efetiva e não por restrições do lado da oferta agregada, uma explicação mais razoável do déficit externo americano enfatiza fatores como as taxas de crescimento da demanda agregada dos Estados Unidos e de

---

[44] Ver dados em Bibow (2006).

seus parceiros comerciais, a evolução da taxa de câmbio real efetiva do dólar e, em particular, o processo de mudança estrutural da indústria americana na direção da formação de cadeias de produção internacionais.

A despeito da importância da evolução da taxa de câmbio real, especialmente no que diz respeito aos déficits externos bilaterais dos Estados Unidos, é importante ter claro que a idéia de que o déficit externo agregado americano resulta apenas de uma taxa de câmbio sobrevalorizada e, portanto, que poderia (e para alguns deveria) ser eliminado exclusivamente através de grande desvalorização do dólar em relação a seus principais parceiros comerciais esbarra em uma dificuldade básica. As taxas de câmbio do dólar tanto em termos nominais quanto em termos de taxa de câmbio real efetiva[45] não apresentam uma tendência crônica à valorização no período em que os déficits externos crescem continuamente nos anos 1990 e especialmente nos anos 2000. Grosso modo, a tendência do dólar foi de desvalorização de 1985 a 1994, de valorização de 1995 até 2001 e de desvalorização novamente de 2002 até 2008. A trajetória do déficit externo americano é bem diferente: este se reduz de 1985 até praticamente zero em 1991, depois cresce sem parar até 2006 e só se reduz muito pouco em 2007/2008.[46]

O déficit externo americano, embora afetado pelas flutuações cambiais, parece ser mais bem explicado por uma tendência de aumento contínuo das importações em relação ao PIB, que são aceleradas em períodos de maior crescimento relativo da economia

---

[45] A taxa de câmbio real efetiva é a taxa de câmbio medida em relação aos parceiros comerciais, ponderados pela sua importância no fluxo de comércio dos Estados Unidos.

[46] Toda a valorização real do câmbio da segunda metade dos anos 1990 parece já ter sido revertida antes de 2007. Ver Xafa (2007) e Bertaut, Kamin e Thomas (2008). Por outro lado, Bivens (2006) argumenta que apesar da grande desvalorização do dólar em relação às moedas dos países mais ricos, a desvalorização do dólar em relação às moedas dos novos países industriais asiáticos (inclusive China) tinha sido muito pequena até o fim de 2006.

americana e se desaceleram quando o crescimento americano é bem baixo ou negativo.⁴⁷

No caso das importações de petróleo, a tendência ao aumento da proporção importada parece ser resultado conjunto da política de segurança energética de preservar as reservas remanescentes em território americano, que tenta manter a rentabilidade e viabilidade do setor petrolífero doméstico, ao mesmo tempo que as empresas multinacionais americanas tentam se apropriar de fração das rendas geradas pela concentração da produção em áreas de baixo custo, fora dos Estados Unidos.⁴⁸

No que diz respeito às crescentes importações industriais, do nosso ponto de vista, esta tendência não se configura necessariamente como um processo de decadência e desindustrialização da economia americana. Por um lado, esse processo de internacionalização da indústria reflete a divisão internacional do trabalho das grandes empresas multinacionais americanas que preferem criar cadeias de produção globais, nas quais os segmentos de menor conteúdo tecnológico e de maior coeficiente de mão-de-obra são deslocados para fábricas em países em desenvolvimento que tenham uma dinâmica de custos unitários do trabalho em dólar mais favorável. Concomitantemente, os Estados Unidos se especializam nas operações industriais e de serviços baseados na diferenciação de produtos e na alta tecnologia, tanto civil quanto militar. Não é uma coincidência que a partir da segunda metade dos anos 1990 surge exclusivamente nos Estados Unidos toda a tecnologia da informação que gerou a chamada "Nova Economia", que o crescimento da produtividade na indústria e nos serviços nos Estados Unidos se acelera em relação

---

⁴⁷Ver Mann (2005a) para a (relutante) confirmação econométrica de que a elasticidade-renda das importações americanas é maior que um e superior à elasticidade-renda das exportações americanas, o que implica que se os Estados Unidos crescerem à mesma taxa que seus parceiros comerciais o déficit americano tende a aumentar.
⁴⁸Sobre esta política ver Serrano (2004).

aos demais países avançados e que crescem ao mesmo tempo os déficits externos e as importações industriais americanas.[49]

Existe também uma imensa controvérsia no que diz respeito ao financiamento do déficit americano. Grosso modo, existem três posições a respeito do tema. A primeira e mais comum é a de que os déficits são insustentáveis e sua redução causará uma crise nos Estados Unidos e possivelmente no mundo, o chamado *hard landing*, a aterrissagem dura do dólar. A segunda visão é a de que o déficit é basicamente sustentável e sua eventual redução não causará maiores problemas, nem para os Estados Unidos nem para o resto do mundo, configurando o *soft landing*, a aterrissagem suave do déficit externo americano. A terceira visão aponta para o fato básico e exclusivo da situação americana atual de que o déficit externo americano é financiado automaticamente na própria transação que o gera, pois todas as importações e todos os passivos externos americanos são denominados e pagos em dólar. Isto torna o ajuste das contas externas americanas totalmente assimétrico. Se ocorrer uma redução significativa do déficit externo americano e/ou uma desvalorização do dólar isto tende a prejudicar os países credores e não os Estados Unidos. Há muitos anos, num livro publicado em 1972, mas que infelizmente não teve a devida repercussão,[50] Michael Hudson chamou esta situação inusitada de um país poder saldar todas as suas contas externas na sua própria moeda de "superimperialismo".[51]

---

[49]Ver dados sobre a aceleração do crescimento da produtividade nos Estados Unidos em Gordon (2004, 2006).
[50]Não há referências ao livro de Hudson nos trabalhos de Mckinnon e de Serrano sobre o tema.
[51]Ver a versão revisada de seu livro em Hudson (2003). Considerando-se que a conversibilidade do dólar em ouro foi extinta em 1971, Hudson deve ser creditado pela velocidade com que captou a importância deste fato básico, que até hoje não é compreendido pela imensa maioria dos analistas. Para evitar confusões é importante assinalar que o termo "superimperialismo" para Hudson significa apenas as vantagens que os Estados Unidos têm em não ter restrição externa, não tendo nenhuma relação com as teses de Kautsky criticadas por Lenin sobre a formação de um ultraimperialismo.

Ronald Mckinnon (2007) chama isto de "armadilha do padrão dólar". Preferimos o termo "padrão dólar flexível", pois chama a atenção para a rara e paradoxal combinação de um sistema de câmbio flexível que mesmo assim tem uma única moeda-chave, que só é conversível nela mesma.

De acordo com a visão comum do déficit insustentável, vai haver em algum momento o *hard landing*. A seqüência da crise seria algo assim: cansados de sua baixa taxa de retorno, credores privados ou governos estrangeiros começam a vender ativos em dólar, o dólar desvaloriza, a taxa de juros americana sobe e a inflação aumenta nos Estados Unidos, causando recessão no país (e talvez no mundo) e fuga ainda maior do dólar, possivelmente para o euro.[52]

Já os autores que seguem a idéia do *soft landing* e dos déficits sustentáveis afirmam que não há motivos para isso, pois, por diversas razões que discutimos anteriormente, os credores estão contentes com a posse de ativos em dólar, apesar do baixo retorno financeiro devido à segurança, conveniência e liquidez (ou papel de colateral ou garantia) que vem de investir no "banco" ou "mercado financeiro do mundo".[53]

O argumento a partir da interpretação que privilegia o padrão dólar flexível é bem distinto. A questão aqui não é propriamente se e até quando os agentes econômicos privados ou os governos vão querer financiar os déficits americanos. O ponto central é a forte assimetria dos ajustamentos, a favor dos Estados Unidos. No padrão dólar flexível, em que a dívida externa americana é toda denominada e paga em dólares, o que ocorre é que a desvalorização do dólar

---

[52] Sem dúvida, Nouriel Roubini (ver Roubini e Setser, 2004) é o campeão das previsões catastróficas sobre o dólar e há muitos anos diz que sua crise é iminente. Mas existem dezenas de outros que também nunca perdem a fé na tese do *hard landing*, como Obstfled e Rogoff (2005) e Wolf (2004).

[53] Sobre os partidários neoclássicos do *soft landing* ver Dooley, Folkerts-Landau e Garber (2008) e Xafa (2007).

em geral beneficia os Estados Unidos e prejudica os credores. Por isso que, com freqüência, quando agentes privados de algum país começam a vender ativos em dólar, em geral, o governo deste país faz maciças intervenções para evitar uma desvalorização ainda maior do dólar.

O padrão dólar flexível existe pelo menos a partir dos anos 1980 (embora para alguns, como Michael Hudson, tenha se iniciado com o final da conversibilidade do dólar em ouro, em 1971), e já durou mais tempo do que o chamado padrão ouro-dólar ou sistema de Bretton Woods, e a imensa maioria dos analistas ainda não se deu conta de sua característica mais básica que é o fato de os passivos externos americanos serem em dólar. O mais curioso é ver a quantidade de análises que fazem analogias do caso americano aos problemas de ajustamento externo de outros países, que tiveram grandes déficits externos, sem levar em conta que, em nenhum desses outros países, os passivos externos eram pagos na moeda do próprio país devedor. Alguns fazem analogia com os problemas de outros períodos quando havia uma moeda-chave mundial, como no caso da Inglaterra no padrão ouro-libra, ou até dos Estados Unidos no período de Bretton Woods, esquecendo que agora os passivos externos do país que emite a moeda-chave não são conversíveis em ouro ou prata ou qualquer outra mercadoria, e nem existe a paridade fixa com outras moedas.[54] O atual padrão dólar flexível é o único sistema que apresenta características tão peculiares e uma forma de ajustamento tão assimétrica.[55]

Uma das diferenças entre o déficit externo em conta corrente americano e o de todos os outros países é o conhecido fato de que as taxas de retorno das aplicações de capital externo nos Estados Unidos

---

[54]Recentemente, Mundell (2007) faz uma retrospectiva histórica dos padrões monetários internacionais e sequer menciona as implicações mais básicas do sistema atual.
[55]Vamos mais uma vez tentar explicar este funcionamento assimétrico. Tentativas anteriores podem ser encontradas em Serrano (2002, 2004) e Medeiros e Serrano (1999).

têm sido sistematicamente inferiores às taxas de retorno das aplicações americanas no exterior, numa magnitude tal que, apesar de mais de duas décadas de déficits grandes e quase sempre crescentes, os Estados Unidos ainda recebem em termos líquidos renda do exterior (isto é, o saldo entre os fluxos de remunerações dos passivos e ativos externos americanos).[56]

Existem estudos que mostram que a parte mais substancial destas diferenças de rentabilidade vem da baixa rentabilidade do investimento direto estrangeiro nos Estados Unidos em relação às altas taxas de lucro dos investimentos diretos estrangeiros dos Estados Unidos.

Isto levou alguns autores a argumentarem que os valores dos ativos externos americanos estão medidos incorretamente e, a rigor, os Estados Unidos são um país credor e não um devedor líquido.[57] Para estes autores, se o valor dos ativos e passivos externos americanos forem calculados capitalizando a renda efetivamente recebida e a renda realmente paga ao exterior a uma taxa de juros comum, veremos que os ativos externos americanos estão fortemente subestimados nas estimativas oficiais e são muito superiores aos passivos externos americanos. Segundo estes autores, as estatísticas oficiais não levam em conta o "verdadeiro" valor de mercado dos ativos intangíveis dos investimentos americanos no exterior, como o valor do *know-how* específico, do reconhecimento de marcas etc. que seriam a fonte destes pagamentos superiores. Hausmann & Sturzenegger (2006) chamam de "Matéria Escura" (*Dark Matter*) estes aspectos intangíveis dos ativos externos americanos e dizem que o aparente déficit externo dos Estados Unidos é apenas a contrapartida visível das exportações dos serviços de "Matéria Escura" das empresas multinacionais americanas.

---

[56]Para dados recentes e projeções ver Bertaut, Kamin e Thomas (2008).
[57]Ver Hausmann e Sturzenegger (2006).

Este argumento nos parece ao mesmo tempo irrefutável e irrelevante, pois comete o pecado original de ser totalmente tautológico por construção. Se compararmos duas séries de pagamentos regulares no tempo e as capitalizarmos utilizando a mesma taxa de juros arbitrária, sempre a série de pagamentos maiores corresponderá a um ativo maior do que a série menor. No fundo trata-se simplesmente de outra maneira de dizer que as taxas de retorno dos ativos e passivos externos americanos *não* são iguais. No entanto, isto não explica de forma alguma por que uma série de pagamentos é maior que a outra, que é o que realmente interessa.[58]

Uma explicação menos complicada e mais relevante de boa parte deste diferencial de taxas de retorno do investimento direto estrangeiro parece estar no uso em larga escala, tanto por empresas estrangeiras quanto americanas, de práticas de "preços de transferência" no comércio entre filiais de empresas multinacionais (que em geral constitui pelo menos um terço do comércio mundial), que usam de expedientes contábeis para alocar os lucros das multinacionais em jurisdições fora dos Estados Unidos (inclusive paraísos fiscais) onde são menos taxados. Esta tendência seria reforçada pela legislação americana, que também taxa menos os lucros supostamente obtidos no exterior das empresas americanas.[59]

Existem várias explicações possivelmente complementares para estas diferenças de taxas de retorno dos ativos e passivos externos americanos. Alguns autores apontam que elas são em parte um resultado natural do fato de os Estados Unidos cumprirem o papel de "setor financeiro do mundo". Sendo assim, naturalmente, os Estados Unidos captam a curto prazo e investem fora a longo prazo. A

---

[58] A crítica à noção de "Matéria Escura" é detalhada em Higgins, Klitgaard e Tille (2006a).
[59] Ver o estudo recente de Bosworth, Collins III e Chodorow-Reich (2007).

diferença persistente nas taxas de retorno dos ativos e passivos externos reflete o risco maior dos ativos mais longos.[60]

Esse argumento nos parece correto, embora incompleto, pois a rigor os Estados Unidos não são apenas o "banco" ou "mercado financeiro" do mundo, mas sim o "Banco Central do mundo", dado que emitem a moeda internacional, que todos seus passivos externos são denominados em dólar e que controlam unilateralmente as taxas de juros de curto prazo nesta moeda.[61]

Assim, não é surpreendente que a remuneração em dólares dos passivos externos financeiros americanos (isto é, fora os investimentos diretos estrangeiros), que são todos denominados em dólar, siga de perto a trajetória das taxas de juros determinadas pela própria política monetária americana, configurando um caso único em que um país devedor determina a taxa de juros de sua própria "dívida externa".[62]

Outra conseqüência do fato de os passivos externos americanos serem denominados em dólar é que, quando o dólar se desvaloriza em relação à moeda de outros países, ocorre uma redução (e não um aumento) do valor do passivo externo líquido dos Estados Unidos. Isto ocorre porque praticamente todos os passivos externos (brutos) americanos são denominados em dólar, enquanto que muitos dos ativos externos (brutos) dos Estados Unidos são denominados em outras moedas (cerca de 60%), especialmente (mas não apenas) na Europa.[63]

Este efeito favorável da desvalorização do dólar sobre o passivo externo líquido tem sido tão forte que, apesar de valorizações nominais do dólar naturalmente terem o efeito oposto (de ampliar o

---

[60] Ver o influente estudo de Gourinchas e Rey (2005). Mann (2005b) confirma que em 2003 65% dos passivos externos americanos eram títulos (públicos e privados) que pagavam juros, enquanto apenas 45% dos ativos americanos no exterior eram títulos que pagavam juros em vez de lucros e dividendos.
[61] Ver Serrano (2004).
[62] Ver Higgins, Klitgaard e Tille (2006b).
[63] Ver Gourinchas e Rey (2005) e Lane e Milesi-Ferretti (2008).

passivo externo líquido americano), alguns autores calculam que ao longo dos anos o efeito total das mudanças da taxa de câmbio do dólar foi de tornar o passivo externo líquido americano medido em dólares quase 50% menor do que o valor acumulado (sem juros) dos déficits em conta corrente americanos.[64]

Uma outra peculiaridade das contas externas americanas é que uma parte considerável do déficit em conta corrente americano decorre da importância do comércio intrafirma, com filiais estrangeiras das próprias empresas americanas. Estimativas recentes do governo americano mostram que se o déficit em conta corrente for calculado não em termos de onde a produção for localizada, mas sim em termos de quem é o proprietário da produção, o déficit externo americano é bem menor. Isso ocorre porque as receitas das importações vindas das filiais de empresas americanas no exterior são muito superiores às receitas recebidas pelas matrizes das empresas estrangeiras com filiais americanas.[65]

Existe outra assimetria importante e pouco notada no que diz respeito ao déficit em conta corrente americano. As desvalorizações do dólar afetam de forma muito diferente as importações e exportações americanas. Em particular, as desvalorizações do dólar em relação a outras moedas parecem afetar muito o crescimento das exportações, mas afetam pouco o crescimento das importações. Os preços em dólar das importações americanas respondem pouco às

---

[64]Ver Higgins, Klitgaard e Tille (2006b). De acordo com Lane and Milesi-Ferretti (2008), estes efeitos das desvalorizações nominais periódicas do dólar explicam também uma parte do excesso da taxa de retorno dos ativos externos americanos sobre a taxa de retorno dos passivos externos americanos.

[65]Para o ano de 2001 a estimativa é de que o déficit externo medido por propriedade seja US$ 102,6 bilhões menor que o déficit externo medido da forma convencional (de US$ 358,3 bilhões naquele ano). Para 2006, o déficit medido a partir da propriedade é US$ 127,9 bilhões menor que a medida convencional (de US$ 617,6 bilhões). Embora o valor absoluto da redução tenha aumentado, a proporção parece ter se reduzido, entre outras coisas, por conta do aumento do valor das importações de petróleo no período, que não são de propriedade de empresas americanas. Ver BEA (2003 e 2008).

mudanças nas taxas nominais de câmbio dos Estados Unidos em relação a seus parceiros comerciais, por dois motivos. O primeiro é que o preço do petróleo e a grande maioria dos preços internacionais das commodities são fixados diretamente em dólar, o que faz com que mudanças nas taxas de câmbio entre o dólar e as demais moedas não tenham nenhum efeito direto imediato sobre eles.[66] Por outro lado, mesmo nos mercados de produtos diferenciados, onde os produtores controlam a formação de preços a curto prazo, os preços em dólar das importações mudam pouco em relação às mudanças da taxa de câmbio, pois o dólar nunca muda de valor em relação a todas as moedas ao mesmo tempo e na mesma extensão. A concorrência dos produtores dos países cujas moedas não mudaram de valor em relação ao dólar (ou mudaram menos) acaba forçando as empresas (dos países que tiveram suas moedas valorizadas em relação ao dólar) a manter seus preços em dólar (ou aumentá-los pouco), de forma a não perder parcelas de mercado nos Estados Unidos e nos mercados mundiais.[67]

A conseqüência desta forte assimetria dos efeitos de mudanças na taxa de câmbio é que, embora os preços das importações americanas respondam pouco ao câmbio, os preços (e a lucratividade) das exportações americanas respondem muito às mudanças da taxa de câmbio e, toda vez que o dólar se desvaloriza, os produtores americanos aumentam substancialmente suas parcelas no mercado internacional. Isto implica que, ao contrário do que se poderia esperar, mesmo grandes desvalorizações do dólar não reduzem muito o crescimento das importações americanas, embora diminuam o déficit porque aumentam bastante as exportações americanas. Por isso, as desvalorizações do dólar tendem a aumentar a

---

[66] A idéia de que a desvalorização do dólar acaba levando a aumentos posteriores nos preços das commodities e especialmente do petróleo será discutida na próxima seção.
[67] Ver dados em Goldberg e Tille (2006) e Goldberg e Dillon (2007).

taxa de crescimento dos Estados Unidos em relação a seus parceiros comerciais, que perdem parcelas do mercado mundial para os produtores dos Estados Unidos.

A despeito de todas estas peculiaridades e assimetrias da posição internacional do dólar e do déficit em conta corrente americano, a maioria dos analistas ainda argumenta que uma desvalorização do dólar poderia levar a uma crise nos Estados Unidos, basicamente através de dois canais. Em primeiro lugar, a desvalorização do dólar aumentaria as taxas de juros de longo prazo nos Estados Unidos. Adicionalmente, uma desvalorização cambial causaria inflação nos Estados Unidos, o que presumivelmente levaria o FED mais tarde a subir as taxas de juros de curto prazo.

Vamos tentar explicar por que tais efeitos são bastante improváveis, o que nos permitirá entender melhor o que tem sido observado até hoje nos períodos de maiores desvalorizações do dólar de 1985 a 1995 ou de 2002 a 2008.[68]

Vejamos primeiramente o argumento sobre a elevação dos juros de longo prazo. De fato, no momento em que alguns agentes públicos ou privados tentam vender os títulos públicos de longo prazo americanos em suas carteiras seus preços vão cair e, portanto, seus rendimentos (*yield*), subir. Isto criará uma diferença entre a taxa de juros de curto prazo, regulada diretamente pelo FED, e as taxas de juros de longo prazo dos títulos públicos americanos. No entanto, é muito improvável que este fenômeno persista durante muito tempo. Um aumento na inclinação da curva de rendimento não causado por expectativas generalizadas de subida futura das taxas de curto prazo do FED não resistiria às operações de arbitragem do mercado, onde rapidamente haveria uma corrida para a compra desses títulos "baratos", captando no mercado dinheiro que paga baixa taxa

---

[68]Já tratamos do tema em Serrano (2004) e aqui tentaremos desenvolver ulteriormente a argumentação.

(próxima à curta) para comprar títulos que pagam a alta taxa (longa). Evidentemente, dada a velocidade do ajuste dos portfólios financeiros nos mercados atuais, não demoraria muito para que os preços destes títulos retornassem a seus níveis anteriores. Não foi por outro motivo que as taxas de juros nominais de longo prazo caíram (em vez de subir) no período 1985-1995, em que houve uma grande desvalorização do dólar.

Mais recentemente, depois de 2001, o dólar volta a se desvalorizar e novamente os juros de longo prazo nos Estados Unidos caem em vez de subir, pois a taxa de curto prazo estava caindo, mostrando que não há qualquer relação sistemática entre a desvalorização do dólar e a tendência da taxa de juros de longo prazo nos Estados Unidos.

No início de 2005, as taxas de juros de curto prazo já estavam subindo desde meados de 2004 e, quando ficou claro que as taxas de juros dos títulos públicos de longo prazo não estavam acompanhando esta subida, o diretor do Banco Central americano à época, Alan Greenspan (2005), se referiu a este fenômeno como um *conundrum* (enigma). Diversas explicações foram apresentadas para o *conundrum*. Greenspan e sua versão mais popular representada por Ben Bernanke (2005), antes de ele ser escolhido sucessor de Greenspan no FED, atribuíam o fenômeno aos investidores estrangeiros, privados e governamentais que mantinham suas compras de títulos americanos, sustentando o alto preço e o baixo rendimento destes títulos.

Este tipo de interpretação vai contra a idéia de que a política do FED afeta decisivamente, através das expectativas que cria no mercado sobre o curso futuro das taxas curtas, a evolução das taxas de juros longas dos títulos públicos sem risco. Adicionalmente, essa interpretação faz parecer que os juros vigentes na economia americana são fortemente afetados por decisões de agentes e governos estrangeiros.

No entanto, parece existir um grande exagero na história do enigma de Greenspan. Em primeiro lugar, um dos principais motivos para as taxas de longo prazo não começarem a subir acentuadamente, acompanhando a subida das taxas de curto prazo a partir de meados de 2004, pode ser explicado pelo simples fato de que as taxas longas não haviam sido reduzidas na proporção em que haviam caído as curtas a partir do final de 2000, depois do estouro da bolha da bolsa da "Nova Economia". E as taxas não haviam caído pelo motivo simples de que estas reduções foram muito drásticas (a taxa básica caiu de 6,51% ao ano em outubro de 2000 para 2,49% um ano depois e continuou caindo até chegar a um patamar mínimo de 1,01% em meados de 2003) e eram vistas como de natureza eminentemente temporária (em relação ao prazo de maturidade de títulos longos).[69]

Posteriormente, as taxas longas começaram de fato a subir gradualmente com o aumento dos juros de curto prazo. Por sua vez, as taxas longas param de crescer e praticamente se estabilizam entre meados de 2006 e maio de 2007, ficando até abaixo das taxas curtas, mostrando que o mercado corretamente antecipava uma mudança de sinal na política de juros de curto prazo para um futuro próximo. Esta mudança, como vimos na seção anterior, foi exatamente o que ocorreu depois de maio de 2007 com o agravamento da desaceleração econômica depois do estouro da bolha imobiliária que levou à crise do subprime. A partir desta virada, embora o dólar comece a se desvalorizar mais rapidamente, as taxas longas caem significativamente, seguindo as reduções das taxas curtas, mais uma vez mostrando que os investidores estrangeiros e o valor internacional do dólar não são determinantes importantes das tendências das taxas de juros vigentes no mercado americano.

Podemos então concluir que, a despeito do suposto *conundrum* de Greenspan, somente se a desvalorização do dólar levar a um aumento na taxa de juros de curto prazo, que é regulada diretamente

---

[69]Historicamente, as taxas longas nos Estados Unidos nunca caem proporcionalmente às curtas no início dos períodos recessivos.

pelo FED, é que as taxas longas americanas poderão subir de forma permanente. Mas para saber se isto poderia ocorrer precisamos discutir o possível impacto inflacionário da desvalorização do dólar, pois se este impacto for elevado, dada a preocupação do Banco Central americano com o controle da inflação, seria razoável esperar aumentos nas taxas básicas de juros decididas pelo FED.

Porém, nas condições atuais, a inflação nos Estados Unidos é pouco afetada pela desvalorização do dólar. Em primeiro lugar, porque uma boa parte das importações americanas é de commodities e de petróleo, que são negociados em mercados internacionais, cujos preços são diretamente denominados em dólar. Os preços destas mercadorias são muito afetados no curto prazo pelo crescimento da economia americana e mundial e pelo nível da taxa de juros americana, e mais a longo prazo pelo crescimento dos custos. No entanto, ao contrário do que muitos pensam com base na experiência da desvalorização do dólar nos anos 1970, estes preços não são afetados diretamente pela desvalorização do dólar.[70] Atualmente muitos dizem que os aumentos recentes dos preços internacionais do petróleo, especialmente a partir de 2007, refletem em boa parte a desvalorização do dólar. Na próxima seção discutiremos em mais detalhes esta tese, mas para nossos propósitos imediatos basta observar que tal relação certamente não se sustenta quando observamos um período de tempo mais longo.

Mesmo no caso dos preços dos bens importados dos países industrializados que não são denominados em dólar, cujos preços em dólar, em princípio, acabam aumentando com a desvalorização do dólar, o impacto na inflação americana tem sido bastante reduzido, a despeito do grande aumento do coeficiente de importação da economia americana a partir dos anos 1980.

---

[70]Schulmeister (2000) acredita nesta relação entre desvalorização do dólar e preços internacionais das commodities. Ele tem dificuldade de explicar o que ocorreu nos anos da grande desvalorização de 1985 a 1995, apelando para o colapso da Opep como justificava *ad hoc* da ausência da relação estipulada neste período.

Como mencionamos, mesmo para esses diferenciados, que não são commodities, o repasse das desvalorizações do dólar aos preços destes produtos no mercado americano tem sido apenas parcial. Uma fração considerável (e aparentemente crescente) destes bens mantém também seus preços no mercado americano inalterados quando o dólar se desvaloriza.[71] Isso provavelmente se deve em boa parte ao medo dos produtores de perder parcelas do mercado americano para produtos de fornecedores de outros países, dado que raramente o dólar se desvaloriza na mesma proporção em relação às diferentes moedas. Esse fenômeno vem ganhando importância crescente de meados dos anos 1980 até os dias de hoje, pois o aumento da abertura da indústria americana às importações tem vindo junto com o estabelecimento de redes de supridores (com freqüência de propriedade de multinacionais americanas) em países em desenvolvimento, especialmente na Ásia, cuja taxa de câmbio é razoavelmente estável em relação ao dólar por longos períodos de tempo.

Por estes motivos, as desvalorizações do dólar, em geral, geram choques de custos relativamente pequenos na economia. Mesmo levando em conta estes novos fatores, ainda fica a questão de que, nos anos 1970 e no início dos 1980, as respectivas desvalorização e valorização do dólar tiveram algum impacto, respectivamente, no aumento e diminuição da inflação e, desde então, não têm tido praticamente nenhum efeito.

A resposta a esta última pergunta parece estar no fato de a "resistência salarial" na economia americana ter sido drasticamente reduzida a partir do primeiro governo Reagan, o que faz com que qualquer choque inflacionário (interno ou externo) tenha muito pouco ou nenhum efeito persistente sobre a taxa de inflação, pois os salários reais se tornaram bastante "flexíveis" para baixo nos Estados

---

[71] Ver Greenspan (2005).

Unidos, tanto em resposta a choques temporários quanto a choques distributivos mais permanentes. Neste ambiente de baixa propensão à inflação, as empresas acabam percebendo corretamente a maior parte das grandes flutuações de curto prazo do preço de matérias-primas, alimentos e petróleo como temporárias, e rapidamente reversíveis. E mesmo os aumentos mais permanentes de custos têm sido facilmente absorvidos por perdas nos salários reais.[72]

Podemos então concluir que no atual padrão dólar flexível, em princípio, as desvalorizações do dólar têm em geral efeitos positivos para a economia americana, pois não pressionam para cima a taxa de juros interna, aumentam as exportações (o que foi fundamental para evitar uma recessão aberta em 2007/2008), aumentam o produto e o emprego, não aumentam significativamente a inflação e, ainda por cima, aumentam o valor em dólares de muitos ativos americanos no exterior (e reduzem o valor em dólares do passivo externo líquido da economia).

4. SUBVALORIZAÇÃO, SUPERCICLO E SUPERSPIKE

4.1 Subvalorização

A liberalização financeira externa que se espalhou por muitos países em desenvolvimento nos anos 1990 teve um efeito bastante contraditório. A abertura financeira, apesar de ampliar enormemente os recursos externos disponíveis para os países em desenvolvimento (rebatizados de "mercados emergentes"), ao final, paradoxalmente, levou em toda parte a uma substancial piora em vez de melhoria da restrição externa ao crescimento da maior parte dos países em desenvolvimento.

---
[72] Ver diversas referências em Serrano (2004).

A abertura financeira criou tanto problemas de liquidez quanto de solvência das contas externas. Em primeiro lugar porque a liberalização dos fluxos de capitais de curto prazo, embora permita a entrada de um grande volume de capital, permite também, evidentemente, uma enorme saída por motivos especulativos em prazos muito curtos, o que pode levar a uma crise de liquidez externa. Em segundo lugar, há o problema de sustentabilidade ou solvência dos passivos externos. A liberalização financeira leva a um aumento espetacular na capacidade dos agentes locais, tanto públicos quanto privados, de incorrer em variadas formas de endividamento em moeda estrangeira (esmagadoramente em dólares americanos). Entretanto, isso não vem acompanhado por um aumento proporcional na capacidade do país (subdesenvolvido) em questão de ganhar os dólares obviamente necessários para fazer frente a esses passivos.[73] A realidade, muito freqüentemente, tem sido exatamente oposta: a maioria das "reformas neoliberais" e das políticas comumente atreladas à liberalização financeira, na verdade, faz com que seja cada vez mais difícil para um país que as adote conseguir as divisas estrangeiras demandadas. Todas essas reformas tiveram efeitos negativos importantes sobre a capacidade desses países de pagar os novos passivos externos que estavam contraindo.

O motivo para isso é que a abertura financeira via de regra vem, em maior ou menor grau, com políticas que abrem um alto diferencial entre juros internos e externos. Esse diferencial leva a uma tendência a apreciação da taxa de câmbio real, endividamento externo, e atrai investimento direto estrangeiro em setores que não produzem divisas (notadamente serviços de utilidade pública), além de políticas de privatização e desnacionalização no setor de infra-estrutura,

---

[73] Para uma discussão da restrição externa ao crescimento dos países em desenvolvimento no padrão dólar flexível ver Medeiros e Serrano (1999). As questões de sustentabilidade e liquidez externas são discutidas em Medeiros e Serrano (2001, 2006) e Serrano (2003).

que na maior parte das vezes transformam monopólios públicos em privados e quase sempre aumentam os custos e reduzem a competitividade externa da economia.

No caso da América Latina, a abertura financeira se deu, nos anos 1990, num contexto onde a demanda mundial por commodities crescia a taxas baixas e os termos de troca estavam desfavoráveis. Grosso modo, além do boom de importações, as receitas de exportação cresciam a uma taxa inferior às taxas de juros. Desta forma, mesmo taxas moderadas de crescimento da economia destes países levavam a déficits em conta corrente crescentes e insustentáveis. Estes problemas de sustentabilidade tendiam por sua vez a piorar os indicadores de liquidez externa, pois implicavam uma rápida acumulação de passivos externos de curto prazo em relação às reservas internacionais. Estes prazos curtos eram demandados pelos investidores internacionais que percebiam com clareza o caráter insustentável da evolução das contas externas e, mesmo cobrando prêmios de risco crescente, queriam ser capazes de retirar seus fundos antes da próxima crise cambial.

Os movimentos especulativos gerados pela abertura financeira acabaram levando a crises mesmo em economias da Ásia, como a Coréia do Sul, que tinham sólidas condições de sustentabilidade em termos de competitividade externa e desempenho de exportações a longo prazo. A deterioração dos indicadores de liquidez externa causada pela excessiva acumulação de passivos externos de curto prazo levou a sérias crises cambiais em vários países asiáticos em 1997.[74]

Apesar de a primeira crise ter ocorrido no México ainda em 1994 e dos problemas posteriores na Ásia, as lições não foram aprendidas e o final da década foi marcado por muitas crises externas de sustentabilidade e/ou liquidez. Em 1998 foi a vez da Rússia; em 1999, do Brasil; em 2000, da Turquia. O crescimento da economia mundial

---

[74]Para a análise da crise asiática ver Medeiros (1999).

desacelerou no final do século XX. Os preços internacionais das commodities em geral e do petróleo caíram a níveis muito baixos, desestimulando os investimentos em nova capacidade produtiva, especialmente na produção de minerais, que tem risco elevado e prazo de maturação mais longo. Uma grande quantidade de países em desenvolvimento executou políticas macroeconômicas de ajuste das contas externas, contraindo a demanda e desvalorizando o câmbio para reduzir as importações e o déficit em conta corrente. Finalmente, após longo surto expansivo, a economia americana entrou em recessão em 2001 e a Argentina suspendeu os pagamentos da sua dívida externa no início de 2002.

Vemos, portanto, que as perspectivas da economia mundial, em geral, e da América Latina, em particular, não eram das melhores em 2001. Só que ao contrário do que muitos esperavam a recessão americana foi muito breve e suave. Em 2002, a China, a Índia e os países do Sudeste Asiático aumentaram significativamente suas taxas de crescimento, mostrando que, a despeito da desaceleração na Eurolândia e da recessão no Japão e na América Latina, se inicia um processo de recuperação da economia mundial. Nos anos seguintes a expansão da economia mundial se acelerou e o crescimento chegou (em maior ou menor grau) a todas as regiões. Uma novidade é que esta nova expansão é puxada não apenas pelo crescimento da demanda efetiva nos Estados Unidos, mas também, cada vez mais, pelo crescimento acelerado da demanda interna nos países asiáticos.

A expansão da economia mundial foi resultado da combinação de vários elementos. Um primeiro ponto é que a recuperação econômica americana foi bastante rápida e a recessão muito suave, durando apenas dois trimestres. Isso foi resultado em parte do terrível choque dos ataques de 11 de setembro de 2001. Depois dos ataques, o governo americano reagiu com firmeza, acelerando a redução das taxas de juros e aumentando os gastos públicos (não apenas militares) e cortes de impostos. Como resultado, a economia americana saiu da recessão ainda no último trimestre de 2001.[75]

Outro aspecto importante foi a contribuição dos países asiáticos. A decisão da China de não acompanhar as demais moedas asiáticas durante a crise, mantendo sua taxa de câmbio fixa em relação ao dólar, e em seguida começar um ambicioso programa de investimentos públicos em infra-estrutura foi decisivo para a recuperação rápida das demais economias asiáticas e para a posterior aceleração da taxa de crescimento da própria China a partir de 2001/2002. A Índia também continuou expandindo a taxas elevadas o investimento público e a demanda doméstica. Além disso, com a melhoria da restrição externa, os demais países do Sudeste Asiático também adotaram políticas monetárias e fiscais mais expansionistas.

A expansão das exportações chinesas para os Estados Unidos e o crescimento acelerado do mercado interno chinês, puxado pela expansão do investimento público (que também ocorre em menor grau na Índia), estimularam as exportações industriais dos demais países asiáticos[76] e as exportações de matérias-primas e alimentos da África e América Latina.

Este grande e rápido aumento da demanda internacional por commodities foi desproporcional, devido à fase do desenvolvimento da China e Índia (e em menor escala dos outros países asiáticos), nos quais a demanda por matérias-primas é especialmente alta.[77] Além disso, o aumento aconteceu num momento em que estes setores, especialmente petróleo e demais commodities minerais, vinham de um período de baixos investimentos em resposta aos

---

[75]Para uma discussão da política macroeconômica americana, ver Serrano (2004).
[76]Para uma análise do novo padrão regional de crescimento e comércio na Ásia centrado na China, ver Medeiros (2006).
[77]Para uma análise da intensidade da demanda por matérias-primas das economias em desenvolvimento ver UNCTAD (2005).

preços reduzidos do final dos anos 1990. Nestas circunstâncias, os preços de todas as commodities começam a subir rapidamente a partir de 2003.

Este conjunto particular de circunstâncias fez com que durante a expansão dos países em desenvolvimento nos anos 2000 ocorresse a rara combinação de altas taxas de crescimento do produto com manutenção de superávits em conta corrente.

Estes superávits em conta corrente têm sido atribuídos por muitos a uma estratégia de desenvolvimento explicitamente "mercantilista" por parte da China e demais países asiáticos exportadores de produtos industriais, de crescimento liderado pelas exportações, baseada na acumulação proposital de reservas externas e manutenção de uma taxa de câmbio subvalorizada.[78]

Esta é uma tese bastante imprecisa. Em primeiro lugar, é evidente que o crescimento recente da China (e da Índia) tem sido puxado fundamentalmente pelo crescimento de seus mercados internos e não pode ser caracterizado como "liderado pelas exportações". Além disso, mesmo em países e épocas onde as exportações se constituem um elemento mais importante para o crescimento da demanda, não há nenhuma relação lógica entre crescimento liderado pelas exportações e superávit em conta corrente. Tanto que nos anos 1990 os países asiáticos que cresceram puxados por exportações também sofreram posteriormente com a crise asiática, como foi o caso de Indonésia, Coréia, Malásia, Filipinas e Tailândia.

Outro problema com a tese do "mercantilismo" é que, como vimos na seção anterior, não há nenhuma relação necessária entre acumulação de reservas e superávit em conta corrente. A China, por exemplo, já acumulava reservas em grande quantidade nos anos 1990 antes de ter superávits em conta corrente (pois havia grande entrada de capital estrangeiro). Atualmente, acumula reservas num valor

---

[78]Dooley, Folkerts-Landau e Galber (2008).

ainda maior do que seus grandes superávits em conta corrente, pois continua recebendo grandes fluxos de capital do exterior.

Finalmente, é muito difícil definir se as taxas de câmbio asiáticas, em geral, e a chinesa, em particular, estão "subvalorizadas". A China manteve o câmbio nominal fixo de 1994 a 2005 e a partir daí tem feito graduais valorizações nominais. Muitos outros países asiáticos desvalorizaram suas moedas durante a crise asiática, mas estas desvalorizações não foram, de forma alguma, voluntárias.

O que tem ocorrido nos últimos anos é que a China e muitos outros países em desenvolvimento de rápido crescimento (asiáticos ou não, como a Rússia e até a Argentina) têm adotado uma política de tentar evitar uma súbita valorização nominal de suas moedas, mantendo juros relativamente baixos e acumulando grandes quantidades de reservas internacionais.

A acumulação de reservas em grande quantidade também é vista como necessária para evitar a possibilidade de crises de liquidez externa em economias nos quais os fluxos de capital externo de curto prazo são relativamente livres. Nestas economias, as reservas externas têm que cobrir com folga os passivos externos de curto prazo, para evitar fortes movimentos especulativos, como os que houve nas economias asiáticas em 1997/1998.[79]

A valorização cambial é indesejada por muitos motivos e não apenas por colocar em risco a competitividade externa destas economias. Como várias destas economias agora se tornaram credoras líquidas em dólar, uma grande valorização de suas moedas reduziria drasticamente o valor em moeda doméstica dos ativos externos destes países, o que poderia levar a uma crise financeira e bancária similar à que ocorreu no Japão. Além disso, a valorização nominal do câmbio pode levar, pelo seu efeito nos custos, à deflação dos preços internos, que tende a produzir mais problemas financeiros para o sistema de crédito doméstico.

---
[79] Medeiros (1999) e Medeiros e Serrano (2001).

Por isso, a partir do fim da bolha da "Nova Economia" em 2000, quando os agentes privados de diversos países começaram a vender ativos em dólar, seus governos começaram a intervir maciçamente na compra de reservas para evitar a valorização de suas taxas de câmbio em relação ao dólar. Naturalmente os países ou regiões que não adotaram esta política, como a zona do euro ou o Brasil, foram os que mais valorizaram suas moedas em relação ao dólar desde 2002.

A evolução da competitividade externa em termos de taxas de câmbio reais dos diversos países tem variado muito, dependendo da dinâmica do crescimento dos custos de produção e, em particular, do crescimento dos salários nominais em relação ao crescimento da produtividade industrial.

No caso da China, os salários nominais cresceram substancialmente, mas a produtividade cresceu um pouco mais, mantendo ou melhorando a competitividade das exportações, pelo menos até o início do processo de valorização do iuane.[80]

O Japão, que praticou o mesmo tipo de política de evitar a valorização nominal, teve grande desvalorização do câmbio real (e ganhou parcelas do mercado internacional), pois os salários nominais em iene têm até caído, num processo de lenta deflação interna.

No caso da zona do euro a questão é ainda mais complexa. De um lado, a Eurolândia foi a região que mais sofreu com a desvalorização do dólar, pois as taxas de juros do euro não acompanharam a redução das taxas americanas. A rígida meta inflacionária do Banco Central europeu tornou funcional uma valorização que amortecesse os impactos inflacionários do crescimento dos preços internacionais em dólar das commodities e do petróleo. Ao contrário dos que pensavam que isto levaria à ruína dos Estados Unidos e ao fim do padrão dólar, a forte valorização do euro teve o efeito previsível de prejudicar as exportações e estimular as importações da Eurolândia como um todo. Recentemente, o euro forte também aumentou muito

---
[80] Ver Mckinnon (2007).

as perdas do valor em euros dos ativos externos da Eurolândia denominados em dólar, que já haviam perdido bastante com a crise do subprime, agravando as repercussões na Europa da crise financeira americana. Isto, combinado com a ausência de políticas fiscais expansionistas, fez com que a Eurolândia registrasse sua primeira recessão aberta (dois trimestres seguidos de crescimento do PIB negativo) em 2008.

A situação européia é agravada pelo fato de que a introdução do euro eliminou as mudanças de taxa de câmbio nominal entre os países membros, mas não eliminou as mudanças na taxa de câmbio real. Assim, países como a Alemanha, em geral, têm ganhado competitividade em relação a seus parceiros europeus, pois têm uma dinâmica de crescimento de custos unitários do trabalho mais favorável (por ter maior crescimento da produtividade e um certo grau de "moderação" no crescimento dos salários nominais). Estes países acumularam imensos superávits em conta corrente, enquanto os países nos quais esta dinâmica é menos favorável (como, por exemplo, a Itália) perdem competitividade também dentro da Europa. O resultado deste processo é a peculiar combinação de megassuperávits externos na Alemanha com uma tendência a um déficit externo para a Eurolândia como um todo e fortes tensões entre os países da região.[81]

Desta forma, ao contrário da tese do "mercantilismo" dos emergentes ou do novo Bretton Woods, os superávits coletivos dos países em desenvolvimento com os desenvolvidos observados nos anos 2000 só foram possíveis exatamente por conta da evolução dos déficits externos crescentes dos Estados Unidos até o final de 2006. No atual padrão dólar flexível, como os Estados Unidos não estão sujeitos a restrições de balança de pagamentos, são suas decisões de política macroeconômica que determinam a dinâmica do seu déficit externo. Além disso, como a economia mundial não está em pleno

---
[81] Ver Bibow (2006).

emprego, um déficit externo americano, em vez de ser uma subtração indevida da poupança dos países mais pobres, facilita a expansão da demanda agregada e alivia a restrição externa dos países em desenvolvimento. Por outro lado, a desvalorização do dólar aumenta as exportações e o crescimento da economia americana.

E é por isso que vemos atualmente os países em desenvolvimento de rápido crescimento tentando conter a todo custo a desvalorização do dólar e a redução do déficit em conta corrente americano, insistindo em financiar a suposta tendência dos americanos a "viverem acima de seus meios".

4.2 Superciclo

Uma das características marcantes do ciclo recente de crescimento da economia mundial foi o intenso e quase contínuo aumento dos preços de praticamente todas as commodities (e não só do petróleo). Estes aumentos foram interpretados por muitos como um sinal de que há algo de muito diferente acontecendo na economia mundial. Economistas ligados a instituições financeiras desenvolveram a tese de que estaria ocorrendo um "superciclo" de preços internacionais de commodities.[82] De acordo com esta idéia, o superciclo persistente seria puxado pela forte taxa de crescimento da China, que é uma economia que usa matérias-primas em grande intensidade. Um superciclo seria uma tendência de aumento que duraria décadas e ocorreria a partir da industrialização e urbanização de uma economia grande. Teria havido dois superciclos nos últimos 150 anos: um no final do século XIX, puxado pelo crescimento econômico acelerado dos Estados Unidos e outro entre 1945 e 1975, criado pela reconstrução da Europa e expansão da economia japonesa. Uma alta e crescente intensidade no uso de metais seria o mais

---

[82] O termo foi cunhado por Heap (2005) num relatório do Citigroup.

útil indicador de um superciclo. Na China, a intensidade do uso de metais seria três vezes maior que a dos Estados Unidos. A demanda por matérias-primas seria causada pela urbanização, industrialização e acumulação de capital da China, e puxada pelo mercado interno e não por exportações.[83]

Heap (2005) aceita que no passado a oferta cresceu para atender à demanda, mas argumenta que desta vez, por uma série de razões, inclusive ambientais, o aumento da oferta terá custos maiores e um tempo de resposta mais longo, resultando em períodos estendidos de escassez.

Outros acrescentam o argumento de que estaria havendo uma expansão econômica global sincronizada, como não se via há mais de uma década, e que não apenas a China, mas também a perspectiva de industrialização e urbanização acelerada de um grande número de países na Ásia, Europa Oriental, América Latina e partes da África, garantiria uma demanda crescente de matérias-primas por décadas.[84]

Argumentos contrários à tese do superciclo também não demoraram a aparecer.[85] A evidência histórica acumulada no passado não parece ser muito favorável aos partidários da tese de um superciclo de preços ascendente. Em geral, a literatura acadêmica tem confirmado a idéia de que, a despeito da grande volatilidade dos preços, particularmente depois dos anos 1970, historicamente tem havido uma tendência à deterioração dos termos de troca das commodities em relação a produtos manufaturados, na linha do que foi observado por autores desenvolvimentistas como Singer, Lewis e Prebisch.[86]

---

[83]Ver Trinh, Vossa e Dyck (2006) do Deutsche Bank para uma avaliação otimista da demanda por matérias-primas gerada a partir do crescimento chinês. Para uma análise mais equilibrada ver UNCTAD (2005).
[84]Ver Fuller (2006).
[85]Ver Christian (2005).
[86]Ver dados em Ocampo e Parra (2003) e Cashin e McDermott (2002).

O problema central da tese do superciclo é a ênfase quase que exclusiva no lado da demanda e, em particular, a ausência de uma análise mais sistemática da evolução dos custos de produção das commodities, que influencia a tendência de evolução da oferta das matérias-primas e alimentos ao longo do tempo. Além disso, não se discute o problema do impacto inflacionário (novamente, pelo lado dos custos) da hipótese de que os preços das commodities vão crescer sem parar por décadas.[87]

O ciclo anterior de forte aumento de preços ocorreu nos anos 1970 e teve vida curta. Naquela época, os grandes aumentos de preços das commodities causaram forte aceleração inflacionária nos países ricos, na medida em que foram seguidos por reajustes compensatórios de salários nominais. A aceleração da inflação foi combatida em vários países por políticas macroeconômicas, que levaram à contração de demanda agregada e que, ao serem adotadas, rapidamente derrubaram novamente a demanda e os preços das matérias-primas e alimentos (ver Serrano, 2004).

Uma importante diferença do ciclo dos anos 2000 é que, por conta da drástica redução do poder de barganha dos trabalhadores dos países desenvolvidos, os aumentos dos preços dos alimentos e matérias-primas, em geral, não levaram a demandas por aumentos de salários nominais compensatórios e, portanto, aumentaram o nível geral de preços (e reduziram salários reais), mas não geraram aumentos mais persistentes no patamar de inflação.

Esta diferença ajuda a explicar a duração mais longa do processo recente de aumento de preços das commodities. No entanto, mesmo se o processo de alta de preços das commodities não é interrompido prematuramente pela contração da demanda agregada, gradualmente, como resposta aos próprios preços mais altos (e maior rentabilidade), a oferta vai se expandindo e os preços tendem a parar de subir.

---

[87] Ver Bloch, Dockery, Morgan e Sapsford (2004) para estimativas do impacto inflacionário nos países desenvolvidos dos aumentos de preço das commodities.

O processo de ajustamento pode ser mais lento para algumas mercadorias, por conta das dificuldades de ampliar rapidamente a oferta, como no caso específico das commodities minerais em geral, que exigem investimentos com prazos longos de maturação. Além disso, a especulação tende a prolongar a tendência de alta (ou baixa). Quando os preços aumentam há uma tendência por um tempo a um aumento nas apostas de que estes irão aumentar ainda mais no futuro próximo (e de caírem ainda mais no caso de baixa). Estes efeitos especulativos são reforçados num ambiente de juros nominais relativamente baixos e desregulamentação de mercados financeiros (Christian, 2005). De qualquer maneira, uma bolha especulativa não pode durar muito tempo, pois para se manter os preços persistentemente numa direção divergente do andamento da relação entre oferta e demanda, requer-se uma arriscada (e cara) acumulação de estoques crescentes por parte dos especuladores.

No ciclo dos anos 2000, pelo menos até 2008 (como discutiremos mais adiante), os preços dos alimentos, cuja oferta se amplia com rapidez e facilidade, cresceram menos e foram se estabilizando bem mais rápido que os preços das commodities minerais, que cresceram muito mais e só começaram a se estabilizar temporariamente, em um patamar relativamente elevado, em 2007.[88]

A tese do superciclo das commodities é, portanto, bastante implausível, e o crescimento acelerado dos preços das commodities nos anos 2000 parece em boa parte representar um processo de recuperação dos preços relativos, que estavam em níveis historicamente muito deprimidos no início do período.

Apesar de não existir o tal superciclo, existem alguns motivos estruturais para crer que, a longo prazo, os níveis de preços relativos das commodities possam se manter em patamares bem mais elevados que aqueles dos anos 1980 e 1990.

---

[88]Sobre o caráter especificamente mineral do boom de commodities ver Ocampo e Parra (2008).

A tese da tendência secular de deterioração dos termos de troca dos países subdesenvolvidos de Singer, Lewis e Prebisch se baseava especificamente na visão correta de que, a despeito de toda a instabilidade dos preços no curto prazo, a tendência de mais longo prazo dos preços relativos necessariamente segue de perto a evolução dos custos e, em particular, dos custos unitários do trabalho. Assim, os preços relativos das matérias-primas e alimentos exportados pelos países da periferia tenderiam a cair em relação aos preços dos produtos industriais exportados pelos países centrais, mesmo com a produtividade crescendo muito mais rapidamente na indústria. Isso porque estes autores supunham (e na época era verdade) existir uma tendência de aumento dos salários praticamente na mesma proporção que o crescimento da produtividade nos países centrais. Na periferia, com sua oferta ilimitada de mão-de-obra e baixo poder de barganha dos trabalhadores, os salários não aumentavam e a maior produtividade levava a custos unitários menores e, portanto, a preços relativos mais baixos.

A tendência de longo prazo dos preços das commodities a partir do atual ciclo deve ser pensada levando em conta que, da mesma forma que nos tempos de Singer, Lewis e Prebisch, a produtividade, embora cresça também em alimentos e matérias-primas básicas, tem aumentado bem mais rapidamente no setor industrial.[89] Só que, nas condições atuais de forte redução do poder de barganha dos trabalhadores nos países desenvolvidos, os salários não estão acompanhando o crescimento da produtividade nos antigos países centrais. Isso está relacionado com o fato de que os países em desenvolvimento de mão-de-obra barata agora são também grandes exportadores de produtos industriais.[90] Desta forma, a

---

[89] A elasticidade-renda dos produtos industrializados também continua sendo muito maior. Ver UNCTAD (2005).
[90] Curiosamente, há muito tempo Arthur Lewis (1978) já havia apontado para o fato de que se a periferia começasse a exportar produtos industriais sem resolver a questão estrutural de como aumentar os salários de base, a tendência dos termos de troca mudaria.

tendência atual é a de os preços relativos seguirem o ritmo de crescimento relativo da produtividade. Esta diferença estrutural seria um dos elementos que poderia sustentar os preços das commodities em patamares relativos mais altos.

Outra mudança que possivelmente ajuda a estabilizar os preços relativos em patamares mais altos tem a ver com um conjunto de mudanças políticas em alguns países ricos em recursos minerais. A recente chegada ao poder de governos nacionalistas ou de esquerda em diversos países (na América do Sul, Rússia etc.), que ocorreu em parte como reação natural aos excessos do período de reformas liberalizantes anterior, levou ao retorno generalizado do "nacionalismo de recursos naturais". Em muitos países isto aumentou o poder de barganha do Estado em relação às empresas estrangeiras que exploravam estes recursos e tem levado a um aumento significativo da taxação e da apropriação de rendas absolutas pelos Estados, o que tende a aumentar os custos e o preço relativo destes recursos em diversas regiões.[91]

Mesmo levando em conta a contribuição de todos estes fatores, a taxa de crescimento recente dos preços internacionais das commodities ainda parece muito elevada. Além da grande elevação dos preços do petróleo (que será discutida mais adiante), o enorme e súbito aumento dos preços internacionais dos alimentos em 2007 e início de 2008 nos chama a atenção.

A explicação de que o problema se deve ao crescimento da demanda por alimentos da China, Índia e demais países em desenvolvimento e considerações sobre as políticas inadequadas de segurança alimentar em diversos países em desenvolvimento a partir dos anos 1990, por mais relevantes que sejam estes temas, evidentemente não são adequadas, pois não explicam o súbito movimento dos preços num período tão curto.[92]

---

[91]Sobre este processo de maior apropriação das rendas minerais pelos países em desenvolvimento ver UNCTAD (2006).
[92]Ver as análises ponderadas de Ghosh (2008a) e Jomo (2008).

A quebra simultânea de safras de vários alimentos em vários países teve, sem dúvida, um papel relevante. Outra parte importante deste aumento dos preços nominais dos alimentos é mais bem explicada como a conseqüência de aumentos anteriores dos preços do petróleo e alguns derivados importantes, como os fertilizantes, sobre os custos de produção dos alimentos.

Além disso, a política energética americana e da União Européia parece ter contribuído bastante. Os recentes e vultosos subsídios e incentivos ao uso de biocombustíveis nestas regiões reduziram bastante a oferta de terra (e aumentaram o custo de oportunidade) para a produção de cereais, tendo grande impacto sobre os preços internacionais dessas commodities.[93]

Novamente, mesmo levando em conta todos estes fatores, a intensidade do aumento dos preços e sua rápida reversão parcial poucos meses depois[94] parecem indicar que há também outras forças em ação nos mercados internacionais de commodities nos anos recentes, que serão mais bem compreendidas se passarmos antes pela discussão da evolução recente dos preços do petróleo.

4.3 Superspike

Sem dúvida, foi o petróleo que teve a alta de preços mais intensa nos anos 2000. Entre os primeiros meses de 1999 e meados de 2008, houve aumento de mais de 1.200%, com o preço oscilando de cerca de US$ 11 a aproximadamente US$ 145.[95] Os defensores da tese do superciclo de commodities argumentam que trata-se do "efeito China" (e Índia). De fato, a demanda por petróleo destes países cresceu

---

[93]Causou grande comoção um estudo do Banco Mundial (Mitchell, 2008) que atribuía aos biocombustíveis 70% do aumento dos preços internacionais dos alimentos. Como mostra Urbanchuk (2008), a relevância do efeito é indiscutível, mas há uma dose de exagero nesta estimativa.
[94]Ver a nota de Ghosh (2008b) sobre as fortes oscilações ao longo de 2008.
[95]Se compararmos com pontos menos extremos do que o piso e o pico recente, o aumento é bem menos espetacular mas mesmo assim dramático, pouco mais de 400%.

a taxas muito aceleradas, mas a partir de uma base relativamente pequena. O consumo de petróleo da China atualmente representa apenas 8% do consumo mundial (e o da Índia em torno de 3%). Além disso, o consumo mundial de petróleo cresceu em média pouco menos de 2% ao ano ao longo da década.

Por isso, explicações apenas pelo lado do crescimento do consumo são insuficientes para aumentos tão intensos. Do lado da oferta, uma explicação bastante difundida é a de que o mundo estaria se aproximando do chamado pico mundial de Hubbert. A curva de Hubbert é baseada na idéia de que a produção em cada poço de petróleo aumenta no início de sua exploração a taxas crescentes e chega a um máximo quando atinge aproximadamente metade do conteúdo do poço. A partir daí começa a decrescer, até cair a zero quando o poço ficar vazio. Os partidários desta tese dizem que a produção mundial de petróleo no mundo está chegando (ou já chegou há pouco tempo) num pico de Hubbert, onde já teria sido consumida metade de todo o petróleo disponível no planeta. Curiosamente, uma estimativa recente da British Petroleum (2008) aponta que, dadas as reservas conhecidas e provadas, ainda restaria no mundo um montante aproximadamente igual ao que já foi consumido até hoje.

Existem, no entanto grandes dificuldades lógicas e históricas com a idéia de pico de Hubbert mundial. A primeira objeção evidente é a de que, assim como a vida de uma floresta não tem por que ser igual à de uma árvore, não faz muito sentido achar que a curva de produção do mundo terá o mesmo formato da curva de um poço, a não ser num caso extremo (e absurdo) em que todos os poços fossem explorados com a mesma e imutável tecnologia e tivessem começado a ser explorados exatamente ao mesmo tempo.[96] Assim, as mes-

---

[96] Portanto, a curva de Hubbert também ignora aumentos da quantidade extraída por poço ou redução de custos seja de descoberta, seja de extração. Ignora também possíveis aumentos de custos por motivos ambientais ou outras causas. Ignora novas descobertas e mudanças nos custos destas descobertas. Não leva em conta as diferentes qualidades e custos de formas diversas de extrair óleos leves ou pesados como xisto ou areias betuminosas e até petróleo sintético (de carvão) etc.

mas estimativas mencionadas anteriormente podem ser lidas no sentido oposto; mesmo com todo o consumo mundial que existiu até hoje, ainda não houve uma redução das reservas mundiais conhecidas e provadas de petróleo (outras estimativas mostram um grande aumento das reservas conhecidas). O outro problema com a tese do pico é histórico: há décadas se estima que "o pico virá nos próximos anos" e isto até hoje não ocorreu.

Como o petróleo é uma fonte de energia não-renovável, é bem possível e provável que algum dia o petróleo de fato vá ficar mais escasso no sentido geológico. O ponto mais fraco do argumento dos que defendem a tese do pico mundial como explicação para o aumento do preço do petróleo não é, portanto, a questão da finitude dos recursos naturais não-renováveis (que não precisa vir associada com a curva de produção mundial bem-comportada). O ponto é a curiosa fé de seus adeptos na eficiência do mercado internacional de petróleo, onde decisões descentralizadas de produtores e países individuais ocupados com suas próprias estratégias econômicas e/ou geopolíticas milagrosamente incorporariam em seus preços os custos da eventual exaustão da disponibilidade mundial do petróleo. Isto evidentemente vai contra toda a experiência histórica de inúmeros casos de grande miopia e degradação ambiental causada pelas decisões meramente guiadas por mecanismos de mercados em terras comuns ou áreas de pesca, por exemplo, que não têm como nem por que internalizar nos preços os custos sociais (externalidades) da degradação dos recursos do planeta.

Não havendo assim um mecanismo de transmissão econômico conhecido entre uma possível eventual escassez geológica do petróleo e o preço do petróleo, explicações mais satisfatórias dos aumentos recentes do preço internacional se baseiam na contraposição do crescimento sustentado da demanda em relação a diversas limitações econômicas ou políticas (e não propriamente geológicas) do lado da oferta.

Em 2005, analistas da Goldman Sachs apresentaram o argumento de que historicamente o mercado de petróleo passa por fases alternadas. Em algumas fases a oferta é relativamente grande em relação à demanda; como conseqüência, os preços e a rentabilidade do setor são baixos e há pouco incentivo a investir em ampliação da capacidade. Devido à forte incerteza, alto risco e aos longos períodos de maturação dos investimentos, a capacidade ociosa declina e os preços tendem a subir e atingir o que eles chamam de superspikes (superpontas) de preços altos, que destroem a demanda e a compatibilizam com o crescimento da capacidade. Depois de algum tempo, a capacidade se amplia muito e recomeça a nova fase de preços baixos etc. Segundo esta visão, o período de superspike anterior foi o período de 1979 a 1985, depois do qual os preços desabaram e o investimento minguou. A partir dos primeiros anos da década de 2000 estaria começando um novo período de superspike, com baixa capacidade ociosa, forte volatilidade e tendência geral de preços crescentes.

Além da tendência geral, os partidários da idéia do superspike apontam para uma série de fatores específicos da fase atual, que afetariam o mercado na mesma direção: a) os custos crescentes de exploração e prospecção de áreas tradicionais, por causa da maturidade geológica de muitos poços, escassez de equipamentos e até de mão-de-obra qualificada, como resultado dos anos anteriores de baixo dinamismo do setor; b) as maiores diferenças entre preços de óleos leves em relação aos pesados, por conta também de restrições na oferta, devido ao baixo investimento recente em refinarias e custos associados à regulação antipoluição mais estritas nos países desenvolvidos; c) os ganhos de eficiência energética desde os anos 1970, que reduzem o impacto dos preços sobre os orçamentos de firmas e trabalhadores e mantêm a demanda crescendo mesmo com preços mais altos; d) a forte taxação do preço dos derivados, levando a uma baixa resposta do preço ao consumidor em relação a aumentos do preço do óleo bruto e, finalmente; e) as perturbações geopolíticas e/ou o nacionalismo de recursos naturais em áreas que poderiam atender grande parte do crescimento da demanda a custos mais baixos. Nesta visão, não há nenhuma presunção de possíveis limites geológicos imediatos à disponibilidade. As restrições de oferta vêm basicamente de baixos investimentos no passado recente, seja por motivos estritamente econômicos ou geopolíticos.

De acordo com a idéia do superspike, os preços devem subir aceleradamente durante vários anos, até um ponto bem alto que definitivamente destrua a demanda e permita o retorno de uma capacidade ociosa mais folgada, derrubando os preços relativos de volta a sua tendência histórica. Foi a partir da idéia do superspike que foram feitas projeções (que na época pareciam extremas, mas se mostraram até conservadoras) de que o pico do preço do petróleo poderia chegar a US$ 100 por barril. Em relatórios recentes, o pico previsto foi revisado para cima, para uma faixa que poderia chegar a US$ 200 (Goldman Sachs, 2008).

O argumento do superspike é, como primeira aproximação, bastante razoável, porém deve ser complementado por dois aspectos importantes que ajudam a explicar por que os preços subiram tanto desta vez. Estes dois aspectos são resultantes em última instância de decisões políticas tomadas nos Estados Unidos e mostram o peso da economia e política americana na configuração atual do mercado internacional de petróleo (e como veremos também das demais commodities como alimentos) e, portanto, na ordem política e econômica mundial nos anos 2000.

O primeiro aspecto está relacionado com a política energética americana; o segundo, com a política macroeconômica americana e sua interação com a crescente desregulamentação financeira nos Estados Unidos.

Na política energética americana (ver Serrano, 2004) antes dos anos 2000, tradicionalmente cabia à Arábia Saudita cumprir o papel de estabilizar os preços internacionais do petróleo, através da manutenção de uma grande margem de capacidade produtiva ociosa planejada. Esta capacidade ociosa historicamente tem sido usada para moderar a volatilidade dos preços internacionais e, em particular, para garantir uma espécie de piso informal de longo prazo para o preço do petróleo em dólares que siga a tendência dos custos de produção de petróleo nos Estados Unidos, com o objetivo de manter a viabilidade econômica e rentabilidade da importante indústria de petróleo americana.[97] Como os produtores ao Oriente Médio (e de algumas outras regiões) têm custos de produção bem mais baixos que os Estados Unidos, esta política garante grandes rendas absolutas, que são barganhadas politicamente entre as empresas e os governos dos países produtores e as grandes empresas multinacionais do setor.

Parte do enorme aumento do preço do petróleo recente vem da preocupação central do governo americano de evitar um colapso de preços como o de 1999. À época, a súbita desaceleração da economia mundial depois da crise asiática, o aumento das exportações russas para fazer face a sua crise externa e a falta de coordenação entre produtores da Opep levaram a uma dramática (e traumática) queda do preço do petróleo. Para evitar a repetição de um episódio como este, a Arábia Saudita começou a reduzir substancialmente seus níveis de capacidade ociosa reduzindo seus planos de investimento, e os Estados Unidos entraram em acordo para que a Venezuela também ajudasse na coordenação da Opep para ir restringindo gradativamente a oferta e fazer subir os preços. O objetivo aparente era

---

[97] É importante ressaltar que os Estados Unidos são o terceiro maior produtor de petróleo do mundo (EIA, 2008). Em 2006 produziam cerca de 10% do total mundial e usavam 24%, importando quase 60% de suas necessidades. Cerca de 50% das importações americanas vêm das Américas (Canadá, América Latina e Caribe). Somente 16% das importações americanas são provenientes do Golfo Pérsico, 10,7% sendo da Arábia Saudita (o que significa que os Estados Unidos dependem daquela região para suprir menos de 10% do seu consumo). O Japão, a Europa e a China dependem muito mais desta conturbada região.

subir os preços até patamares que viabilizassem economicamente a maior exploração de petróleo em novas áreas nos Estados Unidos, que têm altos custos de produção (e também de caráter regulatório e ambiental), como o Golfo do México e o Alaska.[98] Assim, ao longo dos anos 2000, a produção da Opep foi se restringindo, embora o conflito político interno nos Estados Unidos sobre a exploração de novas áreas permaneça.[99] Os preços baixíssimos também levaram ao adiamento de investimentos em refinarias e outros elos da cadeia produtiva em vários países e regiões. Assim, quando a demanda mundial de petróleo e derivados começou a crescer aceleradamente no início do século XXI, esta encontrou uma oferta restrita e os preços dispararam, pois o aumento da produção fora da Opep não compensou plenamente a redução relativa da oferta do cartel. A redução da capacidade ociosa planejada da Arábia Saudita (e do mercado em geral) tornou os preços bem mais voláteis. Mais adiante, problemas políticos na Venezuela e a Guerra do Iraque causaram mais restrições à oferta da Opep (e a instabilidade política em outras áreas também). Durante todo o período de preços crescentes após os anos 2000, mesmo com a chamada "guerra contra o terror" depois dos atentados de 11 de setembro e com a invasão do Iraque, os Estados Unidos parecem ter sido bem-sucedidos em organizar a redução da oferta. O mesmo sucesso não parece estar acontecendo no período recente, com a tentativa (na direção contrária) de garantir um aumento mais substancial da oferta mundial de petróleo e evitar a disparada de preços.

---

[98]Para evidências sobre isso, ver o importante artigo de Rutledge (2003).

[99]A controvérsia entre os candidatos à presidência dos Estados Unidos sobre ser desejável (McCain) ou não (Obama) retomar a produção de petróleo na costa da Flórida, suspensa no passado por problemas ecológicos, é sintomática destes conflitos. Note que o crescimento do nacionalismo de recursos naturais dos países exportadores (que agora controlam 70% das reservas mundiais) torna mais interessante para as empresas americanas ampliar a produção nos Estados Unidos ou em áreas como o Canadá (que atualmente supre mais de 17% do consumo americano e tem imensas reservas de areia betuminosa de alto custo).

Após a invasão de 2003, as exportações do Iraque (em parte por conta da resistência armada à ocupação) em 2007 chegam próximas dos baixos níveis da época em que eram limitadas por sanções da ONU ao governo de Saddam Hussein.[100] Na direção oposta, o governo Bush filho retomou uma política de compras (inclusive do petróleo leve e mais escasso) para ampliar a reserva estratégica americana.[101] Vários analistas e políticos americanos têm se queixado de que a política energética americana estaria em conflito com a "guerra contra o terror" e em geral tem fortalecido Estados cujos governos seriam potenciais adversários do interesse nacional americano e/ou até financiadores do terrorismo islâmico.[102]

Desta maneira a política energética e as decisões de política externa americana são um elemento importante para entender a extensão e dinâmica do atual superspike do preço do petróleo.

De qualquer maneira, depois de atingir níveis altíssimos em meados de 2008, o preço do petróleo voltou a cair depois de setembro. A destruição da demanda mundial começa a ocorrer, apesar do crescimento na Ásia, como resultado do alto preço relativo, que ultrapassa os níveis reais de pico atingidos no segundo choque do petróleo em 1979, e da forte desaceleração do crescimento da eco-

---

[100] O mesmo Rutledge que explicou tão bem a política energética americana no início dos anos 2000 mais recentemente em Rutledge (2005) interpreta a Guerra do Iraque como uma guerra pelo petróleo e argumenta que os Estados Unidos perderam esta guerra, pois a produção iraquiana estagnou e os preços continuaram subindo. É importante, no entanto, entender que a derrota só é total se caracterizarmos a Guerra do Iraque como uma guerra pelo petróleo barato. Alguns autores neoconservadores americanos criticam exatamente a falta de vontade dos Estados Unidos de ampliar a oferta de petróleo do Iraque a preço baixo e queriam que o país usasse o Iraque para "destruir a OPEP", proposta que foi compreensivelmente rejeitada pelo governo americano.

[101] Alguns autores inclusive atribuem a estas compras em 2007 parte da culpa da subida dos preços. Ver Palley (2007).

[102] É nítido o contraste com a situação em 1985, quando o governo Reagan persuadiu a Arábia Saudita a coordenar uma queda substancial do preço internacional do petróleo, como parte da estratégia de combate da inflação americana (Serrano, 2004) e de enfraquecimento econômico da União Soviética (ver Schweiser, 1994 e Medeiros, neste volume).

nomia mundial, devido à crise americana e à recessão européia. Ao mesmo tempo os investimentos em ampliação da capacidade, tanto de petróleo convencional quanto não-convencional, estão maturando em várias regiões, inclusive na própria Arábia Saudita, o que tem levado a análises que apontam que o período superspike chegou ao fim.

Podemos finalmente passar à discussão do outro conjunto de políticas americanas que pode ter exercido efeito importante sobre a dinâmica de preços internacionais tanto do petróleo quanto das commodities em geral nos anos 2000. Uma delas é a política monetária. A outra diz respeito a alguns aspectos do aprofundamento do processo de desregulamentação financeira no início do período, particularmente no que concerne aos mercados futuros.

A partir da crise do subprime em meados de 2007 há uma forte desaceleração do crescimento da economia americana. Posteriormente se verifica uma redução em menor grau do ritmo de crescimento da economia mundial. Apesar das esperanças de que haveria um "desacoplamento" do crescimento do restante da economia mundial em relação ao crescimento da economia americana, a região do euro entrou em recessão e a queda do crescimento das exportações desacelerou um pouco até o crescimento das economias asiáticas. Mesmo assim, há um forte aumento dos preços internacionais das commodities e especialmente do petróleo e dos alimentos de meados de 2007 a meados de 2008. Estes aumentos, num período de redução do crescimento da demanda, levaram a uma controvérsia sobre o possível papel da especulação como elemento importante para explicar a intensidade do ciclo nos últimos anos.

Esta controvérsia é ampliada pelo crescimento exponencial de transações nos mercados futuros de commodities. No período mais recente, estes mercados atraíram aplicações maciças de novos participantes, como fundos de investimento, fundos de pensão, investidores institucionais e fundos soberanos de diversos países.

Muitos acreditam que uma possível explicação para os aumentos dos preços em dólares das commodities neste período mais recente seria a desvalorização do dólar. O argumento é que o poder de compra internacional do dólar cai quando há uma desvalorização e os produtores das commodities reajustam seus preços em dólar para manter o seu poder de compra. Isso se aplicaria, em particular, aos países árabes, que importam muito da zona do euro, e por isso o preço em dólar do petróleo aumentaria quando o dólar se desvaloriza em relação ao euro.

Este argumento, no entanto, não é muito convincente. Explica apenas por que os produtores gostariam de ser mais ricos em euros, por exemplo, mas não diz como eles teriam o poder efetivo de fazer o preço em dólar subir, nem o que determina e qual seria o nível adequado do preço em euros. Além disso, empiricamente não há evidência sistemática de um efeito da desvalorização do dólar nos preços do petróleo e demais commodities. Os preços têm sempre aumentado também em euros e em outras moedas. A maior correlação no período mais recente entre a evolução do dólar e os preços parece refletir que os mesmos fatores que afetam o câmbio podem estar afetando o preço do petróleo e das commodities, como, por exemplo, a queda da taxa de juros americana.[103]

Assim, há os que atribuem grande parte dos aumentos de preços das commodities recentes à forte redução da taxa de juros americana. Nessa linha de argumentação, os juros baixos diminuem a

---

[103]Cálculos como os de Brown, Virmani e Alm (2008) medem o efeito da desvalorização do dólar como a diferença entre o crescimento dos preços do petróleo em dólar e em euro. Mas isto nada prova, pois apenas mede, por definição, o quanto o euro se valorizou em relação ao dólar. Análises mais cuidadosas como a de Hamilton (2008b) mostram que a taxa de câmbio dólar-euro não tem nenhuma relação sistemática com o preço do petróleo no período 1999-2008. No período posterior a 2003 apresenta uma relação positiva (e nos últimos meses mais do que proporcional), mas, por outro lado, no período entre 1999 e 2002, há uma relação sistemática entre o câmbio e o preço do petróleo, porém negativa.

atratividade de ativos financeiros em relação às commodities, barateiam a formação de estoques especulativos e induzem à extração mais lenta de recursos minerais. O aumento dos preços das commodities seria um indicador de que a política monetária americana está excessivamente expansionista. Os juros baixos irão levar mais adiante a um forte aumento da taxa de inflação, pois para estes autores os especuladores com commodities estariam apenas se antecipando à aceleração da inflação futura, causada pela política monetária.[104]

A idéia de que os juros baixos tendem a aumentar os preços das commodities é razoável. No entanto, a noção de que a magnitude do aumento dos preços está relacionada a fortes expectativas de inflação futura na economia americana é totalmente implausível, dado o baixíssimo nível de atividade da economia e o fraco poder de barganha dos trabalhadores americanos. É mais razoável supor que algum outro elemento pode estar gerando expectativas de altas específicas nos mercados de commodities.

Aqueles que negam esta possibilidade de uma bolha especulativa estar amplificando os movimentos altistas recentes dos preços das commodities e do petróleo têm três argumentos. Primeiro, que não se está observando grande acumulação de estoques, condição necessária para a especulação. Segundo, que os preços do mercado futuro têm estado em geral abaixo do preço à vista (*spot*), especialmente no mercado de petróleo, o que indicaria que o mercado não estaria antecipando altas. E, terceiro, que o volume de transações no mercado futuro de qualquer forma não afeta a disponibilidade física de commodities, e portanto não influencia seus preços. O enorme crescimento das aplicações nestes mercados futuros por investidores financeiros, que aumentaram de cerca de US$ 13 bilhões no final de

---

[104] Ver Calvo (2008) e Frankel (2006). Note que Frankel (2006) encontra forte relação entre juros e preços para todas as demais commodities, mas não para o petróleo.

2003 para US$ 260 bilhões em março de 2008,[105] seria então conseqüência e não causa dos fortes aumentos de preços recentes.[106]

Todos esses argumentos são discutíveis. Uma grande acumulação de estoques não é condição necessária para a especulação. Teoricamente, grandes aumentos de estoques para sustentar uma subida especulativa de preços só são necessários em mercados nos quais um aumento de preço reduza muito a demanda dos consumidores e/ou aumente muito a oferta dos produtores num prazo bem curto. Neste caso, o aumento inicial de preço torna imediatamente a oferta muito maior que a demanda e o preço só não colapsa quando se acumula grande quantidade de estoques.

No entanto, a característica básica dos mercados de alimentos, matérias-primas e petróleo é exatamente a dificuldade tanto da demanda quanto da oferta de responderem rapidamente a variações de preço. E isto faz com que pequenos desequilíbrios entre oferta e demanda levem a grandes flutuações nos preços nestes mercados, mesmo sem contar a especulação. Portanto, é perfeitamente possível um movimento especulativo de curto prazo no qual os preços subam consideravelmente com os especuladores vendendo para outros especuladores que acham que o preço continuará a subir.

Além disso, no período mais recente parece sim ter havido algum aumento de estoques de commodities e de petróleo.[107] Nesse caso específico, e de outros recursos não-renováveis, não é nem necessário acumular estoques para se manter uma bolha especulativa, pois ao ver que os preços estão subindo e tendem a subir mais por qualquer motivo, os produtores de petróleo podem adiar

---

[105]Ver Masters (2008a).
[106]O mais enfático defensor desta visão é Paul Krugman (ver Krugman, 2008a, 2008b e The Economist, 2008).
[107]O estudo de Stevens e Session (2008) mostra estoques de petróleo aumentando em 2007 e 2008 nos Estados Unidos

a produção para um período posterior, restringindo a oferta atual e ajudando assim a sustentar os preços mais altos.[108] É bem provável que parte da aparente dificuldade de expandir a produção mundial de petróleo em 2007 seja resultado deste tipo de comportamento.

O fato de os preços futuros do petróleo, por sua vez, estarem abaixo do preço à vista não significa que o mercado espera preços mais baixos à vista no período seguinte. Os preços futuros são preços agora para entrega futura e não são idênticos aos preços esperados à vista no futuro.[109] Por conta da arbitragem, a relação entre preços à vista e futuro reflete apenas os custos de estocagem (inclusive juros) e os riscos e a conveniência de ter a mercadoria disponível agora ou depois. Tanto preços à vista quanto preços do mercado futuro num mesmo período são fortemente influenciados pelos preços esperados posteriormente. Ambos tendem a aumentar quando aumenta o preço esperado para amanhã. Desta forma, se alguém compra commodities hoje à vista pensando em revender depois de algum tempo, isso tende a aumentar o preço à vista e faz com que o preço para entrega futura também suba, pois agora existe a opção de vender à vista a um preço mais alto.

Por outro lado, se há um forte aumento das compras no mercado futuro, hoje o preço à vista tenderá a subir, pois agora existe a opção de vender a mercadoria a um preço mais alto para entrega futura. O enorme aumento de aplicações financeiras no mercado de commodities foi resultado conjunto da desregulamentação dos mercados de commodities no início dos anos 2000, que permitiu aplicações nos mercados futuros praticamente sem limites ou controles,[110] e da busca de novas aplicações pelo mercado depois do estouro da

---

[108] Ver Davidson (2008b).
[109] Hamilton (2008a) mostra que o preço futuro não prevê bem a evolução do preço à vista do petróleo.
[110] Ver Davidson (2008b).

bolha das empresas "pontocom". Neste processo criou-se a figura do "especulador de índice",[111] que compra um contrato futuro de (um conjunto de) commodities, o vende antes do vencimento e volta a comprar outro contrato e assim por diante. Esta aplicação tem como retorno o crescimento dos preços do mercado futuro ao longo do tempo. Note que este tipo de aplicação tem grande liquidez, mas, ao contrário de ações e títulos (e de forma similar ao câmbio), não paga juros nem dividendos. Só se ganha dinheiro se os preços crescem ao longo do tempo.[112] Além disso, a pouca regulamentação e supervisão permite grande alavancagem. Recentemente, uma enorme quantidade de aplicações dos mais diversos tipos de investidores institucionais e fundos soberanos se dirigiu a este mercado, fugindo de títulos privados e buscando rendimentos maiores, logo após a crise do subprime e a queda dos juros.

Na medida em que haja um grande movimento de compras destes contratos futuros, as cotações do preço futuro das commodities e do petróleo tendem a subir, e, no curto prazo, isso fatalmente contamina os preços à vista.[113] É altamente provável que isso explique a reação totalmente desproporcional dos preços de commodities à queda recente da taxa dos juros (e do dólar), depois da crise do subprime.

Sem dúvida, não é possível uma bolha especulativa de commodities se manter por muito tempo, tanto que em meados de 2008 os preços do petróleo, dos alimentos e das commodities em geral acabaram sofrendo quedas recordes, depois de chegarem a níveis insustentáveis. Mas não parece restar dúvida de que a desregulamentação financeira americana e as correspondentes inovações financeiras dos

---

[111]Ver Masters (2008b).
[112]Portanto, os riscos de mais uma crise financeira resultante de uma eventual queda generalizada dos preços das commodities em dólar parecem ser consideráveis.
[113]Um estudo econométrico de Steven e Session (2008) sobre o mercado de petróleo encontra forte evidência estatística para o preço futuro como determinante central do preço à vista. Encontra também uma relação positiva entre o preço futuro e a acumulação de estoques e uma relação negativa entre estoques e a oferta do mercado.

"especuladores de índices" estão contribuindo para aumentar ainda mais a volatilidade dos mercados internacionais de commodities, gerando forte risco de instabilidade para a economia mundial.

5. SUPERPOTÊNCIA

Ao longo deste trabalho tentamos mostrar que os principais problemas da economia americana atual estão ligados à excessiva desregulamentação dos seus mercados financeiros. A desregulamentação descontrolada tem agravado as fortes tendências à concentração de renda e riqueza na sociedade americana, tornado difícil o crescimento sustentado da demanda efetiva e contribuído para a ampliação da volatilidade dos mercados internacionais de commodities e petróleo.

Por outro lado, a tendência de longo prazo da economia americana de registrar déficits externos em conta corrente não tem tido efeitos diretos negativos sobre o crescimento da economia ou do emprego devido à posição do dólar como moeda internacional no atual padrão dólar flexível. A forte concorrência externa de produtores de países de custos salariais baixos em dólar é um dos elementos que tem contribuído para o enfraquecimento do poder de barganha dos trabalhadores nos Estados Unidos, o que explica em parte a tendência a taxas de inflação relativamente baixas, a despeito dos choques de oferta dos preços internacionais de commodities e do petróleo nos últimos anos.

Como resultado destas assimetrias tanto de poder quanto do ajustamento externo dos Estados Unidos, parece-nos absolutamente claro que o padrão dólar flexível não está em crise. O dólar tem se desvalorizado em relação a várias moedas e as taxas de juros de longo prazo americanas não estão subindo, mas sim caindo. A desvalorização do dólar não está por si só aumentando significativamente a inflação americana (nem é causa importante do aumento dos preços em dólar das commodities e do petróleo). A gradual redução do déficit externo americano que se observa a partir de 2007 tem efeito claramente expansionista nos Estados Unidos.

A crise financeira americana nada tem que ver com a questão do papel internacional do dólar, e sim com o excesso de desregulamentação e falta de supervisão dos mercados financeiros privados americanos. Em meio à recente, e plenamente compreensível, crise de confiança sobre o valor dos títulos privados que decorreu da crise financeira do subprime, tem havido uma tendência ao aumento dos spreads de risco entre as taxas de juros oferecidas pelo setor público (que têm risco zero na moeda local) e pelo setor financeiro privado no mercado americano. Isto resulta em grande parte da "fuga para a segurança" que aumentou significativamente a demanda por títulos públicos americanos, a tal ponto que o FED foi forçado a mudar sua atuação direta e fazer operações indiretas de compra e financiamento de títulos privados, na tentativa de evitar a contínua perda do valor destes em relação ao ativo de reserva do sistema: os títulos públicos americanos.[114] A crise americana, que é financeira mas não monetária, se transformou em pânico a partir de setembro de 2008, quando o FED desastradamente permitiu a falência da Lehman Brothers. O pânico global levou ao colapso do sistema de crédito e à necessidade de intervenções drásticas, com a estatização de parte do sistema financeiro nos EUA e no resto do mundo, pois a preferência pela moeda estatal americana se tornou absoluta.

O poder econômico relativo do Estado e do capital americano se reduziu em relação ao início dos anos 1990, quando termina a União Soviética e se difunde o chamado "Consenso de Washington" na periferia (ver Medeiros e Serrano [1999] e Serrano [2004]). Nos anos 2000, diversas economias em desenvolvimento (especialmente na Ásia) tiveram maior crescimento relativo com menor dependência das exportações para o mercado interno americano e dos fluxos de capitais em dólar. Houve também o retorno do "nacionalismo de recurso naturais" em diversos países ricos em petróleo e outros recursos minerais.

---

[114]Torres Filho e Borça Junior (2008) mostram que entre abril de 2007 e maio de 2008 o volume de ativos privados (inclusive hipotecas de 30 anos) na carteira do FED aumentou de US$ 27 bilhões para cerca de US$ 276 bilhões, ou seja, de cerca de 3% para cerca de 30% do total dos ativos do Banco Central.

Dentro de uma perspectiva de mais longo prazo, é compreensível que tenha havido esta redução de poder em relação à condição do início dos anos 1990, quando os Estados Unidos eram os vitoriosos da Guerra Fria.

Até certo ponto, essa redução relativa de poder econômico americano é análoga à que ocorreu entre o fim da Segunda Guerra Mundial e o início dos anos 1970, redução esta que, aliás, também difundiu à época o mito da iminente superação da supremacia econômica e política americana (Serrano, 2004). Por outro lado, desta vez, ao contrário do que aconteceu no pós-guerra, a redução relativa do poder americano não foi engendrada nem incentivada por Washington. A partir dos anos 1980 não houve o que Medeiros e Serrano (1999) chamaram de "desenvolvimento a convite" a não ser no importante caso da China (ver artigos de Medeiros e de Fiori neste volume). A redução relativa de poder econômico dos Estados Unidos desta vez veio em grande parte dos países que resistiram ou se afastaram parcialmente dos projetos de Washington.

Porém, o reconhecimento de que, ao contrário do que queria o presidente Bush pai, a "Nova Ordem Mundial" do século XXI aparece afinal como o fim do "fim da história" e o início de alguma contestação política e econômica aos excessos da dominância americana não implica de forma alguma que o poder americano está à beira do colapso. A argumentação desenvolvida neste longo artigo tentou mostrar que ao Estado e às classes proprietárias nos Estados Unidos ainda restam, a despeito da crise financeira recente, uma substancial capacidade de influir decisivamente, e com freqüência até certo ponto controlar, os seguintes fatores estratégicos: a classe trabalhadora americana; a tecnologia de ponta mundial na área militar e civil;[115] a moeda mundial; o preço internacional dos alimentos e o preço e o acesso às principais reservas de energia do qual o resto do mundo depende.

---

[115] Sobre a liderança tecnológica americana a partir do complexo industrial-científico-militar ver Medeiros (2004).

Referências bibliográficas

AGLIETTA, Michel. *Macroéconomie financière*. Paris: La Découverte, 2005.

ARON-DINE, A.; STONE, C., e KOGAN, R. "How Robust is the Current Economic Expansion?". Report for the Center on Budget and Policy Priorities (Washington, D.C.), outubro de 2007 (revisado em 22 de abril de 2008).

BARBA, A. e PIVETTI, M. "Rising household debt: its causes and macroeconomic implications — a long-period analysis". *Cambridge Journal of Economics*, advance access, 5 de agosto de 2008.

BEA. "An ownership-based framework of the U.S. current account, 1989-2001". Bureau of Economic Analysis, janeiro de 2003.

———. "An ownership-based framework of the U.S. current account, 1993-2004". Bureau of Economic Analysis, janeiro de 2006.

BERNANKE, B. S. "The Global Saving Glut and the U.S. Current Account Deficit Remarks by Governor Ben S. Bernanke". The Homer Jones Lecture. St. Louis, Missouri, 14 de abril de 2005

BERTAUT, C.; KAMIN, S., e THOMAS, P. "How long can the unsustainable U.S. current account deficit be sustained?". FRB International Finance Discussion Paper, n. 935, Federal Reserve Board, julho de 2008.

BIBOW, J. "Global imbalances, Bretton Woods II, and Euroland's role in all this". The Levy Economics Institute's Working Paper, n. 486, 2006.

BIVENS, L. J. "A plunging dollar? How far and relative to what?". *Snapshot*, Economic Policy Institute, 20 de dezembro de 2006.

BIVENS, L. J. e IRONS, J. "The fundamental economic weaknesses of the 2001-07 expansion". Economic Policy Institute. EPI Briefing Paper, n. 214, 1º de maio de 2008.

BLOCH, H.; DOCKERY, A.; MORGAN, C., e SAPSFORD, D. "Growth, commodity prices, inflation and the distribution of income". *Working paper* n. 0404, The School of Management University of Liverpool, setembro de 2004.

BOSWORTH, B.; COLLINS III, S., e CHODOROW-REICH, G. "Returns on FDI: Does the U.S. really do better?". NBER Working Paper, n. W13313, agosto de 2007.

BRAGA, Julia de M. "Ajustamento nos Mercados de Fatores, Raiz Unitária e Histerese na Economia Americana". Textos para Discussão, Faculdade de Economia da UFF, TD 241. Universidade Federal Fluminense, 2008.

——. "Raiz unitária, histerese e inércia: a controvérsia sobre a NAIRU na economia norte-americana nos anos 1990". Tese de doutorado, Instituto de Economia da UFRJ, 2006.

BRITISH PETROLEUM. "BP Statistical Review of World Energy". Junho de 2008.

BROWN, S.; VIRMANI, R., e ALM, R. "Crude awakening: behind the surge in oil prices". *Economic Letter*, vol. 3, n. 5, Federal Reserve Bank of Dallas, maio de 2008.

CALVO, G. "Exploding commodity prices, lax monetary policy, and sovereign wealth funds". Disponível em http://www.voxeu.org/index.php?q=node/1244. 20 de junho de 2008.

CASHIN, P. e MCDERMOTT, J. "The Long-Run Behavior of Commodity Prices: Small Trends and Big Variability". *IMF Staff Papers*, vol. 49, n. 2, 2002.

CHRISTIAN, J. "A rational alternative to the commodities super-cycle theory". *Commodities Now*, dezembro de 2005.

CORRADO, C. e MATTEY, J. "Capacity Utilization". *Journal of Economic Perspectives*, inverno de 1997.

COWLING, K. e TOMLINSON, P. "Globalization and Corporate Power. Contributions to political economy". *Contributions to Political Economy*, vol. 24, pp. 33-54, 2005.

DAVIDSON, P. "How to solve the U.S. housing problem and avoid a recession: a revived HOLC and FTC". Schwartz Center for Economic Policy Analysis: Policy Note, janeiro de 2008(a).

——. "Crude oil prices: 'market fundamentals' or speculation". *Challenge*, vol. 51, n. 4, julho/agosto de 2008(b).

DEW-BECKER, I. e GORDON, R. "Where Did the Productivity Growth Go? Inflation Dynamics and the Distribution of Income". NBER working paper, n. 11.842, dezembro de 2005.

——. "Controversies about the Rise of American Inequality: A Survey". NBER working paper, n. 13.982, maio de 2008.

DOOLEY, M.; FOLKERTS-LANDAU, D., e GARBER, P. "The two crises of international economics". NBER Working Paper, n. 13197, junho de 2007.

———. "Will subprime be a twin crisis for the United Sftates?". NBER Working Paper, n. 13978, maio de 2008.

EIA. "How dependent are we on foreign oil?". U.S. Energy Information Administration, 1º de maio de 2008.

FAIR, Ray "Policy Effects in the Post Boom U.S. Economy". *Topics in Macroeconomics*, Berkeley Electronic Press, vol. 5(1), 2005.

FRANKEL, J. "The effect of monetary policy on real commodity prices". In John Campbell (org.). *Asset prices and monetary policy*. Chicago: University of Chicago Press, 2006.

FREITAS, F. e SERRANO, F. "El supermultiplicador sraffiano y el papel de la demanda efectiva en los modelos de crecimiento". *Circus*, v. 1, 2007.

FULLER, D. "The commodity supercycle is still in its early years". Fullermoney, 23rd, outubro de 2006.

GABAIX, X. e LANDIER, A. "Why Has CEO Pay Increased So Much?". *The Quarterly Journal of Economics*, vol. 123(1), 2008.

GARCIA, B. e PERALTA, N. "Financial globalization and labor: employee shareholding or labor regression?". Working Paper Series, n. 172, Political Economy Research Institute, junho de 2008.

GHOSH, J. "The Global Food Crisis". Public Lecture delivered at the University of Turin. Itália, 21 de maio de 2008(a).

———. "The commodity price roller coaster". Disponível em www.networkideas.org, 22 de agosto de 2008.

GODLEY, W. e IZURIETA, A. "Balances, imbalances and fiscal targets: A new Cambridge view". CERF — Cambridge Endowment for Research in Finance. University of Cambridge, 2004.

GODLEY, W.; PAPADIMITRIOU, D.; HANNSGEN, G., e ZEZZA, G. "The U.S. Economy: Is There a Way Out of the Woods?". *Strategic Analysis*, The Levy Institute, novembro de 2007.

GOLDBERG, L. e DILLON, E. "Why a dollar depreciation may not close the U.S. trade deficit". *Current Issues in Economics and Finance*, vol. 13, n. 5, Federal Reserve Bank of New York, junho de 2007.

GOLDBERG, L. e TILLE, C. "The internationalization of the dollar and trade balance adjustment". Staff Report, n. 255, Federal Reserve Bank of New York, agosto de 2006.

GOLDMAN SACHS. "$100 oil reality, part 2: Has the super-spike end game begun?". Goldman Sachs Research, 5 de maio de 2008.

———. "Super spike period may be upon us: Sector attractive". Goldman Sachs Research, 5 de maio de 2008.

GORDON, R. "Why was Europe left at the station when America's productivity locomotive departed?". NBER Working Paper, n. 10661, agosto de 2004.

———. "Future U.S. productivity growth: looking ahead by looking back". Paper presented at Workshop at the Occasion of Angus Maddison's 80th Birthday, World Economic Performance: Past, Present, and Future. University of Groningen, Holanda, 27 de outubro de 2006.

GOURICHAS, P. e REY, H. "From world banker to world venture capitalist: US external adjustment and the exorbitant privilege". NBER working paper, n. W11563, agosto de 2005.

GREEN, Richard. "Follow the leader: how changes in residential and non-residential investment predict changes in GDP". *Real Estate Economics*, vol. 25, n. 5, verão de 1997.

GREENSPAN, A. "Testimony of Chairman Alan Greenspan". Federal Reserve Board's Semiannual Monetary Policy Report to the Congress Before the Committee on Banking, Housing, and Urban Affairs, U.S. Senate, 16 de fevereiro de 2005.

GREENSPAN, I. e KENNEDY, J. "Sources and uses of equity extracted from homes". Finance and Economics Discussion Series, Divisions of Research and Statistics and Monetary Affairs, Federal Reserve Board, Washington, D.C., 2007-2008.

GUIDOLIN, M. e LA JEUNESSE, E. "The decline in the U.S. personal saving rate: is it real and is it a puzzle?". *Review*, Federal Reserve Bank of St. Louis, novembro de 2007.

HAMILTON, J. "Understanding crude oil prices". Department of Economics, University of California, San Diego, junho de 2008(a).

———. "Oil and the dollar". Econobrowser, www.econbrowser.com. 2008(b).

HAUSSMAN, F. e STURZENEGGER, F. "Global imbalances or bad accounting? The missing dark matter in the wealth of nations". Harvard University, Center for International Development, working paper 124, 2006.

HEAP, A. "China — The engine of a commodities super cycle". *Citigroup Smith Barney*, março de 2005.

HIGGINS, M.; KLITGAARD, T., e TILLE, C. "Here is the matter with dark matter", mimeo, Federal Reserve Bank of New York, 28 de janeiro de 2006(a).

———. "Borrowing without debt? Understanding the U.S. international investment position", Federal Reserve Bank of New York, staff report n. 271, dezembro de 2006(b).

JOMO, K. "The 2008 World Food Crisis". Disponível em www.networkideas.org, 25 de agosto de 2008.

KINDLEBERGER, Charles. *Manias, Panics and Crashes*. Hoboken, NJ: John Wiley and Sons, 1978.

KRUGMAN, P. "Calvo on commodities". The New York Times blogs, 21 de junho de 2008. Disponível em http://krugman.blogs.nytimes.com/2008/06/21/calvo-on-commodities/. 2008(a).

——. "Speculation and signatures". Princeton University, 24 de junho de 2008. Disponível em www.princeton.edu/~pkrugman/Speculation%20and%20Signatures.pdf. 2008(b).

LANE, P. e MILESI-FERRETTI, G. "Where did all the borrowing go? A forensic analysis of the U.S. external position". IMF Working Paper Research Department, International Monetary Fund, fevereiro de 2008.

LEAMER, E. "Housing is the Business Cycle". NBER working paper, n. 13428, setembro de 2007.

LEWIS, A. *The Evolution of the International Economic Order*. Princeton: Princeton University Press, 1978.

LOWE, Jeffrey H. "An ownership-based framework of the U.S. current account, 1997-2006". Bureau of Economic Analysis, Survey of Current Business, janeiro de 2008.

MALMENDIER, U. e TATE, G. "Superstar CEOs". NBER working paper, n. 14140, junho de 2008.

MANN, C. "Breaking up is hard to do: global co-dependency, collective action, and the challenges of global adjustment". CESifo Forum, 2005.

MANN, C. e PLUCK, K. "The US trade deficit: a disaggregated perspective, prepared for the NBER project G-7 current accounts". Sustainability and Adjustment Conference Meeting, 31 de maio-2 de junho, Newport, Rhode Island, Institute for International Economics, 2005.

MASTERS, M. "Testimony of Michael W. Masters Managing Member/Portfolio Manager Masters Capital Management, LLC before the Committee on Homeland Security and Governmental Affairs", United States Senate, 20 de maio de 2008(a).

——. "Testimony of Michael W. Masters Managing Member/Portfolio Manager Masters Capital Management, LLC before the Committee on Homeland Security And Governmental Affairs", United States Senate, 24 de junho de 2008(b).

MCKINNON, R. "U.S. current account deficits and the dollar standard's sustainability: a monetary approach". CESifo Forum, inverno de 2007.

MEDEIROS, C. e SERRANO, F. "Padrões monetários internacionais e crescimento". In FIORI, J.L. (org.). *Estados e moedas*. Petrópolis: Vozes, 1999.

———. "Inserção externa, exportações e crescimento no Brasil". In FIORI, J. L. e MEDEIROS, C. A. (orgs.). *Polarização mundial e crescimento*. Petrópolis: Vozes, 2001.

MISHEL, L., BERNSTEIN, J. e ALLEGRETTO, S. *The State of Working America, 2006-2007*. Cornell: Cornell University Press, 2006.

MITCHELL, D. "A note on rising food prices". Policy Research Working Paper 4682, the World Bank, julho de 2008.

MUNDELL, R. "Dollar standards in the dollar era". *Journal of Policy Modeling*, Elsevier, vol. 29(5), 2007.

OBSTFLED, M. e ROGOFF, K. "The unsustainable US current account revisited". NBER Working Paper 10864. NBER, Cambridge (MA), 2005.

OCAMPO, J. e PARRA, M. "The terms of trade for commodities in the twentieth century". *Cepal Review*, n. 79, abril de 2003.

———. "This is a boom of mineral, not agricultural prices". *RGE Latin America EconoMonitor*, 6 de maio de 2008.

PALLEY, T. "Manipulating the oil reserve". Disponível em www.tompalley.com. Janeiro de 2007.

PALLEY, Thomas I. "The fallacy of the revised Bretton Woods hypothesis: why today's international financial system is unsustainable?". *The Levy Economics Institute of Bard College Public Policy Brief*, n. 85, 2006.

PIKETTY, T. e SAEZ, E. "The Evolution of Top Incomes: A Historical and International Perspective". NBER working paper, n. 11955, janeiro de 2006.

———. "Income inequality in the United States, 1913-1998". *Quarterly Journal of Economics*, vol. 118, n. 1, 2003.

REICH, R. *Supercapitalism: The Transformation of Business, Democracy, and Everyday Life*. Nova York: Alfred A. Knopf, 2007.

ROACH, S. "The shifting mix of global saving". Morgan Stanley Research, 4 de junho de 2007.

ROUBINI, N. e Setser, B. "The US as a net debtor: the sustainability of the US external imbalances", 2004. Disponível em http://pages.stern.nyu.edu/~nroubini/papers/Roubini-Setser-USExternal-Imbalances.pdf.

RUTLEDGE, I. *Addicted to Oil: America's Relentless Drive for Energy Security*. Londres: I. B. Tauris, 2005.

———. "Profitability and supply price in the US domestic oil industry: implications for the political economy of oil in the twenty-first century". *Cambridge Journal of Economics*, vol. 27, n. 1, 2003.

SCHULMEISTER, S. "Globalization without global money: the double role of the dollar". *Journal of Post Keynesian Economics*, v. 22, n. 3, primavera de 2000.

SCHWEISER, P. *Victory: Reagan Administration's Secret Strategy that Hastened Collapse Soviet Union*. Nova York: Atlantic Monthly Press, 1994.

SERRANO, F. "A soma das poupanças determina o investimento?". *Archetypon*, maio de 2000.

——. "Do ouro imóvel ao dólar flexível". *Economia & Sociedade*, 2002.

——. "Relações de poder e a política econômica americana, de Bretton Woods ao padrão dólar flexível". In FIORI, José Luis (org.). *O poder americano*. Petrópolis: Vozes, 2004.

——. "O dilema entre inflação e desemprego". *Ciência Hoje*, 233, dezembro de 2006.

——. "Acumulação de capital, convergência e polarização: notas sobre o curso de teorias do crescimento". Mimeo, Instituto de Economia da UFRJ, 2008.

SERRANO, F. e BRAGA, J. M. "O mito da contração fiscal expansionista durante o governo Clinton". *Economia e Sociedade*, v. 15, Unicamp, 2006.

STEINDEL, C. "How worrisome is a negative saving rate?". *Current Issues in Economics and Finance*, Federal Reserve Bank of New York, maio de 2007.

STEVANS, L. e SESSION, D. *Speculation, Futures Prices, and the U.S. Real Price of Crude Oil*. Zarb School of Business, Department of IT/QM, Hofstra University, 2008.

The Economist. "Don't blame the speculators". *The Economist*, 3 de julho de 2008.

TORRES FILHO, E. e BORÇA JUNIOR, G. "A crise do *subprime* ainda não acabou". *Visão do Desenvolvimento*, n. 50, BNDES, julho de 2008.

TRINH, T.; VOSSA, S., e DYCK, S. "China's commodity hunger implications for Africa and Latin America". *Deutsche Bank Research*, 13 de junho de 2006.

UDSON, M. "Superimperialism: the origin and fundamentals of U.S. world dominance". Londres: Pluto Press, 2003.

UNCTAD. "Trade and development report, 2005". UNCTAD, Genebra, 2005.

——. "Trade and development report, 2006". UNCTAD, Genebra, 2006.

URBANCHUK, J. "Critique of World Bank Working Paper. A Note of Rising Food Prices". LECG LLC, 11 de julho de 2008.

WOLF, M. "America on the comfortable path to ruin". *Financial Times*, 17 de agosto de 2004.

WOLFF, E. e ZACHARIAS, A. "Class structure and economic inequality". Working Paper, n. 487, Levy Economics Institute, janeiro de 2007.

XAFA, M. "Global imbalances and financial stability". IMF Working Paper, n. 07/111, International Monetary Fund (IMF), maio de 2007.

CARLOS AGUIAR DE MEDEIROS*

Desenvolvimento econômico e ascensão nacional: rupturas e transições na Rússia e na China

INTRODUÇÃO

Dois fatos espetaculares marcaram o final do século XX e tiveram repercussões oceânicas sobre a economia, a política e a ideologia mundiais: o colapso da União Soviética, com um "derretimento" de sua estrutura econômica e social, e a espetacular ascensão econômica da China, países que desde o pós-guerra afirmaram-se como os principais rivais e contestadores do mundo liderado pelos Estados Unidos. Estes dois eventos resultaram de um amplo processo de reformas e de transição ao capitalismo introduzido nos anos 1980 e liderado, respectivamente, por Gorbatchev e Deng Xiaoping.

Nos anos iniciais do novo milênio o soerguimento político e econômico da Rússia, a afirmação da China como um pólo econômico de importância mundial e a aproximação estratégica entre os dois países vêm desafiando a afirmação de um mundo unipolar pretendido pelos neoconservadores americanos.

O entendimento sobre o porquê de resultados e trajetórias iniciais tão opostas na Rússia de Gorbatchev e na China de Deng Xiaoping

---

*O autor agradece os comentários de Franklin Serrano, José Luís Fiori e Marcio Henrique Monteiro de Castro e a assistência de pesquisa de Cristina Reis. As falhas que possam persistir são de exclusiva responsabilidade do autor.

constitui um grande desafio intelectual e o principal objeto da primeira parte do presente texto, que está dividida em sete seções: *A transição numa perspectiva comparada, As condições econômicas iniciais, Poder político e transição, As pressões americanas, A estratégia de reforma de Gorbatchev, A estratégia de transição chinesa de Deng Xiaoping* e *Um quadro comparativo sintético*. Na segunda parte, dividida em quatro seções — *Introdução, Putin e a reconstrução do Estado russo, A expansão chinesa recente e os desafios geopolíticos* e *Um quadro comparativo sintético* —, examinam-se as transformações mais recentes nestes países e o seu impacto econômico e político na ordem americana.

A despeito de seu escopo eminentemente histórico comparativo, o presente texto busca estabelecer as conexões entre desenvolvimento econômico, Estado e poder político, objeto essencial da ciência política e da economia política clássica e que, tardiamente, vem se afirmando com maior presença na literatura contemporânea sobre as trajetórias comparadas de desenvolvimento econômico.

PARTE I
A economia política da transição da Rússia e da China

A TRANSIÇÃO NUMA PERSPECTIVA COMPARADA

Nada poderia ser mais distinto, visto numa perspectiva de hoje, do que as transições das economias planejadas na ex-União Soviética, iniciada com as reformas de Gorbatchev na segunda metade dos anos 1980, e na China, iniciada em 1979 com as reformas de Deng Xiaoping. Após a extinção da União Soviética, a Rússia — a principal e dominante república soviética — sofreu uma contração de cerca de 50% do seu PIB ao longo dos anos 1990 e transformou-se radicalmente, passando de uma economia industrial integrada para uma economia essencialmente produtora e exportadora de petróleo e gás. A

China, depois de um crescimento médio anual próximo a 10%, evoluiu nesta mesma década de uma economia preponderantemente agrícola para uma economia industrial (ver Gráfico 1).

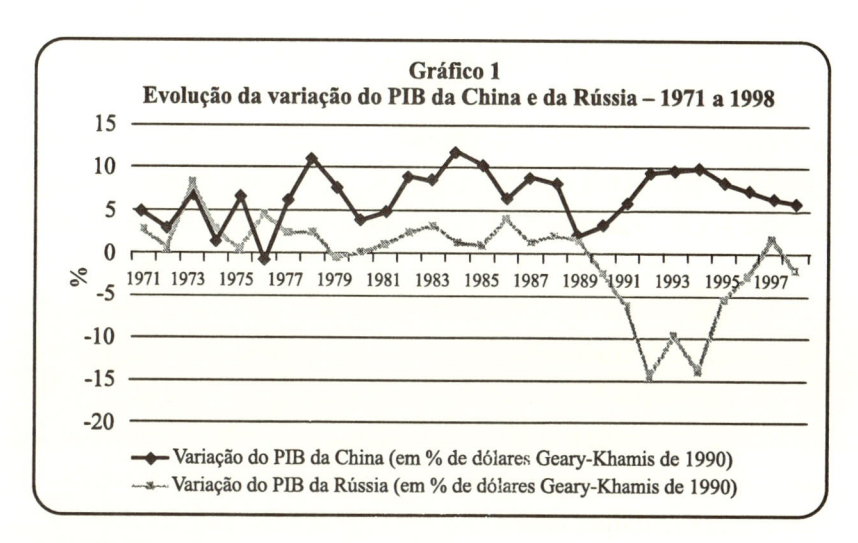

Gráfico 1
Evolução da variação do PIB da China e da Rússia – 1971 a 1998

— Variação do PIB da China (em % de dólares Geary-Khamis de 1990)
— Variação do PIB da Rússia (em % de dólares Geary-Khamis de 1990)

Fonte: Maddison, 2001.

Sobre um tema tão complexo, predominam dois tipos de enfoques. De um lado, enfoques e análises gerais, muitas fortemente ideológicas, ainda que vestidas com trajes acadêmicos. Estas, muito populares entre os economistas, atribuem o colapso da União Soviética a uma causa sistêmica: ao colapso da economia de comando e à sua intrínseca irracionalidade informacional. A União Soviética teria revelado uma crônica incapacidade de evoluir de um sistema baseado no uso extensivo de insumos para um sistema centrado em inovações tecnológicas, o que teria resultado em baixo crescimento econômico, já evidente nos anos 1970, e em crescente defasagem tecnológica em relação ao Ocidente. De outro, há um significativo número de estudos cobrindo aspectos específicos relevantes (tecnologia, a Guerra Fria, a liderança política, a seqüência das reformas etc.). Destacam-se entre estes as análises centradas em fatores políticos internos e externos. Entre os primeiros sobressaem abordagens que atribuem o colapso soviético a uma conspiração das elites na defesa de seus privilégios e poder e ao próprio Gorbatchev. Já entre as interpretações centradas em fatores externos, há um amplo conjunto que atribui o colapso a uma abrangente estratégia orquestrada pelos Estados Unidos e articulada pela CIA (Central Intelligence Agency). Algumas destas abordagens identificam que a radicalização da Guerra Fria imposta pelo governo Reagan com a sua ofensiva "guerra nas estrelas" e o seu apoio à guerra quente no Afeganistão levaram a uma crise econômica e militar sem precedentes, resultando no colapso da União Soviética. Em convergência com as abordagens sistêmicas, o colapso teria sido uma conseqüência do crescente fardo do orçamento militar numa economia de comando.

Em contraste, para muitos, o sucesso da China teria sido o resultado de uma decisiva virada para a economia de mercado no final dos anos 1970, revelando a superioridade intrínseca desta e as virtudes do capitalismo como máquina de crescimento através da modernização tecnológica. Uma outra corrente argumenta que o sucesso chinês dependeu inteiramente do apoio americano arquitetado pela estratégia Nixon-Kissinger nos anos 1970 e reiterado pelo governo Reagan. A abertura ao mercado americano e os investimentos de suas corporações teriam sido a base do desenvolvimento chinês liderado pelo mercado.

Não poucos problemas desafiam as visões sistêmicas. Em primeiro lugar, a tese da intrínseca inferioridade do planejamento centralizado deve explicar como a União Soviética passou de uma economia atrasada e arrasada pela guerra para a segunda economia industrial do mundo num espaço de trinta anos. O atraso soviético na tecnologia da informação nas décadas de 1970 e 1980 poderia explicar uma desaceleração no crescimento, mas não um colapso.

Em relação às visões não-sistêmicas e centradas em diversas dimensões internas e externas, os problemas analíticos são menores, mas tendo em vista a dispersão temática e de princípios interpretativos que elas incorporam, a complexidade da interpretação das duas trajetórias está na identificação de um fio condutor que permita combinar de forma consistente os distintos planos de análise e os diferentes desafios. Assim, por exemplo, é inegável que a escalada de guerra (fria e quente) por todos os meios (econômicos, políticos e culturais) promovida pelo governo Reagan contra a União Soviética foi um fator decisivo para a crise soviética. Entretanto, a sólida ofensiva de Reagan na Guerra Fria poderia resultar em mudanças e na redefinição da estratégia soviética, sem que estas resultassem, necessariamente, em colapso do poder político. Do mesmo modo, a despeito do seu impacto político profundo, a derrota no Afeganistão poderia resultar em revisões no conceito de guerra local e redefinição nas relações entre as nacionalidades. Ainda que estes fatores e pressões externas dificilmente possam ser exagerados no caso da União Soviética, sobretudo quando se tem em mente a ação oposta exercida pelos Estados Unidos sobre a China, a passagem entre estes problemas e desafios para o colapso está longe de ser automática e requer uma análise que articule as dimensões externas e internas.

Em relação à China, as abordagens convencionais são desafiadas quando se considera que o sucesso pós-reformas não prescindiu do planejamento, das empresas estatais, do controle direto sobre a alocação dos investimentos, do monopólio estatal da terra e da liderança de um partido/Estado. E, em que pese o apoio político dos Estados Unidos nos anos 1970 ter sido um fator estratégico da abertura iniciada por Deng Xiaoping, o fundamental é que a China, ao contrário dos Estados asiáticos convidados ao desenvolvimento pelos Estados Unidos — como o Japão, a Coréia do Sul e Taiwan —, jamais abriu mão de sua estratégia de defesa autônoma, com capacidade militar nuclear independente, e de sua retórica antiimperialista liderada por um partido/Estado.

Em face destas questões, podem-se tentar alguns esforços elusivos, como, por exemplo, negar a força industrial soviética e o seu *catch-up* tecnológico, ou argumentar que estas características institucionais chinesas foram (e são) obstáculo para um crescimento que poderia ter sido ainda mais espetacular.

Mesmo os menos críticos a estes truques retóricos poderiam se perguntar por que, afinal, as reformas voltadas à introdução de mecanismos de mercado tentadas tanto por Gorbatchev quanto por Deng Xiaoping resultaram na União Soviética numa ruptura radical e na China numa reestruturação sem maior solução de continuidade no campo político.

Considerando as reformas implementadas, Kotz (2004) faz uma sugestiva comparação das estratégias adotadas por ambos os países:

Transição russa	Transição chinesa
1) imediata eliminação do controle dos preços domésticos; 2) rápida privatização das empresas; 3) rápida eliminação da intervenção do Estado sobre as decisões das empresas; 4) elevados cortes nas despesas públicas; 5) aperto na política monetária; 6) rápida abertura comercial e financeira.	1) eliminação gradual do controle dos preços e manutenção do "*dual track price system*"; 2) lenta privatização das empresas; 3) manutenção temporária da intervenção estatal sobre a direção das grandes empresas; 4) expansão do gasto público principalmente em investimento das empresas estatais em infra-estrutura; 5) política monetária expansionista; 6) preservação do sistema bancário estatizado; 7) controle do comércio externo e dos fluxos de capitais.

Fonte: Kotz, 2004.

Kotz (2004) atribui a estas tão distintas estratégias — a "estratégia neoliberal" na Rússia e a "estratégia dirigida pelo Estado" adotada na China — o resultado econômico e social tão divergente obtido por esses países.

Popov (2007), por seu turno, atribui os distintos resultados observados na transição destes países não tanto à estratégia em si, mas à manutenção do Estado forte na China e ao seu desmantelamento na União Soviética.[1]

---

[1] A Polônia, argumenta, praticou terapia de choque e teve uma rápida transformação; o Vietnã, com condições iniciais parecidas com as da China, também praticou, segundo o autor, terapia de choque e manteve o crescimento. Entretanto, quando se nivelam algumas condições iniciais, a estratégia de fato importa. Entre os países da antiga União Soviética, observa, os que liberalizaram mais rápido — os Estados bálticos — tiveram pior desempenho do que os que se mantiveram fechados, como o Uzbequistão.

Uma conclusão imediata e consensual sobre as duas transições é a constatação de que a estratégia de transição gradual e dirigida pelo Estado na China permitiu uma expansão simultânea de novas formas de produção e de propriedade com a propriedade estatal, viabilizando elevada taxa de crescimento econômico. A ruptura radical russa, ao contrário, destruiu processos e meios de produção com uma velocidade muito maior do que a observada na criação de novas formas de propriedade. O ponto central dos processos de transição é que quanto mais rápido o processo de liberalização de preços — a primeira e mais devastadora ferramenta da transição[2] —, maior o número de empresas e setores incapazes de competir com os novos preços. Mesmo naquelas atividades beneficiadas por uma demanda maior, as restrições aos novos investimentos decorrentes da implosão das economias externas, dos mecanismos de financiamento e das instituições impedem uma rápida reestruturação produtiva que permita o relançamento da economia.

Mas a questão, adverte Popov, não é de velocidade em si:

> *it is precisely the collapse of strong state institutions that started in the USSR in the late 1980s and continued in the successor states in the 1990s that explains the extreme length, if not the extreme depth of the former Soviet Union transformational recession.*[3]

A terapia de choque praticada na Rússia no governo Ieltsin nos anos 1990 constituiu, a rigor, uma linha de aprofundamento radical das reformas liberalizantes iniciadas por Gorbatchev em 1985. Diante do desmantelamento das instituições soviéticas e conseqüente escassez e destruição da moeda, a guinada liderada no plano econômico

---

[2] Em janeiro de 1992 os preços ao consumidor aumentaram 245% enquanto a oferta monetária cresceu apenas 12%, gerando extraordinária contração monetária (Woodruff, 1999). Ver discussão na segunda parte deste capítulo.
[3] V. Popov, 2007, p. 9.

por Igor Gaidar em 1991 foi a de combater a "fraqueza do Estado russo" através de uma radical política monetária que deveria exercer agora o papel que o planejamento central exercia anteriormente.[4]

A tentativa de construir um "estado liberal autoritário" foi uma escolha decorrente da nova correlação de forças políticas e sociais aplicadas em um Estado que emergiu do colapso da União Soviética. O fato de esta estratégia ter resultado num catastrófico derretimento do tecido econômico e social preexistente não constitui em si uma surpresa; o que foi verdadeiramente notável foi o seu ponto de partida, isto é, a demolição do edifício soviético em não mais do que seis anos de reforma.

Esta descontinuidade radical pode ser contrastada com a manutenção da continuidade política e institucional da transição chinesa iniciada por Deng Xiaoping em 1979. Este não rompeu nem com o partido/Estado nem com a herança política deixada por Mao, ainda que deste se distanciasse ampla e profundamente.[5]

AS CONDIÇÕES ECONÔMICAS INICIAIS

Antes de investigar a questão essencial das coalizões políticas e de poder do Estado subjacente às duas estratégias de transição, é importante considerar os distintos pontos de partida econômicos e sociais. Afinal, seria possível argumentar, numa linha explorada por Popov (2007), que os diferentes resultados das estratégias dependeram em parte das condições econômicas iniciais. Com efeito, a economia soviética dos anos 1970 era fortemente industrializada e essencialmente

---
[4]Como afirmou Gaidar, "*There are two groups of regulators that are capable of ensuring the vital activity of society's effective money and effective commands*". Woodruff, 1999, p. 82.
[5]Este ponto é essencial para Popov (2007): "*...the recent Chinese success (1979 — onwards) is based on the achievements of the Mao period (1949-76) — strong state institutions, efficient government and increased pool of human capital. Unlike in the former Soviet Union, these achievements were not squandered in China due to gradual rather than shock-therapy type democratization,*" p. 30.

urbana. Possuía um regime de pleno emprego com uma elevada proporção de profissionais qualificados, com um padrão de consumo moderadamente diversificado (com a difusão de bens duráveis) e forte igualitarismo na distribuição de renda. Ainda que proporcionalmente pequena, a participação no comércio internacional (essencialmente especializado, com os países socialistas europeus) não era desprezível. A China apresentava uma estrutura semi-industrializada — em que pese a presença de um importante setor de bens de capital —, com a maioria da população ocupada na agricultura, residindo em vilas e condados. Também em regime de pleno emprego, possuía reduzida participação de trabalhadores qualificados na população economicamente ativa (PEA), baixa diversificação nos padrões de consumo e grande nivelamento social. Do ponto de vista do comércio exterior, vivia de forma semi-autárquica.

O Gráfico 2, baseado nos dados sistematizados por Angus Maddison (2001), apresenta uma comparação entre as taxas de crescimento do PIB da União Soviética/Rússia[6] e dos Estados Unidos entre 1971 e 1998.

As interpretações econômicas (não estritamente ideológicas) da desaceleração do crescimento ocorrido na União Soviética ao longo dos anos 1970 e 1980 baseiam-se em três hipóteses básicas: 1) a União Soviética teria exaurido suas possibilidades de "crescimento extensivo"

---

[6]Há uma ampla controvérsia sobre o tamanho real da economia soviética e de suas taxas de crescimento. As estatísticas oficiais soviéticas utilizavam o conceito de produto material líquido (PML) em vez de produto nacional bruto, excluindo da contabilidade praticamente todo o setor de serviços não usado diretamente na produção. Diversos especialistas ocidentais desconfiavam que as estatísticas oficiais exageravam o crescimento e passaram a fazer suas próprias estimativas. A CIA compilava seus próprios dados sobre o desempenho soviético. Assim, de acordo com a estatística oficial, a taxa de crescimento anual do produto material líquido entre 1950-75 foi de 8,0%; a estimativa ocidental (a da CIA foi validada por muitos especialistas do Ocidente) para o crescimento anual do PNB no mesmo período foi de 4,8%; neste período, o crescimento do PNB americano foi de 3,3%. Entre 1975-80 o PML caiu para 4,3%; pela estimativa ocidental do PNB, o crescimento reduziu-se para 1,9%; entre 1980-85 o crescimento anual medido pelo PML foi de 3,6%, e de 1,8% pela estimativa do PNB (Kotz e Weir, 1997).

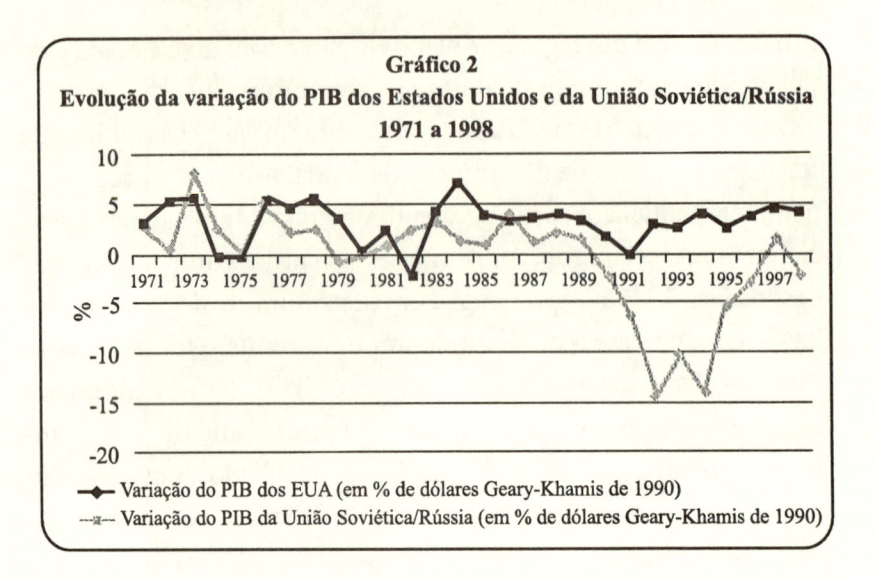

Gráfico 2
Evolução da variação do PIB dos Estados Unidos e da União Soviética/Rússia
1971 a 1998

— ♦ — Variação do PIB dos EUA (em % de dólares Geary-Khamis de 1990)
--- ✕ --- Variação do PIB da União Soviética/Rússia (em % de dólares Geary-Khamis de 1990)

Fonte: Maddison, 2001.

vigente nas décadas anteriores, caracterizado pela simples adição de trabalho, matérias-primas e capitais aos processos produtivos existentes; 2) a transição para um regime de "crescimento intensivo" baseado na produtividade e no investimento nos novos setores da tecnologia de informação (revolução tecnológica na descrição soviética) demandaria novas políticas, descentralização e incentivos às empresas; 3) o sistema econômico soviético estaria constrangido pelo fardo militar. Os problemas de disciplina de trabalho — amplamente explorados como causa independente — constitui parte das duas hipóteses iniciais.[7]

A primeira hipótese descreve corretamente (ainda que imprecisamente) certas características da maturidade industrial em um dado

---
[7]Possivelmente a explicação econômica mais difundida no Ocidente sobre o declínio econômico soviético seja uma combinação entre as críticas originais de Hayek (1935) sobre a impossibilidade de uma maior racionalidade do planejamento central e as que muito posteriormente Janos Kornai (1992) desenvolveu sobre o "*soft budget constraint*". Para uma síntese, ver Desai (2002). Ambas as proposições foram criticadas por sua aceitação implícita da existência de um sistema de preços competitivo no capitalismo intrinsecamente superior, quer para a alocação de recursos, quer para o monitoramento das decisões de agentes econômicos. Por serem muito gerais e ideológicas, tais proposições não são objeto da presente discussão.

paradigma tecnológico. De fato, não só na União Soviética, mas nos países que no pós-guerra se industrializaram rapidamente através da produção em massa, os ganhos de produtividade tenderam a declinar na medida em que os deslocamentos intersetoriais se esgotaram. De fato, os ganhos na produtividade da economia como um todo foram decorrentes da contração do emprego em atividades de menor produtividade — agricultura —, e expansão do emprego em atividades de maior produtividade — indústria —, que caracterizaram os países europeus no pós-guerra e esgotaram-se com o fim do desemprego disfarçado e a maturidade industrial.[8] Este ganho de produtividade era ainda mais forte na União Soviética devido ao processo de deslocamento setorial da força de trabalho se dar em condições de pleno emprego. Com a exaustão deste deslocamento, este "bônus" estrutural extinguiu-se nos anos 1970.[9] Adicionalmente, a eliminação virtual do desemprego disfarçado e o pleno emprego levaram a maior expansão dos salários, principalmente dos trabalhadores industriais (qualificados ou não). A expansão dos salários numa economia em pleno emprego (os problemas da disciplina do trabalho, como já advertira Kalecki [1977] sobre as economias capitalistas, devem ser considerados neste contexto) em condições de produtividade declinante ocasionou redução do excedente social.

Ao longo do seu processo de industrialização, o calcanhar-de-aquiles da União Soviética era, entretanto, a agricultura, o setor menos adaptável ao planejamento central e de mais lenta modernização.[10] Este atraso relativo cobrou imenso preço na industrialização

---

[8]A descrição das décadas de 1950 e 1960 feita por Nove (1970) resume bastante bem este processo: "It was a time of extensive investment with a large reserve of underemployed peasant labour. New industries were being created. Such problems as training factory labour, and building great new industrial complexes seemed much more important than efficiency or replacing machines by better machines." (p. 336)
[9]Com efeito, o deslocamento dos fluxos demográficos contraiu-se nos anos 1970 e 1980, e a taxa de crescimento da população economicamente ativa reduziu-se. (Kotz e Weir, 1997)
[10]Para uma discussão, ver Cook (1992).

soviética nos anos de aceleração da industrialização forçada.[11] Nos anos 1960 e 1970 houve grande esforço de investimento na mecanização da agricultura, mas a despeito de sua modernização a produção e a produtividade agrícolas cresceram lentamente, gerando uma crescente demanda por importações. O atraso do setor de alimentos (ao lado da agricultura, a indústria de alimentos também teve um lento desenvolvimento) voltará a cobrar elevado preço nos anos 1980, sob a forma de demanda por importações e subsídios. Quando sob o peso das reformas liberalizantes e recuo do controle do Estado, os preços foram liberados e os subsídios eliminados, e este atraso afirmou-se como um dos principais fatores da crise econômica (ver próximo item).

Ainda que se constituísse um limite ao crescimento acelerado, a baixa produção agrícola não pode explicar a desaceleração do conjunto da economia. Em seu conjunto, a desaceleração do crescimento soviético nos anos 1970 deve-se não ao seu fracasso em acelerar a industrialização — afinal, todas as economias industriais desenvolvidas reduziram o seu ritmo de crescimento nesta década —, mas ao seu extraordinário sucesso inicial (Kotz e Weir, 1997) na construção de uma sociedade industrial urbana provendo infra-estrutura, alojamento e bens de consumo padronizados (duráveis) para a imensa maioria da população, ainda que com um resultado muito menos brilhante na agricultura (com implicações importantes sobre o desenvolvimento desigual entre as regiões). Ocorre que esta fase de ganhos de produtividade por deslocamento da força de trabalho exauriu-se lá e nas economias industrializadas ocidentais.

Nada mais distante deste quadro estrutural do que a experiência vivida nos anos 1970 pela China, um país onde nesta época a maioria da população residia no campo e em vilarejos, ocupados nas

---

[11] A "acumulação primitiva socialista" se fez a expensas da agricultura. A aposta soviética era a aplicação de métodos industriais à agricultura, mas a despeito da grande expansão das fazendas modernas e da mecanização uma parcela significativa da população econômica ativa agrícola manteve-se atada a métodos tradicionais da agricultura camponesa (Lewin, 2007).

atividades agrícolas e na pequena indústria rural.[12] Devido às prioridades da Revolução Cultural (1966-76), houve um deslocamento demográfico inverso ao longo dos anos 1960, das cidades para o campo, que abrigava a maioria da população dedicada a uma agricultura de baixa produtividade. Quando nos anos 1980 as restrições ao deslocamento, motivadas por razões econômicas, foram relativamente afrouxadas e a produtividade agrícola aumentou, o crescimento do emprego industrial gerou um imenso ganho de produtividade para o conjunto da economia.

A segunda questão — a passagem para um regime de acumulação intensiva demandava instituições descentralizadas e baseadas em regimes de incentivos — detinha grande consenso entre os assessores de Gorbatchev, porém possui muito mais ambigüidades e aspectos ideológicos envolvidos.

Um sistema de incentivos não precisa ser pecuniário e guiado por decisões autônomas, como a própria União Soviética demonstrou de forma exaustiva por várias décadas. Ao longo desses anos, o estímulo à produtividade e ao cumprimento de metas baseava-se numa combinação de disciplina às metas do Planejamento Central (Gosplan) e num conjunto de estímulos e premiações vinculados ao mérito. Este sistema, quando aplicado ao processo produtivo, tornava a distribuição das rendas das empresas e do trabalho extremamente igualitária.

Nos anos 1970, a questão do sistema de incentivos na União Soviética prendia-se tanto às transformações internas nas suas instituições políticas — como a redução da disciplina verticalizada e a menor motivação ideológica (ver à frente) — quanto a questões típicas de uma sociedade industrial com processos tayloristas de gestão de trabalho.

---

[12]A despeito do grande esforço de industrialização em moldes soviéticos simbolizado no "grande salto para a frente" ocorrido entre 1958-60, a China possuía uma estrutura produtiva e de emprego centrada na produção agrícola. A unidade básica era a comuna, formada por brigadas, que por seu turno reuniam "grupos de produção" envolvendo parte ou mesmo a totalidade dos trabalhadores de uma vila. Pequenas empresas industriais estavam subordinadas às comunas.

Também no Ocidente a questão da disciplina do trabalho se afirmava como uma questão problemática; é desta década a discussão sobre os salários-eficiência,[13] voltados a induzir pelo estímulo pecuniário maior esforço produtivo, numa linha distinta do autoritarismo produtivista taylorista. A solução que predominou no Ocidente ao longo dos anos 1980 foi a redução do poder de barganha coletivo e o aumento da diferenciação de renda no processo de trabalho, como forma de estimular a concorrência entre os trabalhadores e elevar a produtividade. Este caminho era evidentemente impossível de ser seguido com a manutenção das instituições soviéticas, entretanto não era o único. Como as experiências muito mais harmoniosas do Japão e dos países do norte da Europa demonstraram, é possível conciliar estímulos materiais e diferenciação de carreiras profissionais sem introduzir intensa concorrência entre os trabalhadores e forte polarização de renda.

Por outro lado, o sistema de planejamento central com sua hierarquia vertical de decisões — dimensão comumente associada ao atraso tecnológico soviético — não exclui a presença de mecanismos de retroalimentação entre empresas, laboratórios e governo que permitam planejar e acelerar as inovações. Isto é evidente no complexo industrial militar soviético, muito próximo do americano em realizações tecnológicas.[14] A União Soviética construiu de fato uma elevada divisão do trabalho com grandes unidades de produção espalhadas nas diferentes cidades e regiões segundo vantagens locacionais e decisões políticas.[15] Tal racionalidade dependia de uma rigorosa subordi-

---

[13]Embora a formulação dos salários-eficiência remonte aos anos 1950, foi nos anos 1970 que esta hipótese difundiu-se na literatura ortodoxa dos salários. Ver a respeito Stiglitz (1976).
[14]A Comissão Industrial Militar (VPK) era o núcleo do complexo industrial militar soviético, com estreita vinculação com a academia de ciências. Possuía um peso na economia soviética maior do que o seu equivalente nos Estados Unidos, como também razoável autonomia em suas encomendas e prioridades tecnológicas. Como será discutido no próximo item, será um dos alvos principais da *perestróica*.
[15]Este padrão também incluía os países do Comecon, gerando, talvez, um modelo mais próximo de uma especialização (nacional e regional) baseada nas vantagens comparativas ricardianas em vez de naquelas existentes entre as economias capitalistas. Isto não exclui o fato de que o esforço de industrialização soviético incluía a localização industrial e a urbanização na Sibéria e nos Urais por razões políticas.

nação das unidades ao Planejamento Central. Como será observado à frente, esta característica de uma economia muito especializada e verticalizada, embora já suscitasse amplas discussões desde os anos 1960, não constituía um obstáculo ao crescimento antes dos anos 1980. A questão principal estava associada ao sistema de abastecimento das empresas centralizado na Gossnab. A busca pelas empresas do cumprimento das metas quantitativas de produção física de forma a garantir o acesso às matérias-primas gerava estoques excessivos e desperdícios.[16] Nos anos 1970, ainda que presente e relevante nas discussões sobre as reformas e experiências de descentralização como as que se deram na Hungria, a percepção geral dos economistas soviéticos era de que seria necessário acelerar a difusão de inovações.[17]

Nas economias capitalistas, a difusão das inovações se dá através da concorrência por novos produtos e processos produtivos, resultando em elevação de capital por trabalhador e, a menos que compensada por uma expansão autônoma dos gastos, provocando desemprego tecnológico. Em condições de baixo crescimento a modernização tecnológica se deu desde os anos 1970 na base de demissões em massa e flexibilização dos mercados de trabalho. A responsabilidade pelo emprego foi (e é) empurrada para o governo. Isto dá às empresas capitalistas, sobretudo àquelas de maior grau de monopólio, maior resiliência diante dos desafios tecnológicos, trans-

---

[16]A questão do preço, do valor do cálculo econômico, foi amplamente discutida nos anos 1960. "*In the USSR, in the early 1960s, the Soviet academician V.S. Nemchinov proposed a critical change in planning methods — a change widely debated at the time, involving notably the possible passage in planning from commands to contractual obligations, based on cost accounting (...) this was to be built on prices acceptable to both the respective planning agencies and the respective enterprises*" (Spulber, 2003, p. 185). Para uma discussão, ver Nove (1970). Como será argumentado mais adiante, a ruptura deste sistema no final dos anos 1980, com a proliferação de sistemas de coordenação horizontais e submetidos a interesses políticos locais, levou a uma caótica interrupção nos fluxos normais da economia.

[17]Segundo Lewin (2007), Nemchinov e diversos economistas e matemáticos russos como Kantarovich, Efimov etc. estavam convencidos de que a desaceleração do crescimento devia-se aos problemas do abastecimento centralizado. Mas boa parte dos argumentos concentra-se nas dificuldades associadas ao processo de inovação tecnológica.

ferindo para o governo e para os trabalhadores o custo maior do ajustamento. Uma economia de comando como a União Soviética diferia essencialmente de uma economia capitalista pela subordinação das empresas às metas estabelecidas para o conjunto integrado da economia e pelo compromisso público (empresas e governo) com o pleno emprego. Assim, se o conflito entre inovar e expandir o nível de emprego era inexistente num período caracterizado pela introdução de novos setores produtivos em condições de excedente de mão-de-obra (anos 1950 e 1960), passava a ser real na medida em que se tratava de elevar a produtividade dos setores produtivos já implantados. Além disso, devido à questão observada anteriormente, a centralização do abastecimento e o regime de metas quantitativas tornavam o deslocamento de recursos produtivos e força de trabalho para novos produtos e processos mais lento do que no sistema privado, em que a responsabilidade do emprego não é de quem inova.

Avaliar o grau de progresso tecnológico soviético entre os anos 1960 e 1980 não constitui tarefa simples. O que os dados disponíveis efetivamente revelam é uma desaceleração das inovações tecnológicas civis (mas não militares) e maior envelhecimento das máquinas e equipamentos ao longo dos anos 1970. Estas informações (amplamente discutidas em Ellman e Kontorovitch, 1992) correspondem à dinâmica descrita anteriormente.

Esta circunstância tornava-se premente na medida em que se percebia o crescente descolamento dos Estados Unidos na difusão da tecnologia de informação. Entretanto, embora real e objeto principal das reformas iniciais dos anos 1980 — ver adiante —, tal como a primeira questão, o ingrediente que a tornava mais grave era o fato de se dar num contexto de baixo crescimento numa economia comprometida com o pleno emprego.[18]

---

[18]Nos anos 1970, graças à manutenção de elevado crescimento econômico, o Japão modernizou sua estrutura produtiva com rápida difusão de novas tecnologias, mantendo elevado o nível do emprego.

No caso da China, esta questão assumia uma forma bastante distinta devido à maior distância deste país com a fronteira tecnológica, ao predomínio do produto e emprego agrícola, à baixa diversificação de consumo da população e à presença de instituições e processos produtivos mais descentralizados. Esta última característica decorria da estrutura produtiva baseada nas comunas e do esforço militar de Mao de descentralizar os investimentos militares e industriais para o interior. A primeira mudança fundamental estabelecida com as reformas lideradas por Deng Xiaoping e difundida nos anos 1980 foi a dissolução das comunas, conferindo maior autonomia às vilas e condados, e a introdução do "sistema de contrato de responsabilidade" na produção camponesa, criando um regime de incentivos para o aumento da produtividade agrícola. Como este processo se deu simultaneamente com a elevação dos preços agrícolas — estratégia deliberada do governo —, houve grande ganho de renda, levando a uma expansão do emprego não-agrícola em vilas e condados e diversificação do padrão de consumo. Neste primeiro momento, a distribuição de renda manteve-se basicamente igualitária devido à elevação do preço básico da agricultura. A segunda mudança fundamental foi introduzida nos anos 1990, com a flexibilização da "lei de bronze dos salários" que estabelecia um regime de emprego vitalício nas empresas estatais. A flexibilização desta lei gerou desemprego em massa; entretanto, por causa do forte crescimento industrial, este fluxo foi absorvido produtivamente, permitindo manter níveis elevados de emprego em meio ao impressionante processo de modernização. Foram introduzidos novos setores, novos padrões de consumo e novas técnicas produtivas, mas também forte diferenciação de renda do trabalho.

É importante observar que as reformas descentralizadoras na agricultura chinesa e o novo regime de contrato familiar dificilmente fariam sentido na União Soviética pelo fato de que nesta última eram as fazendas mecanizadas e não a produção camponesa a base da produção agrícola. Essa diferença estrutural, condicionando o sentido das reformas, passa em geral despercebida nas análises institucionalistas.¹⁹

A terceira questão, o fardo militar, deve ser vista levando-se em consideração as duas primeiras questões. Tal como a estimativa do crescimento na União Soviética, há grande controvérsia sobre o peso do orçamento militar na economia soviética. Há apenas uma certeza: a de que era muito maior — cerca de três vezes maior — do que o peso relativo do gasto militar na economia americana. Nos anos 1950, segundo estimativas reunidas por Kotz e Weir (1997), o gasto militar atingia 17% do PNB; no período posterior, incluindo os anos 1980, situou-se em torno de 16%.²⁰ Desse modo, não faz muito sentido atribuir a desaceleração do crescimento dos anos 1970 ao fardo militar, uma vez que este em termos relativos não aumentou substancialmente, mantendo-se elevado e próximo ao que existia no período de alto crescimento. Entretanto, esta conclusão seguida por Kotz e Weir (1997) é apenas parcialmente correta, pois à luz das demais questões — desafio de acelerar a difusão de tecnologia — a expansão e diversificação dos investimentos em novos setores esbarravam numa parcela incompressível do excedente social. Deve-se observar, adicionalmente, que a parcela da economia associada ao complexo industrial-militar na União Soviética era muito elevada, constituindo um elemento decisivo tanto na magnitude quanto na composição dos investimentos.²¹

---

¹⁹Para uma discussão da influência das reformas chinesas na União Soviética ver Tucker (1996) e os próximos itens deste capítulo.
²⁰Os números citados por Ligatchev (apud Odom, 1999) mantêm a estimativa de 17% também para os anos 1980. Os números gerados pela academia de ciências da União Soviética são maiores, estimando uma despesa de 20% do PNB em 1990. Ver próximo item.
²¹A questão do gasto militar nas economias socialistas é muito distinta da existente entre as economias capitalistas. Tendo em vista que nestas economias há um excedente crônico de capacidade produtiva e de oferta de trabalho, o gasto militar constitui um poderoso estímulo ao crescimento econômico. Este fato, teoricamente observado por Kalecki e empiricamente registrado por Leontief e Duchin (1983), não ocorre em economias em que a utilização plena da capacidade de mão-de-obra é garantida pelo governo. Neste caso, a despesa militar diminui o excedente social voltado para o gasto em atividades não-militares. Tanto nos Estados Unidos quanto na União Soviética, o complexo "industrial-científico-militar" foi uma fonte fundamental de avanço da ciência e da tecnologia, mas se no caso americano a tecnologia militar rapidamente difundiu-se para usos civis através de adaptações e redução de custos (Medeiros, 2005), no caso soviético ela manteve-se limitada ao complexo, com muito menor irradiação para o conjunto da economia.

Como será analisada a seguir, a motivação inicial da perestróica era exatamente a redução da despesa militar de forma a financiar os investimentos em modernização tecnológica.

O problema do fardo militar seguramente não se afirmava como uma questão essencial na China devido ao peso muito menor do seu orçamento no PNB e, sobretudo, à maior taxa de crescimento da economia nos anos que antecederam e que se seguiram às reformas.

Essas condições econômicas iniciais podem explicar diferentes desempenhos dos dois processos de transição independentemente das diferentes estratégias — gradualismo versus tratamento de choque —, mas de forma alguma podem explicar, de maneira exaustiva, o extraordinário sucesso econômico da transição ocorrida na China e o colapso soviético, e muito menos justificar a adoção de uma estratégia num caso e de outra no outro.

Fosse outra a coalizão de poder e outras as pressões e ameaças externas, a União Soviética poderia ter resistido ao golpe de sua dissolução introduzindo reformas parciais, mantendo-se unificada ainda que sem poder evitar maior atraso tecnológico relativo. Do mesmo modo, a China — sobretudo no episódio de Tiananmen em 1989, mas também nas grandes tensões políticas dos anos 1990 — poderia ter sucumbido à avassaladora liberalização política e econômica que varreu a Europa Oriental e a União Soviética, abandonando sua estratégia econômica cautelosa. O fato de a história ter sido totalmente distinta requer, portanto, sair do estrito campo da economia, introduzindo as relações de poder (internas e externas) que presidiram as estratégias de abertura de Gorbatchev e de Deng Xiaoping.

Uma discussão das interpretações centrais é apresentada a seguir.

PODER POLÍTICO E TRANSIÇÃO

Não apenas as condições econômicas iniciais diferiam, mas também as condições políticas internas eram muito distintas no momento em que Deng Xiaoping e Gorbatchev assumiram o poder. A China havia sido fortemente sacudida pela Revolução Cultural entre 1966 e 1976,[22] quando Deng Xiaoping, depois de ser expulso do Partido Comunista Chinês (PCC) em 1966, assumiu em 1978 a liderança do partido. Comparativamente, a União Soviética apresentara muito maior estabilidade institucional (desde a morte de Stalin) até a escolha de Gorbatchev em 1985.[23] Entretanto, alguns elementos básicos centrais eram comuns.

Nas economias centralmente planificadas, tais como as que se desenvolveram na União Soviética e na China, o poder político era altamente hierarquizado numa cadeia de comando vertical e monopolizado pelo partido comunista, e exercido pelo controle absoluto do Estado. Neste sistema "partido/Estado", a luta pelo poder se expressa no interior do partido e na vitória de uma linha política e na manutenção da disciplina partidária, isto é, a obediência dos quadros do partido no exercício de funções em órgãos de governo às decisões políticas se dava através de expurgos — tal como os impostos por Stalin ou Mao — ou de liderança e negociação política, como as tentadas por Gorbatchev e Deng Xiaoping. O poder se exerce verticalmente com as instâncias políticas locais subordinando-se às nacionais. A disciplina das instâncias locais de poder e do trabalho, bem como o comportamento dos indivíduos, é estabelecida através de pressões de cima para baixo e pela existência de mecanismos legais coercitivos, mecanismos de emulação e de prestígio social através da ascensão política. Neste sistema, uma crise de liderança do partido se manifesta como uma insubordinação das instâncias de poder/governo locais às decisões centrais e é, por definição, uma crise do Estado que se confunde intimamente com o partido.

No sistema soviético, o sistema de planejamento incluía três dimensões, os ministérios, as unidades produtivas e entre eles as asso-

---

[22]Formalmente, a Revolução Cultural iniciada em 1966 terminou em 1969, mas na prática estendeu-se até 1976, ano da morte de Mao e de Zhou Enlai.
[23]A despeito da anarquia institucional provocada pela revolução cultural chinesa, houve um fator de estabilidade e continuidade institucional chamado Zhou Enlai, que permaneceu 48 anos no Politburo até a sua morte em 1976. Ver mais adiante.

ciações e aglomerações de unidades produtivas (Woodruff, 1999). Nesta estrutura vertical, as empresas subordinavam-se às decisões de cima num processo de negociação e barganha entre metas e provisão de recursos. Conforme se comentou na seção anterior, a questão do abastecimento das empresas centralizado na Gossnab era freqüentemente considerada problemática, demandando um processo de mudança com vistas a uma melhor coordenação entre as empresas e os ministérios. Com o enfraquecimento da cadeia vertical iniciado ao longo dos anos 1970 (mas que assumirá grandes proporções no período de Gorbatchev), mecanismos de "patriotismo de agência" (Woodruff, 1999) em que ministérios estabelecem prioridades acima do plano e interesses específicos das unidades produtivas pelo acesso preferencial à fonte de matérias-prima passaram a proliferar. A busca de laços horizontais entre empresas num contexto de baixo crescimento e escassez generalizada deu origem ao mercado negro, ao escambo e à compra de facilidades. As relações recíprocas entre as empresas e os líderes partidários formarão uma dinâmica em que estes últimos assumirão uma função parecida a de uma "*barter clearing house*" (Woodruff, 1999).

Tendo em vista esta estrutura de poder, diversas análises concluem que a principal causa, relativamente autônoma, do colapso soviético deve ser buscada no comportamento da elite do partido, a começar por sua liderança, exercida por Gorbatchev. Duas análises sobressaem: a de Kotz e Weir (1997) e a de Ellman e Kontorovitch (1992).

Em *A revolução pelo alto*, David Kotz e Fred Weir (1997) argumentam que a transformação de quadros da elite do partido comunista em ardorosos defensores de reformas capitalistas — como convincentemente detalham os acontecimentos ocorridos entre 1987 e 1991 na União Soviética — não foi o resultado do colapso do sistema econômico soviético. Os autores discutem aqui uma tese cara à esquerda ocidental de que a nomenclatura (i. e., a elite do PCC), temendo afundar-se com o declínio econômico soviético, muda de estratégia e promove a abertura para sustentar-se no poder. Contra esta interpretação os autores argumentam que foi a decisão desta elite de radicalizar a abertura que precipitou o colapso. Este de forma alguma poderia ser concebido como uma conseqüência econômica inevitável. A "rebelião" das elites foi, assim, a sua causa principal. Em conseqüência das reformas de Gorbatchev, logo nos primeiros anos de seu governo afirmou-se uma coalizão pró-capitalista entre intelectuais, economistas e empresários cujo núcleo central era formado pela elite do partido/Estado. As reformas de Gorbatchev teriam liberado forças econômicas, sociais e políticas que, sob a liderança da elite partidária,[24] implodiram a estrutura de poder anterior, dando espaço e sentido para uma radical transição.

Os autores isentam parcialmente Gorbatchev desta responsabilidade, argumentando que este perdeu o controle sobre as reformas. Sublinham que seu projeto consciente era a reforma, e não o colapso do socialismo, nem muito menos o da União Soviética. Entretanto, de forma algo contraditória, minimizam a sua caótica estratégia de abertura e suas alianças fundamentais, exatamente com as forças que promoveram o declínio do socialismo e do país.[25] Este ponto será explorado mais à frente.

Embora Ellman e Kantorovitch (1992) não atribuam integralmente a responsabilidade do colapso a Gorbatchev — como, por exemplo, faz Archie Brown em *The Gorbachev Factor* (1996) —, consideram que as mudanças políticas, como o ataque à burocracia central do PCC, a saída do PCC do controle direto da economia, a mudança da ideologia oficial e a introdução da Lei das Empresas Estatais em 1987, foram as peças cruciais para o seu colapso. Elas teriam eliminado as pressões de cima para baixo que caracterizavam o sistema de comando,

---

[24] "*The radicalized intelligentsia plus the wealthy class of newly formed capitalists, backed by the promise of large-scale Western aid, created a significant base of support for the pro-capitalist position. Yet if the bulk of the party-state elite had rejected this position and had opted either for continuing reform of socialism or going back to the old system, it seems almost certain that the outcome would have been different.*" (Kotz e Weir, 1997, p. 94)
[25] Em sua detalhada análise do pós-guerra, Judt (2007) também atribui a Gorbatchev e às suas reformas, e não às pressões políticas internas, o colapso soviético.

levando a uma concorrência anárquica entre fábricas, cidades, regiões e repúblicas pelos recursos, sem que outros mecanismos de alocação e distribuição estivessem construídos.

Estas decisões, argumentam, foram o resultado de uma escolha consciente da liderança. De todos estes fatores, os autores atribuem primazia à Lei das Empresas Estatais:

> *This led to a price increase, assortment changes, output reductions, excessive wage increases and a worsening of the reliability of the supply system.*[26]

Como resultado da contração abrupta no planejamento centralizado, o número de itens distribuídos de forma centralizada no final da década contraiu-se extraordinariamente, a elevação de preços e a escassez de bens tornaram-se endêmicas a partir de 1989 e o sistema passou a funcionar, crescentemente, através do escambo. Por outro lado, como observou Woodruff (1999), aumentou imensamente a busca daqueles bens que devido a sua escassez e liquidez transformaram-se em moedas potenciais: alimentos, combustível, material de construção e bens duráveis.

O colapso econômico que precedeu a extinção da União Soviética, argumentam Ellman e Kantorovitch, resultou desta evolução, nem inevitável ou espontânea, mas conseqüente das decisões econômicas e políticas do governo (ver próximo item).

Do ponto de vista político, a trajetória de abertura chinesa liderada por Deng Xiaoping discrepou radicalmente da liderada por Gorbatchev, pela manutenção do papel central do PCC sobre o Estado e a condução da economia, pela introdução lenta de mecanismos de descentralização, pela manutenção da ideologia fundamental e subordinação dos interesses locais às decisões nacionais.

Embora a política das Quatro Modernizações redigidas por Deng Xiaoping e Zhou Enlai tivesse sido apresentada ao IV Congresso

---
[26] Ellman e Kantorovitch, 1992, p. 23.

Nacional do Povo em 1975, só a partir de 1978, após a morte de Mao, de Zhou e da deposição da "Gangue dos Quatro", afirmou-se de fato como estratégia dominante (Marti, 2007). Ainda que submetida a episódios traumáticos, como os da praça Tiananmen em 1989 e o colapso do socialismo no Leste Europeu — como se argumentará a seguir —, a estratégia da elite do poder do PCC foi exatamente evitar seguir a trajetória de reforma soviética.

Mas se a questão fundamental, portanto, foi a manutenção do poder do partido/Estado na China e a sua dissolução na União Soviética, o que não parece suficientemente claro nas análises anteriores é por que, no caso da URSS, as reformas demolidoras lideradas por Gorbatchev evoluíram numa direção sem retorno sem maiores resistências dentro do partido. Embora o argumento de Kotz e Weir explique a adesão de parcela da elite do partido às reformas por razões econômicas — intelectuais, gerentes e parte da nomenclatura formaram uma classe social com interesses materiais incompatíveis com o planejamento e o socialismo —, é preciso explicar por que este projeto não foi obstado politicamente tendo em vista o fato fundamental, até aqui ausente da análise, constituído pelo poder militar, os desafios externos e os conflitos nacionais.

É surpreendente que nos estudos sobre o colapso soviético (sobretudo nas análises institucionalistas de esquerda) existam tão poucas análises sobre o papel do Exército Vermelho (EV) e da sua doutrina de defesa. Afinal, até a dissolução da União Soviética, ele não só era o segundo exército mais poderoso do mundo, mas o maior com tropas espalhadas na Europa Oriental e imensa fronteira russa, e ainda equivalente ao dos Estados Unidos em muitos aspectos (como em capacidade nuclear intercontinental). A importância da corrida nuclear e da ofensiva Reagan para a crise soviética, embora seja amplamente reconhecida, é investigada quase que exclusivamente na sua dimensão econômica — o fardo militar, examinado anteriormente —, e a guerra do Afeganistão raramente surge como episódio maior. Tal subestimação é tanto maior quando se considera a importância do Exército soviético para a coesão de um sistema político no qual a disciplina e a hierarquia constituíam pedras centrais do edifício social.[27]

Por outro lado, é preciso considerar a especificidade da União Soviética como uma federação de repúblicas e império unificado politicamente. O colapso da União Soviética foi o resultado, *prima facie*, do movimento autonomista das repúblicas, iniciado em 1989 com a declaração de soberania na Geórgia e generalizado em 1990, após a autonomia da Rússia, até a extinção formal da União com a ascensão da bandeira russa no Kremlin em dezembro de 1991. A articulação das duas questões, a militar e a da união das repúblicas, é central para o entendimento do colapso soviético.

Entre as poucas exceções que centram a explicação do colapso da União Soviética exatamente nesta articulação, sobressai o livro de William Odom, *The Collapse of the Soviet Military* (Yale University Press, 1998). Sua tese principal — a ser discutida na próxima seção — é a de que a perestróica e a glasnost atingiram essencialmente os militares e a sua concepção de guerra. Como estes eram desde a constituição da União Soviética o principal fator aglutinador das nacionalidades, a crise do Exército Vermelho levou ao colapso do país.

A rigor, desde a Rússia imperial tsarista havia uma íntima conexão entre os militares e a questão nacional. Ao longo da segunda metade do século XIX (após a guerra da Criméia), o império russo se expandiu para a Ásia Central e a região transcaucasiana, enfrentando militarmente o nacionalismo e o separatismo particularmente presentes na Finlândia, na Estônia, na Lituânia e na Ucrânia. Sob o poder de Moscou, as fronteiras do império tsarista assumiram uma extensão e um formato muito semelhantes aos que vieram a predominar no período soviético[28] (Spulber, 2003).

---

[27]Como disse Trotski, "The army is that school where the party can instill its moral hardness, self-sacrifice, and its discipline", citado em Odom, 1998, p. 203.
[28]O império russo possuía no final do século XIX uma área de 22.430.440 quilômetros quadrados com uma população de cerca de 127 milhões de indivíduos com 110 diferentes nacionalidades e 54 línguas principais (Spulber, 2003). Após a Segunda Guerra Mundial, a União Soviética possuía uma área semelhante distribuída em mais de uma centena de nacionalidades e dezenas de línguas. Oficialmente havia 15 repúblicas, com o predomínio da Rússia com a maioria da população e 76% do território da União.

Desse modo, o império russo afirmou-se como um império territorial em expansão, subordinando militarmente as periferias à Moscou. Diante das diferentes nacionalidades que o compunham, o sentido verdadeiro do império era a proteção militar à servidão, a instituição comum e a base da organização territorial.[29] O esforço tsarista de construir uma hegemonia em torno do *eslavismo* jamais se afirmou como um fator de adesão cultural significativo.

Como observa Odom (1998), as bandeiras leninistas "paz, terra, e autodeterminação" foram essenciais para o colapso do império russo. Quando os bolcheviques assumiram o poder em 1917, eles reconstruíram em novas bases sociais (com a eliminação da propriedade privada) um Estado (uma federação de repúblicas) onde a afirmação do Exército (e a sua concepção de guerra), a redução e eliminação dos movimentos separatistas (e, portanto, da autodeterminação) e a subordinação dos camponeses constituíram novamente seus pilares essenciais.[30]

Se na Rússia tsarista era a servidão o elemento comum entre as nacionalidades subordinadas política e militarmente a Moscou, agora era o socialismo o fator de aglutinação. O triunfo do socialismo como elemento hegemônico sobre as nacionalidades teve evidentemente muito maior força ideológica do que o eslavismo, mas novamente era o poder

---

[29]"Através de seu vasto território e das regiões em torno dele (Oriente Médio, Extremo Oriente e também a Europa), o sistema político russo tinha numerosos ancestrais, vizinhos e primos com experiência em despotismo agrário. A transformação de Moscou em um Estado centralizado, reunindo numerosos principados em uma única unidade política (...) indicava uma forma de desfeudalização no sentido de redução das divisões. Mas, por outro lado, representava a introdução de um novo tipo de feudalismo, com a conversão de camponeses em servos na terra oferecida a um grupo de bens nascidos em troca de seus serviços ao Estado: a criação simultânea de proprietários de servos (funcionários de Estado) e servos. A expansão do domínio pessoal do governante de Moscou coincidiu com o surgimento de uma autocracia e a criação, sob um imenso território, de uma nação através da colonização, que era o principal aspecto da construção da Rússia." (Lewin, 2007, p. 184)

[30]O conflito entre Lenin e Stalin sobre o grau de autonomia das repúblicas encerrou-se com a morte do primeiro e o predomínio de um Estado centralizado em Moscou, cabendo ao partido e ao Exército a costura política da unidade. Para uma discussão, ver Lewin (2007).

militar a base da união nacional. Assim, as repúblicas que vieram a compor a União Soviética após a Segunda Guerra Mundial e os países do Leste Europeu foram unidos novamente pelo poder militar.[31] No novo contexto político-ideológico e após o extraordinário prestígio obtido pelo Exército Vermelho na Segunda Guerra Mundial, os principais blocos da unidade das nacionalidades e sua subordinação a Moscou eram formados pela doutrina da luta de classes no plano internacional, pela percepção da ameaça de um inimigo externo comum, pela estrutura centralizada do PCUS e pelo poder unificador e dissuasório dos militares. A corrida nuclear com os Estados Unidos e o controle militar em sua ampla fronteira estendida aos países aliados da Europa Oriental vão se afirmar assim como a base do poder soviético.

A história chinesa, a despeito de alguns pontos em comum com a soviética, como a união nacional e militar na Segunda Guerra Mundial contra o expansionismo imperialista, apresenta uma relação muito distinta entre o centro e a periferia e a questão militar. O império chinês, desde a formação de uma nacionalidade dominante (Han), uma língua "civilizatória" (mandarim)[32] e uma burocracia ilustrada, foi permanentemente desafiado tanto pelas invasões da Ásia interior (Mongólia, Manchúria, o atual nordeste da China) quanto, posteriormente, pelo imperialismo ocidental e nipônico. A defesa do poder central e a preservação do seu território (e não a sua expansão) contra as invasões dos "bárbaros" constituíram o desafio principal da China das dinastias imperiais. A expansão do comércio, da navegação e dos assentamentos chineses no Sudeste Asiático, que se desenvolveu ao longo de sua história imperial, foi um processo não estatal e não apoiado pelo governo central.

Em sua última dinastia, os Qing (mantiveram-se no poder entre 1644-1912), viram o poder do império ser sacudido por rebeliões

---

[31] Ao longo de sua história o Exército Vermelho foi usado sistematicamente para suprimir os protestos internos.
[32] Oficialmente há 55 minorias na China, mas há um largo predomínio do povo Han e do mandarim.

internas — as principais foram as de Taiping (1851-1864) e a Revolta dos Boxers (1898-1901) — e invasões estrangeiras — guerra anglo-chinesa do ópio (1839-1842), anglo-francesa (1856-1860), francesa (1883-1895), sino-japonesa (1894-1895), invasão imperialista (1898), japonesa (1905) (Fairbank, Goldman, 2006). Como resultado, enfraqueceu-se amplamente o poder central e os senhores da guerra passaram a exercer crescente influência.

A defesa da integração nacional e territorial e do poder central na China moderna contra os senhores da guerra, o separatismo e o controle estrangeiro sobre os portos chineses constituiu a bandeira central do nacionalismo cuja formulação moderna será realizada por Sun Yatsen, o primeiro líder da China pós-imperial,[33] e institucionalizada com a formação de dois partidos antiimperialistas: o Partido Nacionalista (Guomindang) e o Partido Comunista (PCC) ambos inicialmente apoiados pelo Comintern. O governo nacionalista do Guomindang assumiu uma posição radicalmente anticomunista, levando o PCC a refugiar-se no campo e em pequenas aldeias.[34]

A "longa marcha" (1934-1935) que inaugura a formação do Exército de Libertação Popular (ELP) liderado por Mao foi inicialmente a busca de uma base territorial na periferia do poder nacionalista (Fairbank, Goldman, 2006), porém ao mesmo tempo fortaleceu a liderança de Mao e sua tática militar. Em 1931, o Japão conquistou a Manchúria e, em 1937, expandiu a invasão até Xangai levando o PCC a uma nova aliança com os nacionalistas na defesa do território. Mas Mao percebeu que só com o recrutamento dos camponeses e a sua mobilização numa guerra de guerrilhas seria possível enfren-

---

[33] Sun Yat-sen é designado presidente provisório da República da China em 1912. A unificação militar era o primeiro passo para a adoção de seu programa: nacionalismo-democracia-bem-estar social.

[34] No final dos anos 1920 os dois partidos se opõem radicalmente, o Guomindang sob a liderança de Jiang Jieshi (nome adotado por Chian Kai-shek quando estava no Japão) assume o poder e governa de forma ditatorial, mas em 1937 voltam a se unir contra o imperialismo japonês até romperem novamente com a guinada de Mao e a fuga de Chiang Kai-shek para Taiwan.

tar a invasão japonesa e ao mesmo tempo contrapor-se aos nacionalistas de Chiang Kai-shek. A partir de 1947, a revolução camponesa liderada por Mao só terminará com a expulsão dos nacionalistas para Taiwan (a mais antiga colônia japonesa) e a proclamação, em 1949, da República Popular da China. A revolução camponesa e a expansão do ELP faziam parte da guerra de libertação nacional. Assim, ao contrário da história russa, em que a união das nacionalidades resultava essencialmente da afirmação de um sistema social construído de cima para baixo e sustentado por um poder militar em expansão, na China, a função primordial do Exército era defender o território das invasões.

Historicamente, coube à civilização chinesa (sua cultura, instituições e intelectuais) a construção de uma identidade nacional, a partir inclusive do achinesamento da cultura estrangeira (como, por exemplo, na China maoísta aconteceu com o marxismo e posteriormente com a versão chinesa-nacionalista do socialismo) e, ao mesmo tempo, o estabelecimento da hegemonia de Pequim.

A maior força centrípeta na China não reduziu, de forma alguma, a importância do ELP na hierarquia do poder político central nos últimos cinqüenta anos. O ELP profissionalizava-se, mas mantinha-se estritamente subordinado politicamente à cúpula do PCC e ao mesmo tempo enraizava-se no país. De um lado afirmava-se como o principal meio de mobilidade ascendente na zona rural; de outro, seguindo uma antiga tradição, buscava a sua própria autonomia através da produção agrícola e industrial. Mesmo no período mais traumático da China contemporânea, com a subversão das hierarquias sob o comando de Mao — o do ápice da Revolução Cultural (1966-69) —, o ELP não perdeu prestígio em relação ao poder político, e com a dissolução da Guarda Vermelha ganhou mais força, afirmando-se como força essencial do regime político e base do poder de Mao.

Após a vitória de Mao e até os anos 1990, duas grandes questões políticas e militares desafiaram a República Popular da China e definiram sua estratégia militar. A primeira foi a defesa do país contra um ataque dos Estados Unidos, num primeiro momento, e da União Soviética, desde a ruptura da aliança dos dois países, nos anos 1960. A segunda foi o separatismo e a fragmentação do poder central, representados pela existência independente de Taiwan, apoiado economica e militarmente pelos Estados Unidos no contexto da Guerra Fria.[35] A ameaça externa e o controle de parte do território chinês passavam a ser, mais uma vez, um desafio ao Estado centralizado da China. Ambas as questões são essenciais para o entendimento tanto do desempenho da economia nos anos iniciais das reformas quanto dos seus próprios objetivos.[36]

Como se pretende argumentar ao longo deste texto, o declínio do poder e do prestígio dos militares na União Soviética e a sua manutenção e expansão na China foram fatores essenciais para o esfacelamento do poder do Estado no primeiro país e o seu fortalecimento no segundo.

A análise realizada nesta seção centrou-se na formação das instituições tendo em vista os desafios internos e externos, mas deixou implícita a questão crucial exercida pelas pressões americanas e a ameaça real ao poder político na União Soviética e na China. Como elas definiram condições iniciais fundamentalmente distintas para as estratégias de Gorbatchev e Deng Xiaoping, convém explicitá-las. É o que se pretende fazer na próxima seção.

---

[35] Com a Guerra da Coréia (1950-53) a marinha americana passou a controlar o estreito de Taiwan e em 1954 estabeleceu com o governo da ilha um tratado de segurança mútua (Fairbank, Goldman, 2006).

[36] Como já se argumentou anteriormente e em outro trabalho (Medeiros, 1999), a estratégia de descentralização dos investimentos militares e industriais para o interior do país, aumentando a auto-suficiência militar das regiões, levou a uma maior descentralização do planejamento; a estratégia de absorver Taiwan foi essencial para a criação das zonas econômicas especiais.

AS PRESSÕES AMERICANAS[37]

Who the hell do these capitalists think they are, to believe that they can go around and not act like capitalists?

Nikita Krushev[38]

No one wants to use atomic weapons (...) But the enemy should go to sleep every night in fear that we could use them.

Ronald Reagan[39]

Nunca é demais descatar que, desde o acordo de Yalta e após a formação de um bloco de países europeus associados e liderados por Moscou, o cenário internacional passou a ser dominado por uma questão de alcance maior subordinando as demais: o conflito sistêmico exercido de um lado pelos Estados Unidos e de outro pela União Soviética. Após a explosão da primeira bomba atômica russa em 1949, este conflito provocou em ambos os países uma corrida pelas armas tecnologicamente mais avançadas, a principal dimensão da "Guerra Fria", definindo a direção do progresso técnico, as prioridades de investimento, a espionagem industrial, as alianças e as políticas comerciais. Também foi a partir da revolução de 1949 que a China afirmou-se como adversário estratégico dos Estados Unidos na Ásia; entretanto, desde a sua ruptura com a União Soviética após o XX Congresso do PCUS e sobretudo no início dos anos 1970, a política americana com Kissinger e Nixon vislumbrou neste conflito a oportunidade de enfraquecer seu adversário principal

---

[37]A análise mais detalhada da estratégia do governo Reagan para desestabilizar a União Soviética foi desenvolvida por Schweizer (1994). Para este autor, embora a crise soviética não tenha sido causada pelos Estados Unidos, estes usaram de todos os meios para radicalizá-la. No fundamental, esses esforços foram bem-sucedidos, levando a uma grande vitória americana. A análise que se segue partilha deste ponto de vista.
[38]In Dobson, 2002, p. 28.
[39]In Schweizer, 1994, p. 17.

Na estratégia de enfrentamento da União Soviética tal como concebida por George Kennan, o principal formulador da estratégia de "contenção", o embargo e o boicote à URSS e aos seus aliados e o subsídio e o estímulo econômico e político aos seus inimigos (e aliados dos Estados Unidos) definiram a política americana do pós-guerra. A guerra econômica, isto é, a utilização da política comercial e financeira para fins políticos definidos pela posição estratégica do país, passou a ser a forma essencial da política econômica americana. O Cocom — Comitê de Coordenação para o Controle Multilateral de Exportações instituído pelos Estados Unidos no pós-guerra e cobrindo um elevado número de itens militares e tecnológicos de uso duplo (civil e militar), constituía um exemplo típico da política de embargo. De forma alguma, entretanto, o embargo resumia-se ao controle das exportações de armas. Todas as operações envolvendo o acesso a moedas internacionais, especialmente o dólar, e a bens de primeira necessidade faziam parte da política global de embargo: as finanças, o petróleo e os alimentos eram as principais.

No plano político e ideológico, a associação entre capitalismo, democracia e liberalismo, estimulada e difundida *urbi et orbe* pela indústria cultural americana, disputava (com crescente sucesso midiático) com a ideologia difundida pela União Soviética sobre uma nova e solidária sociedade.

Desde que foi obtida a paridade nuclear entre os dois países e foram firmados acordos de limitação de armas de longo e médio alcances (no território europeu), a instabilidade do conflito entre os Estados Unidos e a União Soviética passou a se dar em guerras quentes localizadas na periferia de ambos os impérios. No final dos anos 1960, após a instabilidade na Europa Central, estabeleceu-se na União Soviética o que se denominou "doutrina Brejnev": a instabilidade num país socialista seria considerada uma instabilidade política para todo o campo socialista, justificando, deste modo, a intervenção militar. Mas quanto mais distante do centro político mundial o conflito, maiores incertezas trazia aos movimentos políticos locais.

Nos anos 1970 estes envolveram El Salvador e Granada, na América Central, Angola, Moçambique, Etiópia e Iêmen, na África, e Afeganistão, na Ásia Central. Esses episódios resultaram num acúmulo de tensões cujo sentido principal foi a escalada americana contra a União Soviética, evidente e intensa no governo Reagan, mas já em ascensão no governo Carter.[40]

Esta escalada resultava da percepção (certamente imprecisa) defendida por Reagan de que a *détente* iniciada por Kissinger e Nixon no início dos anos 1970 e implementada por Ford e Carter havia favorecido os soviéticos, que teriam ampliado a sua força militar perante os Estados Unidos e à Otan. O corolário era o de que as guerras locais em expansão, desde a vitória do Vietnã, resultavam de uma atitude ofensiva dos soviéticos (e um sinal verde para futuras operações) que deveria ser contida de todas as formas.[41]

O triunfo desta abordagem afirmou-se já no final do governo Carter. O ano de 1979 pode ser considerado um ponto de virada. Neste ano, ocorreu a revolução iraniana (e o dramático episódio dos reféns americanos), instabilizando o Oriente Médio; em seguida o Exército Vermelho entrou no Afeganistão. Estes dois fatos iniciaram um conjunto de medidas e ações americanas voltado a escalar o conflito com a União Soviética.[42] O temor americano era uma possível

---

[40] A liderança de Brzezinski no Departamento de Estado e o predomínio de falcões na Agência Nacional de Segurança predominaram nos últimos anos do governo Carter, estabelecendo uma linha de continuidade no governo Reagan.

[41] "De maneira simplificada, pode-se dizer que tudo começou com a derrota americana no Vietnã, seguida pelos sucessivos reveses da política externa dos Estados Unidos durante a década de 1970: a vitória da revolução islâmica no Irã; a vitória sandinista na Nicarágua; a crescente presença soviética na África e no Oriente Médio e, finalmente, a invasão russa no Afeganistão. Este conjunto de humilhações ajudou a eleger o conservador Ronald Reagan e a legitimar seu projeto de retomada da Guerra Fria — no início dos anos 1980 —, seguida da expansão dos gastos militares do governo norte-americano" (Fiori, 2001, p. 61).

[42] Em 1979, Leonid Brejnev afirmou a partir dos acontecimentos no Vietnã e no Irã que os eventos mostravam que "a correlação de forças mudara contra os capitalistas" (Schweizer, 1994). Em mensagem ao Congresso, Carter anunciou: "*Let our position be absolutely clear; an attempt by any outside force to gain control of the Persian Gulf region will be regarded as an assault on the vital interests of the United States of America, and such assault will be repelled by any necessary means, including military force*" (Dobson, 2002, p. 250).

perda do Paquistão e o acesso soviético ao oceano Índico e aos golfos Arábico e de Omã. Num outro plano, neste mesmo ano de 1979, insurge-se com o apoio do novo papa, Karol Wojtyla, o sindicato Solidariedade liderado por Lech Walesa, instabilizando de forma profunda o regime comunista polonês.

A reação do governo Carter aos dois primeiros fatos foi imediata. O recuo no acordo do SALT 2, o embargo às exportações de grãos (o calcanhar-de-aquiles da economia soviética, como se viu), o reforço às posições militares no golfo Pérsico, o apoio ao Paquistão e o que foi considerado a "carta chinesa" (ver mais adiante) foram respostas imediatas. Um ataque bem mais abrangente, entretanto, se deu com Reagan.

O governo Reagan (e seu grupo radical, Weinberger, William Casey, Perle, Schultz) ampliou a ofensiva americana contra a União Soviética em cinco flancos principais: na escalada das armas, no apoio ao sindicato Solidariedade na Polônia, nas guerras locais na periferia e no Afeganistão, na campanha para reduzir o acesso soviético às divisas internacionais através da venda de petróleo e gás para a Europa e no fortalecimento ao embargo à tecnologia de ponta (Schweizer, 1994).

Reagan considerava que a política de *détente* de Carter havia dado muito espaço aos soviéticos e que uma escalada militar fatalmente os levaria à mesa de negociação favorável aos Estados Unidos. Este era o sentido principal da Iniciativa de Defesa Estratégica (SDI, a "guerra nas estrelas") e, do mesmo modo, a decisão de instalar em 1983 os mísseis Pershing 2 na Europa Ocidental. Teoricamente, a grande novidade da SDI era quebrar o ciclo da destruição mútua e permitir ousar o primeiro ataque nuclear, fato percebido como totalmente inaceitável para a concepção de guerra vigente na União Soviética. Como resultado, a URSS se viu obrigada a expandir o gasto militar (ver adiante).

Em 1983, antes do anúncio da SDI, Reagan, numa reunião com evangélicos da Flórida, denuncia o "império do mal" e em linha com o papa Karol Wojtyla anuncia um forte comprometimento com a Polônia. Lech Walesa ganha neste ano o Prêmio Nobel da Paz.

Apoiar o sindicato Solidariedade ao lado da igreja católica e ampliar as tensões sobre o Leste Europeu (e deste modo sobre a União Soviética) transformaram-se numa política estratégica do governo Reagan. Como a Polônia estava endividada com o Ocidente, a pressão dos Estados Unidos junto ao Exibank para a não-renovação dos créditos deste ao país forçava não apenas a Polônia, mas desafiava a União Soviética a financiar com moeda internacional as necessidades polonesas. De fato, com a declaração de uma lei marcial na Polônia em 1981, os Estados Unidos estabelecem um embargo econômico, financeiro e comercial (vigente até 1984) voltado tanto para a Polônia quanto para a União Soviética, e anunciam que uma eventual invasão soviética — prevista na doutrina Brejnev — seria respondida militarmente. Reagan começava assim a desfazer o compromisso do pós-guerra de respeitar as divisões estabelecidas entre os dois blocos. A Europa Oriental estava na linha de frente do conflito. Sob o comando da CIA diversas operações de apoio financeiro, comunicações e logística ampliaram o poder do Solidariedade.

Financeiramente, para a União Soviética, o boicote americano à venda de equipamentos para a construção do gasoduto de Urengoi foi particularmente estratégico, na medida em que impedia que a URSS obtivesse divisas necessárias às suas importações em expansão e ao financiamento dos seus aliados.[43] Esse foi um caso clássico de guerra econômica: o embargo da venda dos equipamentos que a União Soviética não possuía e necessitava para a construção do gasoduto reduzia a capacidade de a economia soviética obter as divisas necessárias à compra de tecnologia sofisticada.

---

[43] *"The Project was a natural gas pipeline running 3,600 miles from Northern Siberia's Urengoi gas field to the Soviet-Czech border. There it would be attached to a West European gas grid that would dispense 1.37 trillion cubic feet of gas a year to a French, Italian and West German consortium. (...) providing Moscow with as much as $30 billion per year in hard currency"* (Schweizer, 1994, p. 42). Conforme anota o autor, baseando-se em diversos relatórios da CIA do período, os soviéticos encontravam-se relativamente atrasados na tecnologia de exploração do petróleo e gás da Sibéria, requerendo a compra de tecnologia ocidental.

O bloqueio ao acesso soviético às moedas internacionais e essencialmente ao dólar constituía parte importante da estratégia dos Estados Unidos, o que incluía necessariamente um grande engajamento na política do petróleo na medida em que os soviéticos eram um grande produtor. O alto preço do petróleo nos anos 1970 beneficiou fortemente os soviéticos não apenas porque passaram a vender parcela crescente para o Ocidente (ver adiante), mas também porque aumentava a demanda por gás, abundante na União Soviética. Adicionalmente, a elevação do preço do petróleo enriqueceu os seus principais compradores de armas, do item que depois do petróleo e do gás permitia aos soviéticos adquirir dólar. Por estas razões, no início dos anos 1980 os Estados Unidos tinham grande interesse na redução e estabilização do preço do petróleo.[44] As seguidas pressões (abertas e secretas) dos Estados Unidos junto à Arábia Saudita ao longo dos anos 1980 para uma expansão da produção num momento caracterizado por recessão na Europa Ocidental objetivavam garantir preços baixos em troca de proteção e tecnologia, e, do mesmo modo, as pressões para a expansão da produção inglesa no mar do Norte fizeram parte dessa estratégia voltada a aumentar as dificuldades da economia soviética.

Desse modo, a política do embargo, as pressões econômicas aos aliados, o controle da transferência de tecnologia, a suspensão do crédito e a política do petróleo caracterizaram a guerra econômica nos anos Reagan.

Também foi em 1979 que a Frente Sandinista de Libertação Nacional chegou ao poder na Nicarágua. Interromper o que parecia ser uma ofensiva comunista na América Central afirmou-se na ordem do dia. Devido ao trauma do Vietnã, o apoio aos grupos e aos governos anticomunistas deu-se secretamente em operações tramadas pela CIA — como no conhecido episódio do Irã —, mas com ampla transferência de recursos.

---

[44] Os Estados Unidos sempre desejaram um preço do petróleo compatível com a sua produção interna e a sua política de reservas (ver Serrano, 2005), mas ao mesmo tempo percebiam que a sua elevação não poderia chegar a ponto de favorecer de forma extraordinária a União Soviética. Assim, em 1983, o governo americano resolveu reduzir as compras oficiais para a manutenção das reservas estratégicas de petróleo de 220 mil barris por dia para 145 mil. (Schweizer, 1994)

Apoiar os mujahedin contra o Exército Vermelho pareceu a Reagan uma grande oportunidade de desgastar militarmente os soviéticos e construir uma diplomacia unindo mulçumanos e a opinião liberal do Ocidente contra a intervenção militar soviética, o último (ver adiante) movimento da doutrina Brejnev. Esta estratégia foi ampliada no segundo governo Reagan com um forte esforço de armamento aos guerrilheiros.[45] O Afeganistão se transformou no Vietnã soviético (Hobsbawm, 1994).

Todas estas iniciativas custaram à União Soviética bilhões de dólares e enfraqueceram sua economia ao mesmo tempo que no plano político e ideológico reforçava seus inimigos externos e internos. Foi este pano de fundo que moldou a série de conversas entre Reagan e Gorbatchev iniciadas em 1985.

Este mesmo movimento americano de enfrentamento global à União Soviética incluía o apoio à China. A carta chinesa afirmou-se como um movimento que, iniciado com a política Nixon-Kissinger, teve em Carter um seguidor. Este assina com Deng Xiaoping um acordo de cooperação científica e tecnológica e anuncia o relaxamento da venda de armas para os chineses. Com a decisão de conferir o status de nação mais favorecida (NMF) à China, estas medidas constituíram as reações americanas iniciais (Dobson, 2002).

Esta questão precisa ser considerada em perspectiva. Desde o agravamento das relações políticas entre os dois países nos anos 1960, os soviéticos começaram a considerar seriamente a China, com sua imensa fronteira com a União Soviética, uma ameaça à segurança nacional, e a possibilidade de uma guerra em duas frentes transformou-se num verdadeiro pesadelo para os soviéticos. Em 1973, Brejnev pediu a Nixon para não assinar qualquer acordo militar com a China, oferecendo em troca uma aliança contra este país. Mas Nixon apostou na carta chinesa prometendo uma cooperação militar com o objetivo de forçar os gastos

---

[45]A importância estratégica dos mísseis Stinger de última geração para a contenção da letalidade dos ataques soviéticos e para a drenagem de recursos é amplamente reconhecida. Eles foram contrabandeados pela CIA para os mujahedin em intricadas operações internacionais que envolveram armas ocidentais e chinesas e serviços secretos do Paquistão e de Israel, sob a coordenação da agência americana.

militares na União Soviética. Em conseqüência, Moscou ampliou as divisões estacionadas nas fronteiras de 15, em 1965, para cinqüenta em 1982, demandando um enorme esforço econômico (Tucker, 1996).

Diversos analistas consideram adicionalmente que a preocupação com a fronteira chinesa e um eventual acordo dos Estados Unidos com a China contribuíram para a decisão soviética de invadir o Afeganistão.

Reagan deu seqüência à política de aproximação e de apoio a Deng Xiaoping como forma de desgastar a União Soviética. Esta política permaneceu até que em 1989, no episódio da praça Tiananmen, em plena crise do socialismo europeu e visível derrota da União Soviética, a carta chinesa não precisou mais ser jogada. A ofensiva americana (e o embargo do Cocom) voltou-se a partir daí contra a China (ver adiante).

A ESTRATÉGIA DE REFORMA DE GORBATCHEV

I knew no one (...) who had predicted the evolution in the Soviet Union.

Henry Kissinger[46]

Mikhail Gorbatchev (...) a man with whom I could do business.

Margaret Thatcher[47]

Why do we need such a large army?

Mikhail Gorbatchev[48]

Retoricamente, os objetivos iniciais perseguidos por Mikhail Gorbatchev, que assumiu a Secretaria-Geral do PCUS em 1985,[49] em sua política de reestruturação (perestróica) não eram muito distan-

---
[46]1992, in Andrew e Mitrokhim, 2005, p. 715.
[47]1984, in Dobson, 2002.
[48]Em discurso à juventude comunista em 1988.
[49]Gorbatchev pertencia ao grupo de Andropov. Com ele assumem importantes posições políticas Shakhnazarov, Iakovlev, Shevardnadze, Cherniaev e Ligatchev. Este último posteriormente se afastará de Gorbatchev pela esquerda, e suas reflexões sobre este período constituem em uma base essencial do livro de Odom (1998).

tes dos que ao longo dos anos 1960 foram perseguidos com as reformas na Hungria e na própria União Soviética antes do imobilismo associado aos anos de Brejnev.[50] Como salientou Spulber (2003), o objetivo era reconstruir algo semelhante à reforma proposta por Lênin com a Nova Política Econômica (NEP), conferindo maior espaço ao mercado e a decisões descentralizadas.[51]

Tratava-se de um movimento favorável a uma maior autonomia das empresas estatais no contexto do planejamento central, de maneira que estimulasse uma difusão mais rápida das novas tecnologias, elevasse a eficiência produtiva, diversificasse os padrões de consumo e criasse novos estímulos à força de trabalho. Tais transformações, como se discutiu no item anterior, visariam retomar taxas mais altas de crescimento econômico.

A percepção dominante era a de que no plano interno o desafio principal era elevar a taxa de crescimento econômico e ampliar os investimentos em novas máquinas e equipamentos, de forma a modernizar a economia e reduzir a distância tecnológica em relação aos Estados Unidos. Um grande esforço de pesquisa e desenvolvimento (P&D) em novos materiais, eletrônica, máquinas, ferramentas, robótica etc., era considerado absolutamente indispensável para recuperar o tempo perdido.

Segundo seus formuladores, esta ampliação dos investimentos em inovação esbarrava essencialmente no peso do gasto militar. O fardo militar era percebido como o obstáculo fundamental à retomada

---

[50]Ver a respeito Tucker (1996). Como nota Hobsbawm (1994), o termo "nomenclatura" surgiu exatamente para descrever o comportamento da alta burocracia partidária da era Brejnev.

[51]A NEP foi implementada entre 1921 e 1927 em oposição à economia de guerra dos primeiros anos do socialismo. *"During the NEP (…) the state industrial enterprises were divided into two groups: the first comprising the main means of production and the chief army and defense industries, remained under state management; the second consisting of the other state enterprises that were grouped into trusts granted commercial autonomy. Put differently, the state kept under control the 'economy's commanding heights' — including most of the means of production industries — while it denationalized and thus relieved itself of the management of a number of enterprises of lesser importance"* (Spulber, 2003, p. 178). Em 1927, a estratégia é derrotada pela ascensão, novamente, da economia de guerra liderada agora por Stalin.

dos investimentos e à renovação tecnológica na economia, sem as quais a União Soviética ficaria muito atrás dos Estados Unidos.[52] Como do mesmo modo observou Ligatchev (que inicialmente seguia a mesma posição defendida por Gorbatchev):

> After April 1985 we faced the task of curtailing military spending. Without this large scale social programs could not have been implemented: the economy could not breathe normally with a military budget that comprised 18 per cent of the national income.[53] 1998

Esta questão surgia em primeiro plano devido tanto ao desafio político externo representado pela ofensiva da Iniciativa da Defesa Estratégica (SDI) quanto ao interno, decorrente da crescente insatisfação e pressão da classe média soviética por maior diversificação de consumo.[54]

Como se argumentou, nem a economia soviética se encontrava à beira do colapso e tampouco havia impedimento sistêmico que definitivamente bloqueasse qualquer processo de mudança. Diversos mecanismos de degeneração burocrática acumularam-se nos anos 1970. A eliminação feita por Brejnev (em seus 18 anos de poder) dos expurgos administrativos (adotados no governo de Kruschev em substituição às duras políticas de Stalin), visando à maior estabili-

---

[52] Ao acentuar a necessidade de uma modernização industrial e tecnológica, Gorbatchev observou "*the urgency of this problem stems from the fact that in the past few years the country's productive apparatus has largely become obsolete (…) top priority must be attached to a substantial increase in the rate of equipment replacement.*" (Spulber, 2003, p. 226). Como antes se observou, a estimativa do gasto militar na União Soviética varia significativamente segundo as diferentes fontes. As estimativa de Kotz e Weir para os anos 1980 é de 16% do PNB, mas segundo estimativas de especialistas da academia de ciências da URSS documentadas em Ellman (1992), o orçamento em 1990 representava 20% do PNB.

[53] Ligatchev in Odom, 1998, p. 92.

[54] "*The well-educated, urban-dwelling population was demanding a better standard of living. They wanted more and better housing, food, and other consumer goods. At the same time, the leadership faced a challenge from the Reagan administrations' military buildup. The leadership could not possibly meet these two demands, both of which required more economic resources, in the face of a stagnating economy. Successful economic reform was imperative if a genuine crisis was to be avoided*" (Kotz e Weir, 1997, p. 55).

dade dos quadros, reduziu o poder da cúpula do PC (Politburo) — como observara Ligatchev — sobre as administrações locais, favorecendo redes regionais e mecanismos horizontais de poder sobre o comando centralizado. Este conflito decorria da quebra das hierarquias e da liderança política e, embora tivesse raízes comuns, não se confundia com o problema examinado anteriormente relativo aos conflitos entre o planejamento central e as empresas.

Conforme observa Lewin (2007), Alexei Kosigin, o mais experiente líder ao longo do período soviético (membro do Politburo desde 1940 até sua morte em 1980, ocupando inúmeros cargos-chave da economia e da política deste período), defendia desde os anos 1960 a introdução de mecanismos descentralizados de forma a aumentar a iniciativa tecnológica das empresas, sem entretanto eliminar as instituições de planejamento soviéticas.

Em boa parte, a retomada da centralização do poder e da disciplina realizada no curto período de Andropov (1982-84) sinalizava a possibilidade de aumentar a eficiência conjunta do sistema econômico, mantendo-se os mecanismos de controle e de poder existentes na sociedade soviética e, simultaneamente, propondo mecanismos de descentralização nas iniciativas de investimentos das empresas. Esta mesma linha foi assumida logo no início do governo Gorbatchev, com resultados não desprezíveis.[55]

Com efeito, os dois primeiros anos do novo governo foram acompanhados por recuperação do crescimento econômico e do investimento em setores de infra-estrutura e indústria pesada. Houve inicialmente a intenção de generalizar o modelo de coordenação do VPK para a economia civil seguindo uma linha defendida por Andropov. A criação de uma nova secretaria para a agroindústria seguia este modelo, colocando um grande número de firmas sob o comando do VPK, que buscava a modernização das máquinas agrícolas.

---

[55]Segundo Khanin (1992), a linha lançada por Andropov de renovar a economia de comando persistiu nos anos iniciais de Gorbatchev. O combate à corrupção no partido aumentou substancialmente, reforçou-se a disciplina do trabalho, apertou-se o controle sobre os empresários, combateu-se o alcoolismo.

Deve-se observar que o resultado do movimento inicial de estímulo da economia nos primeiros anos do governo foi menos uma recuperação do investimento e mais uma moderada expansão do consumo. Havia um gargalo na agricultura. Esta, como antes se observou, era o calcanhar-de-aquiles da estrutura produtiva soviética. Os esforços iniciais de investimento e modernização agrícola levaram a um grande aumento do estoque de capital e da oferta agrícola. Mas a elevação da produtividade da agricultura articulada com a indústria de alimentos não ocorreu. Deste modo, a agricultura demandava crescente subsídio e crédito às fazendas coletivas, constituindo o item de despesa pública de maior crescimento nos anos 1980.[56]

Outra questão estratégica que assumiu grande importância econômica e política nestes anos foi a do petróleo, objeto de ação direta dos Estados Unidos, como se examinou na seção anterior. Historicamente, a produção petroleira soviética abastecia tanto o consumo interno quanto o dos países do Leste Europeu. Enquanto os países do Ocidente sofreram nos anos 1970 e início dos anos 1980 dois choques do petróleo, a União Soviética e os países do Leste Europeu mantiveram-se à margem da crise e permaneceram na mesma trajetória de consumo intensivo de energia.[57] Com a elevação do preço do petróleo nos anos 1970, a União Soviética começou a exportar petróleo para o Ocidente e obter divisas necessárias à importação de alimentos e bens de capital. A partir dos novos preços decorrentes do choque do petróleo em 1979, a expectativa soviética era de expandir as exportações de petróleo e de gás. Conforme se observou, o boicote ao gasoduto soviético e a queda do preço do petróleo a partir de 1982 e, principalmente, após 1986, desarmaram esta possibilidade. Como ao longo dos anos 1980 os investimentos em petróleo não aumentaram (a União Sovié-

---

[56]Segundo Ellman e Kontorovitch (2002), a despesa do orçamento associada ao complexo agroindustrial era de 12% do PNB.
[57]Esta dinâmica resultou numa especialização de comércio internacional em que a URSS, antes um grande supridor de máquinas e equipamentos para o Leste Europeu transformou-se num exportador de energia e importador de máquinas e equipamentos do Leste Europeu, e da Alemanha Oriental (Hobsbawm, 1994).

tica encontrava dificuldades tecnológicas na exploração das reservas novas e mais distantes) e como as exportações tornaram-se indispensáveis, a alocação de petróleo para as demais atividades, incluindo a agricultura, começou a escassear e transformou-se num gargalo e fonte de distribuição paralela no mercado negro.

Esta situação tendeu a piorar ao longo da década e teve marcada influência na crise dos países do Leste Europeu. Se ao longo dos anos 1970 estes se abasteciam de petróleo em troca de bens com preços amplamente favoráveis, ao longo dos anos 1980 esta situação começou a se alterar e chegou a um clímax quando em 1989 a União Soviética anunciou que o comércio com o Comecon deveria ser feito em moeda conversível e que as exportações de petróleo seriam reduzidas. Como os bens produzidos nos países do Leste não encontravam mercado no Ocidente e como o petróleo a ser adquirido no mercado internacional era muito mais caro do que o previamente oferecido pela União Soviética, instalou-se nestes países uma crise de abastecimento e de balanço de pagamentos (com conseqüente endividamento)[58] que contribuiu para o colapso econômico e político do Leste Europeu no final da década.

O foco das reformas de Gorbatchev era, entretanto mais generalista e centrado em mudanças no sistema de planejamento. Com efeito, em face de magros resultados no conjunto da economia, Gorbatchev passou a considerar a partir de 1986 que a expansão dos investimentos e a modernização da economia requereriam um conjunto de reformas descentralizadoras e, em particular, maior autonomia das empresas estatais. Em 1987 promulgou novas leis (implementadas em 1988), conferindo autonomia das empresas na fixação dos salários, na elevação dos preços e nas compras de insumos. Estas passaram a reter maior parcela dos lucros, reduzindo a transferência para o governo central, mas, em vez de aumentarem os

---

[58]Como observou Hobsbawm (1994), o endividamento de países como Polônia e Hungria decorreu adicionalmente das amplas facilidades criadas pelo sistema financeiro internacional na década em questão.

investimentos, as empresas elevaram os salários, especialmente dos gerentes, e ampliaram os estoques especulativos. A permanência de preços controlados, reduzida expansão da oferta e aumento da demanda provocaram escassez, escambo e especulação com os bens de alta liquidez, em particular o petróleo.

O conflito entre o planejamento central e as empresas havia aumentado no início da década com a decisão do governo de limitar o crédito àquelas que não se submetessem à disciplina estabelecida em 1982 (Spulber, 2003). Tendo em vista a proliferação de laços horizontais entre as empresas, este aperto do crédito oficial levou à expansão de títulos de dívida emitidos pelas empresas. Quando as reformas descentralizadoras foram implementadas em 1988, a restrição ao crédito interno ocasionou uma expansão extraordinária da dívida externa, uma trajetória totalmente insólita no contexto soviético. Por outro lado, quando em 1989 o monopólio sobre o comércio exterior foi suspenso, as exportações, sobretudo de matérias-primas e energia, expandiram fortemente de modo a capturar rendas das empresas derivadas da diferença entre preço interno e externo.

Como simultaneamente reduziu-se o controle do planejamento central sobre a alocação de recursos entre as empresas, as reformas iniciaram um conflito entre o poder de compra da população e a oferta de bens e serviços, com particular gravidade na oferta de alimentos.[59] Com efeito, no final da década, novamente, o abastecimento soviético dependeria de grandes volumes de importações. Por outro lado, quando sob pressão liberalizante foram cortados os subsídios à agricultura, os preços explodiram, precipitando a crise inflacionária.[60]

Estas transformações dispararam as seqüências de acontecimentos descritas por Kotz e Weir (1997) e Ellman e Kontorovitch (1992)

---

[59]"(...) *an unnofficial survey found that in the first half of 1989, nearly two-thirds of all families purchased goods from speculators, paying prices that averaged nearly one-third above those in state stores.*" (Scroeder, 1992, p. 98). O racionamento de açúcar, carne e frango testemunhava a crescente desorganização da economia.

[60]Para uma discussão da agricultura soviética ver Cook (1992).

resumidas anteriormente: inflação, escassez, formação de estoques especulativos, mercado negro, enriquecimento e formação de uma nova classe social.

Mas, como se argumentou, é a debilidade política do Estado soviético neste momento que precisa ser explicada.

Desde o seu início, Gorbatchev sublinhava que as reformas encontravam seus principais obstáculos políticos entre os conservadores do partido, que a sua implementação requeria uma revitalização do PCUS. No limite, como passou a defender em 1988 na reunião do Comitê Central do PC, era necessário renunciar ao monopólio do partido sobre o Estado — subordinando-o a um "estado de direito" —, de forma a não interromper o processo de reforma. Tal transformação requereu um "*mini-coup d'état*".[61]

Também para Ligatchev — que apoiou a reforma das estatais — a estagnação econômica resultava, ao menos parcialmente, da estrutura política por causa da interferência dos quadros partidários locais sobre as empresas produtivas, porque uma revitalização do partido era essencial para enfrentar a corrupção e o localismo. Ao contrário de Gorbatchev, que considerava o partido dividido entre reformistas e conservadores, para Ligatchev a divisão do partido se dava entre o centro e as regiões, especialmente as repúblicas nacionais.[62]

O ataque de Gorbatchev ao regime partido/Estado — que acabou sendo aprovado em conferência do partido — e a análise da contradição entre o poder central e as regiões possuem de fato importância fundamental para explicar a seqüência de acontecimentos políticos iniciados em 1989, com eleições livres para o Congresso de Deputados do Povo. Com o declínio do poder da hierarquia centralizada do PC e a criação de um Partido Comunista da Rússia separado da União, as forças políticas nacionalistas lideradas por Boris

---

[61] Como documenta Odom (1998) em 1988, Gorbatchev aposenta ou desloca do poder diversos quadros da velha guarda do partido e nomeia um número grande de novos quadros aliados ao "novo pensamento".

[62] A avaliação deste importante *insider* do governo foi concedida a Odom por entrevista

Ieltsin — o líder do partido em Moscou — implodiram a unidade das repúblicas e levaram à dissolução do país.[63]

Boris Yeltsin, representante típico de uma nova elite do partido com fortes interesses materiais nas reformas econômicas, levou às últimas conseqüências o projeto de descentralização iniciado por Gorbatchev. Percebeu que essencialmente esta fortalecia as redes horizontais de poder entre a liderança política regional (nacional) e as empresas. E este processo permitiria "inverter a pirâmide do poder".

Como se observou, para Kotz e Weir (1997) foram estes interesses econômicos que moldaram a formação de uma coalizão pró-capitalista liderada por membros da elite do partido promovendo uma "revolução pelo alto". Argumenta-se aqui que, embora correta em sua interpretação de uma nova formação social, e sobretudo como descrição das relações econômicas criadas na Rússia ao longo dos anos 1990, o colapso do poder político soviético requer uma análise política autônoma e esta deve incluir essencialmente o declínio do poder dos militares, o eixo central do império soviético.

A questão priorizada por Gorbatchev, pelo menos antes do lançamento pleno da *glasnost* e das reformas econômicas liberalizantes de 1987-88,[64] não se dirigia, entretanto, ao *front* interno, mas ao externo. Estava associada ao enfrentamento da questão militar e da guerra.

Ao lado de reduzir o "fardo militar" diante da ofensiva do escudo nuclear proposto por Reagan, era necessário encontrar uma saída para o Exército Vermelho no Afeganistão. Com efeito, as duas medidas tomadas por Gorbatchev assim que assumiu o poder foram a decisão unilateral de suspender os testes nucleares e retirar o Exército Vermelho daquele país.

---

[63]"*Economic disintegration helped to advance political disintegration, and was nourished by it. With the end of the Plan, and of party orders from the centre, there was no effective national economy, but a rush, by any community, territory, or other unit that could manage it, into self-protection and self sufficiency or bilateral exchanges*" (Hobsbawm, 1994, p. 485).
[64]Há um reconhecimento geral de que só em 1987 o foco do processo de mudança liderado por Gorbatchev desloca-se para a *glasnost* e para o sistema político.

O ponto central e que deu partida ao processo de mudança foi a decisão de Gorbatchev de encerrar a corrida armamentista tal como esta vinha se desenvolvendo. Conforme se observou, a SDI levou os soviéticos a um intenso esforço militar, e o governo chegou a percepção de que a redução do conjunto dos gastos militares era condição não apenas para a modernização tecnológica civil, mas também para as novas tecnologias militares. Tal redução global de armas e tropas requeria, por sua vez, realizar uma ampla revisão da doutrina militar com a adoção de uma "doutrina defensiva" (Odom, 1998). A estratégia perseguida por Gorbatchev ia mais além de buscar uma redução dos gastos militares (como defendido por Ligatchev e todos do Politburo), mas também rever toda a estratégia militar e a sua doutrina e buscar o fim da corrida armamentista a qualquer custo. Com efeito, se para Ligatchev as reformas econômicas eram essenciais para acelerar o crescimento, elas não poderiam comprometer o status militar internacional da União Soviética; para Gorbatchev, este status poderia ser reduzido se isto fosse condição para o sucesso da reforma. A posição dos militares e a ideologia do Partido eram os principais obstáculos para a consecução desta estratégia.[65] Não apenas a concepção prevalecente sobre estratégia militar aparecia como adversário ao processo de mudança, mas o próprio complexo industrial militar (liderado pelo VPK), com sua larga participação e posição privilegiada na alocação de recursos, era percebido como um tumor que havia se expandido excessivamente (Odom, 2003).

O núcleo foi a revisão ideológica sobre a coexistência pacífica como "forma específica de luta de classe internacional" — fórmula predominante nas décadas anteriores — com a idéia defendida por Gorbatchev no Congresso do PCUS em 1986 de que nas relações internacionais os interesses da sociedade (referido como interesses da

---

[65]Quando Gorbatchev nomeou Shevardnadze para ministro das Relações Exteriores, ele observou que a estratégia de interromper a corrida armamentista não poderia ser obtida com Gromiko e seus aliados e que era necessária uma mudança radical nas relações internacionais.

humanidade) estão acima dos interesses de classe.⁶⁶ Neste sentido era necessário reavaliar a estratégia de defesa nacional, acelerar as reformas e mudar a política externa.

Segundo Odom (1998), esta revisão da doutrina militar — rejeição da guerra nuclear, rejeição da teoria da estabilidade estratégica através da vulnerabilidade mútua, revisão da ameaça externa associada ao inimigo de classe — teve um imenso impacto sobre o Ministério da Defesa e a elite do Exército Vermelho. Os militares haviam proposto em 1985 que a condição essencial para a redução das armas estratégicas ofensivas — especialmente as forças nucleares de médio alcance — era o abandono pelos Estados Unidos da Iniciativa de Defesa Estratégica (IDE), condição que Reagan rejeitou. Politicamente, as relações com os militares tornaram-se tensas. Intenso expurgo e mudança nos quadros militares e escolhas baseadas em lealdades pessoais caracterizaram o processo de mudança interno logo no início do governo.⁶⁷

Por outro lado, a *glasnost* internacional foi um poderoso estímulo, ao lado da redução dos subsídios soviéticos aos países do Comecon (e a conseqüente expansão da dívida externa), para a ofensiva das forças políticas liberalizantes e anti-socialistas na Europa Oriental. Em particular, a repercussão política do movimento Solidariedade na Polônia sobre os demais países europeus e o decidido apoio ocidental iniciaram um processo de ruptura que após a queda do Muro de Berlim em 1989 teve o seu coroamento com a extinção da União

---

⁶⁶Em seu livro *Perestroika and the New Thinking*, Gorbatchev afirmou: "*Until the most recent times, class struggle was the fulcrum of social development (...) The Twenty-seventh Party Congress considered it no longer proper to define the peaceful coexistence of states with different social orders as a specific form of class struggle (...) new political thinking (...) categorically dictates the character of military doctrines.*" Citado em Odom, 1998, p. 113.

⁶⁷Quando em 1987 um jovem alemão ocidental, Mathias Rust, pousou seu pequeno Cessna em Moscou, Gorbatchev aproveitou a ocasião para realizar um amplo expurgo entre os militares que foram acusados de terem permitido o acidente para desmoralizar a estratégia de abertura do primeiro-ministro. Do mesmo modo, o acidente de Chernobil em 1986 foi explorado por Gorbatchev como evidência de falhas fundamentais no VPK.

Soviética em 1991.⁶⁸ Para esta seqüência de acontecimentos, a estratégia de Gorbatchev de renunciar (sob pressão americana) à doutrina Brejnev foi um fator decisivo.⁶⁹

Em 1996, em Reykjavik, em encontro com Reagan, Gorbatchev surpreendeu o mundo com sua defesa de uma política externa voltada essencialmente para a consecução de suas reformas por meio da aproximação com o Ocidente e do desarmamento como objetivo estratégico. Pretendia essencialmente, no campo militar, o recuo americano na SDI em troca de cortes massivos nas forças nucleares estratégicas. Reagan, entretanto, não recuou de sua estratégia agressiva.⁷⁰

Em 1988, nas Nações Unidas, Gorbatchev anunciou uma redução unilateral das forças soviéticas — ato precedido por amplo esforço diplomático voltado a convencer o mundo da vitória de uma nova concepção — e simultaneamente acelerou a abertura política de forma a ampliar os aliados ao seu processo de reforma isolando os militares "conservadores".⁷¹ Começava aí, de fato, a *glasnost*, uma estratégia política voltada a ampliar o apoio na sociedade soviética,

---

⁶⁸Em 1986, uma carta de dissidentes na Hungria, Tchecoslováquia, Polônia e Alemanha Oriental foi o estopim para uma ação regional que constituía desde sempre um ponto essencial de preocupação estratégica soviética.

⁶⁹"Em 6 de julho de 1989, Gorbatchev discursou diante do Conselho da Europa, em Estrasburgo, e informou aos ouvintes que a União Soviética não impediria as reformas na Europa Oriental: a questão dependia inteiramente do povo. (...) Cinco meses mais tarde, num camarote do SS *Maksim Gorki*, na costa de Malta, Gorbatchev garantiu ao presidente Bush que não usaria a força para manter os regimes comunistas no poder na Europa Oriental." Judt, 2007, p. 628.

⁷⁰"*Tremendous Soviet concessions were made in the strategic and intermediate nuclear force portions of the talks. But it all hinged on SDI, said Gorbatchov. With his country a superpower largely because of its military capability, Gorbatchov's willingness to agree to dramatic cuts and link them to strategic defense was further evidence of just how desperate Moscow was for relief from the West*" (Schweizer, 1994, p. 278).

⁷¹(Gorbatchev) "*eventually made the choice before the United Nations in December 1988 by announcing a large unilateral cut in Soviet forces. That occasion marked the end of his caution, although not his ambivalence, and the beginning of the unraveling of the Soviet military. It also coincided with his shift of primary emphasis from economic reform to political reform, a change prompted by the belated realization that without mobilizing new political forces in support of perestroika, no real progress was possible in either military or economic reform.*" (Odom, 1998, p. 118)

sobretudo entre os intelectuais, aos esforços do governo a favor da desmilitarização (redução das armas nucleares, redução das forças armadas,[72] retirada das tropas da Europa) e redução do peso econômico e da importância política do complexo industrial militar.[73] Dobrar a resistência deste constituiu em essência a *glasnost*.[74]

Conforme já se observou, o Exército soviético era o principal instrumento de defesa do comunismo e, simultaneamente, o elemento de coesão das nacionalidades e grupos étnicos (Reuveny e Prakash, 1999). O declínio do poder do Exército foi, assim, o estopim para o separatismo.[75]

Esta questão se articula com a da guerra do Afeganistão, iniciada em 1979 e terminada em 1989, e que se afirmou como um evento decisivo para o entendimento dos desafios iniciais do governo de Gorbatchev, para o caótico desenrolar destes anos e finalmente para o colapso.[76] Embora Odom (1998) reconheça a importância da derrota do Exército Vermelho na guerra do Afeganistão para o entendimento do colapso do Exército soviético, não destaca este episódio

---

[72] Deve-se observar que na Europa Oriental, havia 650 mil soldados soviéticos. A decisão de desengajar 500 mil soldados do Exército Vermelho tomada por Gorbatchev gerou grandes problemas de como absorvê-los na vida civil.

[73] Num momento, pode-se sublinhar, em que este complexo passava por extraordinária expansão nos Estados Unidos.

[74] De acordo com Odom (1998), a crise do complexo industrial militar decorreu de quatro fatores: da sua expansão nos três primeiros anos da perestróica; do corte de gastos realizado em 1989; da nova lei das empresas aumentando a sua autonomia sobre vendas e da resolução do Congresso de incluir outros participantes no complexo. O impacto da nova lei das empresas foi devastador para o complexo militar. Como o setor só possuía um comprador — o Estado —, a redução imposta de preço e a redução dos créditos levaram a grandes prejuízos e a um grande estímulo para o mercado negro de armas.

[75] Como observou Dobson (2002) no caso da Europa Oriental: "*Gorbatchov's more liberal line encouraged dissent and a turning against the communist leaders by their people. He effectively had to reject the Brezhnev Doctrine and allow the reforms to run their course. By 10 November 1989 this meant the dismantling of the Berlin Wall; a month later communist rule in Czechoslovakia came to an end. In December President Bush and Gorbatchev met in Malta and jointly declared that the cold war was over*" (p. 280).

[76] Iniciada como um conflito menor, esta guerra envolveu cerca de um milhão de soldados soviéticos e resultou em dezenas de milhares de mortos e feridos.

como um fator central da crise. Reuveny e Prakash (1999) apresentam uma análise distinta do colapso soviético em que a derrota no Afeganistão surge como fator maior.[77] Para os autores,

> The repeated failures in this war changed the Soviet leadership's perception of the efficacy of using force to keep non-Soviet nationalities within the Union (perception effects), devastated the morale and legitimacy of the army (military effects), disrupted domestic cohesion (legitimacy effects) and accelerated glasnost (glasnost effects).[78]

Gorbatchev aderiu inicialmente a uma política favorável à obtenção de uma rápida vitória, só que posteriormente, em 1986, antecipando a virada mais geral de sua política de governo, adotou uma estratégia de retirada unilateral desta guerra.[79]

Reuveny e Prakash também consideram (como Odom) que o Exército soviético constituía a instituição mais importante para a manutenção da união das nacionalidades e para a subordinação das repúblicas não-russas. A derrota no Afeganistão abalou profundamente esta instituição. Como observam os autores, poucos meses após a saída do Afeganistão o movimento democrático lituano declarou que o seu objetivo maior era a plena independência de Moscou. Protestos crescentes das etnias não-russas[80] contra o alistamento militar iniciaram um movimento separatista que passou a ganhar

---

[77]Para os autores, a Guerra Fria e a corrida nuclear tiveram uma importância menor para o colapso soviético. O fardo militar era verdadeiro, mas já tinha sido internalizado; a guerra quente do Afeganistão, ao contrário, levou a conseqüências políticas devastadoras. A análise que desenvolvemos nesta seção não hierarquiza estes dois fatores, porém considera ambos dimensões centrais que em última instância provocaram o colapso.
[78]Reuveny e Prakash, 1999, p. 694.
[79]Os mujahedin armados com mísseis de superfície e equipamentos de comunicação fornecidos pelos Estados Unidos passam a infligir pesadas baixas ao exército soviético.
[80]Deve-se observar que os afegãos consistem em três grupos étnicos principais: pashtuns, tadjiques e uzbeques, estes dois últimos grupos também presentes na União Soviética (Reuveny e Prakash, 1999).

um impacto extraordinário.[81] Por outro lado, devido à multiplicidade étnica e nacional do Exército soviético, a guerra do Afeganistão, percebida como uma guerra russa feita por soldados não-russos, acirrou conflitos internos no próprio Exército. Redução da disciplina, tráfico de armas e enriquecimento de militares afirmaram-se nos últimos anos no Afeganistão.[82] O Exército já não era mais uma força confiável na repressão dos movimentos separatistas.

Os *afgantsy*, soldados que retornaram da guerra do Afeganistão, transformaram-se em importante grupo social a favor das reformas e da redução das Forças Armadas. Um efeito da própria guerra foi, no contexto das mudanças políticas, a ampliação do poder da mídia, agora porta-voz dos grupos antimilitares.

A *glasnost* levou civis, intelectuais e ex-militares a uma discussão pública sobre a política de defesa, aumentando as pressões para o desarmamento, a redução do orçamento militar, o retorno das tropas colocando os generais na defesa.[83] Com o declínio do prestígio do Exército, as resistências políticas ao aprofundamento da perestróica e da *glasnost* foram arrefecidas. Hobsbawm (1994) observou com precisão que a estrutura do sistema soviético era essencialmente militar e que sua destruição sem uma alternativa civil só poderia resultar em colapso. Pode-se agregar que esta destruição começou de

---

[81] *"Mothers, fathers, wives, and family of ordinary soldiers became vociferous, if not always harmoniously so. Privileged families in Moscow sought exemption from conscription for their children so that they could continue their education without interruption. Similar voices in the Baltic region and in the Transcaucasus began to articulate nationalists sentiments, becoming entangled with the larger issue of sovereignty in several of the union republics. Retired officers, veterans, Afghan veterans (...) and finally groups of serving officers added cacophony to the glasnost chorus"* (Odom, 1998, p. 148).
[82] *"Soldiers readily stole ammunition, weapons, vehicle parts and just about everything else in the Soviet Army's inventory to barter with Afghanis."* No Cáucaso e ao longo da fronteira chinesa o colapso do exército foi o resultado da privatização, com a venda pelos oficiais das armas, saques de grupos militares nacionalistas e falta de suprimento (Odom, 1998, p. 249).
[83] *"All three of these developments — force reductions and massive withdraws from Eastern Euope and Mongolia, negative public reactions, and the resulting conscription revolt — were advanced by 1991. As a consequence, the Soviet Armed Forces fell into disorder, decay, and, specially in lower-level units, disintegration"* (Odom, 1998, p. 297).

fato com a perda do poder dos militares por dimensões externas (a escalada econômica, política, militar e ideológica imposta por Reagan) e internas. Mas a conexão destas últimas com a crise política passa pela questão das nacionalidades. Esta resultou *prima facie* da crise de autoridade que a *glasnost* impôs ao PCUS.

Em 1990, Ieltsin foi eleito o primeiro-ministro da República Soviética Federada Socialista Russa, desligou-se do PCUS e anunciou que a resistência à perestróica seria combatida com mobilização popular. Em março de 1991, a autonomia das repúblicas foi aprovada em referendo, a Lituânia declarou sua independência e a Rússia manifestou que suas leis tinham precedência sobre as da União Soviética. Em seguida o Turcomenistão, o Cazaquistão e a Ucrânia, num movimento que se estendeu às demais repúblicas, também declararam independência. A tentativa de resistência da alta cúpula do Estado russo com a criação em agosto de 1991 do Comitê de Emergência Estatal na defesa da União Soviética foi derrotada pela divisão dos militares[84] e pela resistência de Ieltsin, que liderou a reação, prendendo os conspiradores e, num golpe de Estado, banindo o PCUS e o Partido Comunista Russo (PCR).[85] Em dezembro, a bandeira russa substituiu a da União Soviética no Kremlin.[86]

Foi sob estas condições iniciais de desmontagem do poder político e do funcionamento da economia, com um dramático declínio no poder de compra da população, que se instituiu um sistema político pluralista e optou-se por uma estratégia de tratamento de choque de transição radical ao capitalismo, adotada neste país ao longo dos anos 1990.

---

[84] "(...) *by 1991, the party was too weak to control the military(...) and the military leadership was too corrupt, weak, careerist and indecisive to act on its own*" (Odom, 1998, p. 340).
[85] Odom (1998) argumenta que a mídia e os acadêmicos costumam referir-se à crise de agosto como uma tentativa frustrada de golpe de Estado, mas o fato é que os acusados de golpe ocupavam a mais alta cúpula do Estado e o vitorioso era um político que não possuía nenhuma posição formal no governo central. Deste modo, o golpe que de fato ocorreu foi o liderado por Ieltsin com a dissolução da União Soviética.
[86] O impacto sobre as Forças Armadas foi devastador. Como as divisões mais bem equipadas estavam estacionadas fora da União Soviética e nas fronteiras, a perda de 14 repúblicas e em particular a da Ucrânia levou a uma grande redução na força militar da Rússia.

A ESTRATÉGIA DE TRANSIÇÃO CHINESA DE DENG XIAOPING

> Observar com a cabeça fria, sustentar a nossa posição, lidar serenamente com a situação, ocultar nossos trunfos, ganhar tempo, eficazes na defesa e nunca nos expondo às luzes da ribalta.
>
> Deng Xiaoping[87]

> Economia planejada não é a mesma coisa que socialismo, porque capitalismo também tem planejamento. Por outro lado, economia de mercado não é igual a capitalismo, porque o socialismo também tem um mercado. Tanto o planejamento como o mercado são instrumentos da economia.
>
> Deng Xiaoping[88]

Deng Xiaoping foi escolhido por Zhou Enlai em 1973 para ser seu sucessor como primeiro-ministro. No IV Congresso Popular, em 1975, ambos anunciam o programa das Quatro Modernizações.[89] Mas só após a morte de Mao e de Zhou Enlai em 1976 e a derrota da "Gangue dos 4" é que Deng assumiu plenamente o poder na China, em 1978, e implementou o programa de reformas, simultaneamente buscando reconstruir o PCC da anarquia gerada pela Revolução Cultural. Sua base de poder tradicional desde a "Longa Marcha" eram os militares, e, ao assumir posição no Comitê Permanente do Politburo, Deng Xiaoping assumiu também lugar na Comissão Militar Central.

A estratégia de Xiaoping perseguia ao longo dos anos 1980 modernizar a economia (agricultura, indústria e tecnologia) e o Exército, ao mesmo tempo preservando a unidade nacional e as instituições políticas assentadas no monopólio do poder do PCC e do seu con-

---
[87] 1991, in Marti, 2007, p. 57.
[88] Marti, 2007, p. 136.
[89] Uma análise deste programa e do seu significado político foi apresentada em Medeiros (1999).

trole sobre o Exército de Libertação Popular (ELP). O objetivo explícito era quadruplicar em vinte anos o produto *per capita*.

É importante observar que a construção da estratégia de abertura econômica chinesa jamais deixou de ser uma estratégia de manutenção do monopólio do poder político do PCC. Por isto mesmo, a despeito de suas ambigüidades, a estratégia de abertura externa e de modernização capitalista liderada por Xiaoping foi sempre apresentada no plano político como inteiramente oposta à "transição pacífica", processo associado às reformas no Leste Europeu e na antiga União Soviética nos anos 1970 e que levariam, na perspectiva chinesa, ao colapso do socialismo.[90]

Desde o início, as relações internacionais definiram o seu sentido de oportunidade das reformas. A aproximação com os Estados Unidos iniciada em 1971 traduzia a perspectiva original de Zhou Enlai de ampliar o poder político e as oportunidades econômicas da China tendo em vista a rivalidade principal deste país com a União Soviética. A China buscava se afirmar como um terceiro pólo no quadro de rivalidade internacional. O acesso à tecnologia moderna[91] e o reconhecimento político e diplomático de uma só China (isolando diplomaticamente Taiwan) eram os trunfos que o programa de reformas visava obter.

Em 1979, no mesmo ano do envolvimento soviético no Afeganistão a China invadiu o Vietnã em represália à invasão deste país (apoiado pela União Soviética) ao Camboja. Neste episódio, embora saísse vitorioso, o ELP mostrou-se atrasado e de baixa capacidade de projeção de poder. Apesar de constar explicitamente do programa das Quatro Modernizações, o orçamento militar contraiu-se nos anos 1980 e os militares, seguindo uma tradição milenar, criaram empresas comerciais (voltadas tanto ao mercado interno quanto

---

[90]Na perspectiva do PCC, e em particular da facção liderada por Chen Yun (membro do comitê central e liderança histórica da revolução), a "evolução pacífica" teria se iniciado com Kruschev, levando a uma degeneração do socialismo. A Revolução Cultural de Mao teria sido um importante antídoto contra esta tendência.
[91]Fato que dependia da redução de controle de Washington sobre o Cocom.

externo) como forma de financiar os seus gastos. Com a guerra entre Irã e Iraque, Deng Xiaoping vislumbrou a possibilidade de entrar pesadamente no mercado de exportações de armas (em sua maioria obsoletas, porém confiáveis e de baixo custo) através da indústria militar estatal, viabilizando o financiamento do Exército fora do orçamento. Como afirmam Fairbank e Goldman (2006), em 1990 o ELP era possivelmente o maior conglomerado industrial da China.

A conciliação de mecanismos de planejamento central com descentralização administrativa, a introdução gradual de mecanismos de mercado, a introdução do sistema de contrato de responsabilidade no campo, a criação de zonas econômicas especiais e a manutenção das empresas estatais na posição de "*commanding heights*" da economia resultaram em ampla recuperação econômica. A combinação de uma estratégia gradualista com os fatores estruturais anteriormente examinados explica a vigorosa retomada do crescimento econômico nos anos 1980 (ver Gráfico 1).

Mas esta estratégia de modernização econômica sob controle[92] levou, a despeito de seu êxito espetacular na agricultura e zonas econômicas especiais, a tensões macroeconômicas e inflação (cerca de 30% em 1989), ocasionando no final da década uma política de desaceleração econômica. Com efeito, como resultado do elevado crescimento, a China apresentou sucessivos déficits de transações correntes na segunda metade dos anos 1980, e devido à parcial liberalização dos preços, houve pressões inflacionárias (puxadas por matérias-primas e alimentos). Em conseqüência, o governo adotou uma política de contração econômica e maior controle da

---

[92]Longe de ser monolítica, a estratégia de abertura de Deng Xiaoping oscilava entre duas linhas principais. De um lado, seus discípulos Hu Yaobang e Zhao Ziyang, associados à criação das zonas econômicas especiais, formavam a "facção americana", devido à aceitação das pressões americanas para uma liberalização mais abrangente; de outro, líderes antigos do partido como Chen Yun e Li Peng, ou a "facção soviética", que assumiu posição de destaque na economia no final dos anos 1980, eram muito mais críticos à abertura econômica e radicalmente contrários à abertura política.

economia.⁹³ Ao lado dessas questões, a expansão de atividades ilegais e a corrupção nas zonas econômicas especiais levaram ao fortalecimento das posições críticas à abertura econômica.

No plano político, a segunda metade dos anos 1980 foi marcada por crescente divisão interna no PCC, em que Hu Yaobang e seus discípulos pressionam a direção do partido para uma maior liberalização política. Sob a influência dos liberais do PCC, cresceram manifestações em universidades e nas cidades costeiras. Apesar da oposição de Deng Xiaoping à liberalização política e da demissão de Yaobang, este permaneceu influente sobretudo devido à sua proximidade com Zhao Ziyang, que assumiu a secretaria do partido. Os protestos continuaram — as reivindicações eram liberdade de imprensa, fim da corrupção e da inflação — e explodiram na praça Tiananmen em 1989. Deng Xiaoping acusou Zhao Ziyang de dividir o partido e este foi demitido da Secretaria-Geral (substituído por Jiang Zemin).⁹⁴ Deng ordenou a Li Peng o uso da força militar, interrompendo o movimento de protesto⁹⁵ (Fairbank e Goldman, 2006).

O conflito político que resultou no enfrentamento violento à contestação estudantil na praça Tiananmen em 1989 desafiou gravemente a estratégia de abertura. Com efeito, as pressões liberalizantes na China ocorreram em meio a uma década marcada ideologicamente

---

⁹³"Impôs-se o controle sobre os preços do aço, do cobre, do alumínio (...) assim como o controle monopolista de fertilizantes e de muitos insumos agrícolas brutos e acabados. Aumentaram-se os preços indicativos dos grãos, do açúcar e do óleo vegetal (...) e se impuseram restrições às firmas de comércio exterior para lhes reduzir os lucros e os tipos de mercadorias que poderiam ser importadas" (Marti, 2007, p. 33).

⁹⁴É interessante observar que Zhao Ziyang na presidência do PCC faz o mesmo movimento que o realizado por Gorbatchev: utilização da "sociedade civil", i.e., intelectuais, estudantes e setores da economia (zonas econômicas especiais), para forçar uma derrota política na facção dos "conservadores" do partido. Ele não contava, entretanto, com o decidido apoio de Deng Xiaoping aos "conservadores". Por isto mesmo, uma vez deposto, permaneceu no ostracismo político sob vigilância.

⁹⁵Gao Di, editor do *People's Daily*, "comparou o golpe soviético (o incidente de 19 de agosto de 1991) ao próprio incidente de 4 de junho na China. A China tivera êxito porque esmagara impiedosamente a sublevação dos estudantes" (Marti, 2007, p. 64). Na União Soviética, os líderes do golpe não eram marxistas maduros, pois "foram demasiadamente gentis com Gorbatchev e Ieltsin" (idem).

pela crise do socialismo na Polônia e generalizada contestação no Leste Europeu, culminando na queda do Muro de Berlim ocorrida no mesmo ano. Exatamente na época dos protestos na praça Tiananmen, Mikhail Gorbatchev chegou a Pequim e recebeu apelos dos estudantes para interceder a favor da liberalização política[96] (Tucker, 1996).

Chen Yun e demais quadros do PCC — defensores de uma linha ortodoxa — consideraram o perigo eminente de um movimento como aquele organizado pelo movimento Solidariedade na Polônia. A decisão de Deng Xiaoping de apoiar a linha ortodoxa do PCC alterou a correlação de poder interno favorável à manutenção da economia centralizada e à imposição de maiores limites ao crescimento econômico. Com efeito, predominaram políticas visando reduzir a taxa de crescimento econômico — considerada excessiva e inflacionária —, maior estímulo à auto-suficiência e maior destaque para as empresas estatais. Li Peng e Chen Yun assumiram a Comissão de Planejamento, interrompendo a estratégia de liberalização econômica (Marti, 2007).

O ano de 1991 apresentou dois fatos que definiram a estratégia chinesa de retomar e aprofundar a abertura. O primeiro foi a extinção da União Soviética; o segundo foi a primeira guerra do Golfo Pérsico, quando os Estados Unidos apresentam ao mundo as armas e a tecnologia de nova geração.[97] O primeiro episódio irá reforçar a "facção soviética" (linha ortodoxa) do partido no plano político (liderada por Jiang Zemin), e o segundo, a "facção americana" (linha liberal) no plano econômico (liderada por Zhu Rongji, prefeito de Xangai e discípulo de Deng Xiaoping).

---

[96] "*In the midst of growing agitation in Eastern Europe, protests in Beijing proved inspirational. Young people staged a solidarity strike at the PRC Embassy in Hungary to show that from Beijing, via Warsaw to Budapest, the same processes are taking place*" (Tucker, 1996, p. 515).

[97] "Foi na Guerra do Golfo, em 1991, que ocorreu a primeira demonstração da nova maneira americana de fazer guerra. Quarenta e dois dias de ataques aéreos permitiram vitória terrestre em menos de cem horas, com menos de 150 mortes entre as forças aliadas que bombardearam o Iraque, e mais de 150.000 mortos iraquianos. Na guerra não declarada de Kosovo, em 1999, foi possível testar e comprovar, pela segunda vez, esse poder, controlado de forma quase monopólica pelos Estados Unidos" (Fiori, 2001, p. 61).

A esquerda do PCC considerou que Gorbatchev, ao repudiar a luta de classes e defender a democracia ocidental, foi o principal responsável pela destruição do PCUS.[98] Por outro lado, a omissão do Exército Vermelho em apoiar a tentativa de reação do PC entre agosto e dezembro de 1991 sinalizava os perigos que a China também poderia correr com o processo de abertura política.[99] A abertura econômica estaria gerando, por seu turno, uma nova classe social — os *capitalist roaders* — dentro do partido.

O corolário desta posição era a defesa do endurecimento tal como no episódio de 1989, um recuo no processo de reformas econômicas e maior ênfase nos mecanismos de planejamento. Mas Xiaoping — o inconteste líder dos reformistas liberalizantes — teve uma leitura diferente e bastante sutil e cautelosa dos acontecimentos.[100] A extinção da União Soviética eliminou imediatamente o status político da China como "terceiro pólo", tornando o seu progresso econômico o único caminho para a expansão de seu status político internacional. Por outro lado, passou a considerar que agora (isto é, até o soerguimento da Rússia) abriu-se um inédito espaço para a maior expansão da influência política e militar da China na Ásia. A Guerra do Golfo, por sua vez, havia demonstrado o atraso chinês tanto nos termos de suas armas — afinal elas estavam presentes e foram derrotadas no Iraque — quanto da doutrina militar prevalecente. A conclusão que Deng Xiaoping tirou dos acontecimentos a

---

[98] Em documento do Comitê Central em 1991, afirmou-se que Gorbatchev "era um carreirista oportunista que traíra os princípios fundamentais do marxismo; iniciou um sistema multipartidário e de separaçao do poder e abandonou a ditadura do proletariado, dando assim condições para a tomada do poder por forças anticomunistas e anti-socialistas", em Marti, 2007, p. 62. Neste mesmo documento Ieltsin é descrito como "um capanga aventureiro a serviço da restauração do capitalismo" (idem).
[99] "A omissão do Exército Vermelho em apoiar o PCUS na sua intenção de reassumir o controle levou o PCC ao pânico. A chefia chinesa receava que se tivesse criado um precedente. Veio à tona também a questão do controle do exército pelo partido. A máxima de Mao era que o poder emanava do cano do fuzil, mas o partido segura o fuzil. O Exército Vermelho soviético se alheara, recusando-se a ajudar os chefes do golpe da linha-dura comunista" (Marti, 2007, p. 61).
[100] A "Diretriz das 24 palavras" (ideogramas) expedida no início de 1991 e citada na epígrafe desta seção.

de que só uma economia rica poderia ter um exército rico e capaz de se defender na guerra moderna.

A modernização do Exército — uma das quatro modernizações estabelecidas em 1978 — afirmara-se agora como tarefa urgente.[101] Expandir os gastos militares da União e controlar os laços comerciais que a indústria militar havia construído ao longo dos anos 1980 passou a ser prioridade.[102] Por outro lado, a modernização das Forças Armadas deveria obedecer a uma nova doutrina militar. Na doutrina predominante até os anos 1980, com exceção de um conflito nuclear total, o teatro de guerra tal como desenvolvido por Mao era o da "guerra prolongada de atrito" travada com o invasor do território chinês. Na concepção que passou a predominar a partir de 1991, a ameaça de um conflito nuclear deixou de ser uma probabilidade importante e o cenário provável de guerra passou a ser o das "guerras locais sob condições de alta tecnologia".[103] A compra de tecnologia[104] e o desenvolvimento local de armamento com dispositivos eletrônicos de última geração tornaram-se a prioridade básica para a reestruturação do complexo industrial militar chinês. Por outro lado, a crescente integração econômica com os países asiáticos e a dependência de matérias-primas estratégicas — ver adiante — levavam à conclusão de que era necessária uma nova Marinha com capacidade de projetar o poder militar chinês para fora de suas fronteiras.

Com base nessas estratégias e leituras dos acontecimentos, Deng Xiaoping buscou apoio da Comissão Militar Central do ELP para o

---

[101] Como ressaltou Xiaoping: "É inconcebível que um exército permanente, que órgãos de segurança pública, tribunais e prisões se deteriorem em meio a um cenário onde existem classes e imperialismo e poder hegemônico" (*Ibidem*, p. 101).

[102] Desde 1991, os gastos militares cresceram a uma taxa de dois dígitos, acima do crescimento do PIB, aumentando o "fardo militar".

[103] Como será discutida na segunda parte deste trabalho, esta revisão ganhará momento especial em 1996, com o envio de dois cruzadores americanos em águas próximas a Taiwan, em resposta aos exercícios chineses com mísseis que se seguiram à primeira eleição presidencial na ilha.

[104] Lembrar que com o embargo dos Estados Unidos e da União Européia à venda de armas para a China, a compra externa limitava-se à Rússia e à Ucrânia.

aprofundamento das reformas na estratégia de "um centro e dois pontos fundamentais". O centro é o desenvolvimento econômico,[105] tanto melhor quanto mais rápido (e não mais a proposição dos 6%) e base para a modernização do Exército, e os dois pontos fundamentais são a abertura (tal como defendida pela "facção americana") e os "quatro princípios cardeais" (defendidos pela "facção soviética"): o prosseguimento do caminho socialista; a manutenção da ditadura democrática e popular; a sustentação da liderança do PCC; o apoio ao marxismo-leninismo e ao pensamento de Mao.

A base fundamental do compromisso construído por Deng Xiaoping foi o apoio dos militares à modernização econômica e o monopólio do poder do PCC. Os compromissos de modernização do Exército só poderiam ser obtidos, entretanto, se as regiões ricas do sudeste da China aumentassem as transferências para o governo central e este financiasse a modernização do Exército.[106] A costura deste acordo realizada por Xiaoping ia ao encontro, por sua vez, do temor do PCC de que a autonomia das regiões mais ricas levasse a um movimento separatista.

O "Grande Compromisso" foi assim descrito:

1. O ELP apoiaria as reformas de Deng, a primazia do partido e a unidade do Estado;
2. em contrapartida, os líderes do partido nas províncias garantiriam a remessa de rendas para o governo central;
3. o governo central, por sua vez, financiaria a contínua modernização do Exército.[107]

---

[105] "Devemos continuar com firmeza e sem hesitação a desenvolver as forças produtivas e a considerar o desenvolvimento das forças produtivas a nossa missão principal. Esta orientação é absolutamente correta e não temos outra opção" (Marti, 2007, p. 78).
[106] "No início do ímpeto da modernização, Zhao Ziyang autorizara as províncias favorecidas a reterem a parte do leão das rendas que tivessem, à guisa de recompensa por seu empenho e como parte de sua tentativa de romper o férreo controle exercido pelo ministérios do governo central. Isso provocou remessas desiguais para o governo central, porque províncias como Guangdong retinham 90% de suas rendas e mal encaminhavam ao tesouro nacional 10% dos impostos recebidos" (Ibidem, p. 260).
[107] Marti, 2007, p. xii.

O acordo resultava assim na unidade entre Exército, partido e nação.

As reformas de abertura foram aprofundadas nos anos 1990 com a reforma das estatais — numa direção similar à proposta em 1988 por Gorbatchev — e a expansão das zonas econômicas especiais. O gradualismo com que as reformas foram implementadas e a particular macroeconomia asiática dos anos 1990 (Medeiros, 1999, 2006) explicam em parte o seu extraordinário sucesso em termos de crescimento econômico. Mas o ponto essencial que explica o gradualismo e o controle da economia é a força do Estado chinês, que entrou unido numa estratégia econômica tendo o Exército (e o partido) por avalista. A formação de um dinâmico complexo industrial militar voltado para a produção de armas tecnologicamente superiores era parte essencial deste arranjo.

A extinção da União Soviética foi assim um fator catalisador para a reorganização de uma estratégia de abertura controlada e experimental em que os mecanismos de mercado foram sistematicamente introduzidos na China sem romper internamente as estruturas de poder. Exatamente o oposto do que se passou na União Soviética.

UM QUADRO COMPARATIVO SINTÉTICO

Argumentou-se no presente trabalho que, guardadas as grandes diferenças tecnológicas e de grau de industrialização entre a União Soviética e a China, a ruptura e o colapso daquela e a continuidade e o sucesso desta, deveram-se às pressões americanas, à coalizão do poder político, à concepção estratégica e à forma como a liderança reformista construiu politicamente e administrou os conflitos do processo de mudança. O quadro a seguir sintetiza as diferenças.

Transição numa perspectiva comparada

	Gorbatchev	Deng Xiaoping
Condições iniciais	Economia de planejamento central industrializada e diversificada com subsistema comercial especializado e integrado entre Estados nacionais e regiões. Unificação política e militar realizada pelo PCUS	Economia de planejamento central semi-industrializada. Unificação política e militar realizada pelo PCC
Desafio político externo/ Percepção das oportunidades	Enfrentamento da corrida armamentista, da derrota no Afeganistão e da ruptura política no Leste Europeu. Busca de nova política de desarmamento reduzindo o "fardo militar"	Afirmação da China soberana, aproveitamento inicial do conflito Estados Unidos-União Soviética e, com a extinção da União Soviética e a Guerra do Golfo, a busca de novo papel na Ásia
Desafio interno/Percepção das oportunidades	Retomar o crescimento através de gastos públicos não-militares e reforma das empresas visando maior inovação, incentivos e disciplina e combate à corrupção	Acelerar o crescimento econômico e modernizar a economia pela cópia de técnicas, com destaque para as grandes empresas estatais
Estratégia de mudança e reestruturação	Estratégia focada na redução dos gastos militares e reforma das empresas estatais	Modernização controlada focada em setores e regiões, expansão dos gastos militares com liberalização progressiva
Aliança interna/Coalizão de poder	Envolvimento de setores civis, intelectuais e opinião pública externa, isolamento do PC e da cúpula do EV	Manutenção do monopólio do PCC e aliança com os militares
Ideologia	Ruptura com a "luta de classe internacional" como estratégia militar e valores democráticos ocidentais	A retórica dos "quatro princípios cardeais" e da estratégia militar contra o imperialismo

Deng Xiaoping construiu uma sólida liderança no PCC e no ELP fazendo deste último um fiel avalista do processo de mudança sem ruptura com a cadeia de comando político. Para esta estratégia a extinção da União Soviética e a primeira Guerra do Golfo em 1991 foram elementos decisivos. A nova doutrina de segurança do ELP passava pelo processo de modernização econômica, entendido como elemento essencial para a sobrevivência unificada da nação chinesa. Gorbatchev, desafiado pela ofensiva Reagan e pela ruptura na Polônia e diante do crescente peso do orçamento militar, buscou redefinir a ameaça externa e a doutrina de guerra eli minando o "nacionalismo internacionalista" que historicamente definiu a coexistência pacífica e a federação das repúblicas, e passou a construir sua liderança no PCUS através do apoio dos "intelectuais" e da opinião pública externa ao partido. A derrota no Afeganistão gerou, por sua vez, profundo impacto, desmoralizando o Exército Vermelho e em conseqüência o significado político do poder militar como cimento ideológico da federação das repúblicas. A divisão e o enfraquecimento do PCUS e a marginalização do EV e de sua doutrina de segurança nacional, em rota de colisão com a direção das reformas, deram margem ao acirramento das nacionalidades, terminando com o golpe de Estado liderado por Ieltsin e dissolvendo a União das Repúblicas Socialistas Soviéticas. O apoio explícito dos Estados Unidos, do Ocidente e das agências multilaterais ao seu novo aliado e à terapia de choque praticada na Rússia não impediu que o processo de mudança resultasse no mais formidável "derretimento" e declínio social observado naquele país desde a Segunda Guerra Mundial.

Parte II
A afirmação da Rússia e da China na nova ordem mundial

INTRODUÇÃO

O início do novo século revelou de um lado uma afirmação sem precedentes do poder econômico, militar e do unilateralismo americano e, de outro, a ascensão da Rússia e da China como novos atores no cenário internacional. Por mecanismos e razões distintos ambos os países encontram-se insatisfeitos com o presente *status quo* internacional, vêem-se contidos pelos Estados Unidos e, após mais de quatro décadas de rivalidades, vêm estabelecendo alianças estratégicas.

A China e a Rússia são detentores de grandes reservas financeiras internacionais, transformadas em títulos soberanos americanos — isoladamente, a China detém o maior saldo comercial com os Estados Unidos —, e entre si encontram-se em lados opostos e complementares na produção e consumo de energia: a China como grande demandante e importadora mundial, e a Rússia como grande produtora e exportadora mundial. Ambos os países possuem exércitos com capacidade nuclear independente, e devido à inconteste superioridade tecnológica russa na produção de armas (ainda que declinante) e ao embargo ocidental à exportação de armas tecnologicamente avançadas para a China, formou-se também uma grande complementaridade entre a produção russa e o consumo chinês.

No plano político, as críticas abertas ao unilateralismo americano e aos princípios da autodeterminação dos povos tal como formulados por Zhou Enlai no Congresso de Bandung em 1955 distinguem a visão comum dos países sobre a ordem mundial.

Contudo, tanto os interesses quanto a base material subjacente à ascensão da China e da Rússia são bastante distintos, e, do mesmo modo, é bastante distinta a percepção americana sobre ela. O soerguimento recente da Rússia se deu sobre as ruínas de uma catastrófica transição capitalista que levou a um grande sucateamento industrial e tecnológico do país, e foi possível graças à combinação de uma ruptura com a ortodoxia macroeconômica, com uma elevação extraordinária do preço do petróleo. Os vínculos econômicos principais (mercados e investimento) da Rússia são com a Alemanha. É a partir desta debilidade econômica e da inexistência de sólidos interesses econômicos diretos com os Estados Unidos que é definida a política americana em relação à Rússia.

A preocupação estratégica americana é a reconstrução do império russo, que, como se observou na primeira parte deste trabalho, sempre possuiu uma dimensão expansiva e militar, e a construção de uma aliança estratégica com a Alemanha. Entretanto, a grande influência política e militar dos Estados Unidos sobre este país, sobre a Otan e sobre países que pertenciam à União Soviética ou estavam sob a sua órbita (agora convidados a participar da Otan) conferem ampla iniciativa e controle aos Estados Unidos. Tal como será explorado na próxima seção, esta é a base para a crescente afirmação do nacionalismo russo, da sua diplomacia energética, de sua percepção de contenção e da sua abertura e aproximação diplomática e militar com a China.

A ascensão chinesa possui uma base material e interesses bastante distintos. Após três décadas de alto crescimento, a transição capitalista na China se deu com o concurso de capitais chineses, asiáticos, europeus e americanos, que a transformaram num gigantesco pólo industrial voltado em grande parte para o mercado americano. Os conflitos comerciais dos Estados Unidos com a China correspondem aos interesses das empresas domésticas americanas e dos sindicatos que se vêem deslocados pelas exportações chinesas. Entretanto, estes interesses, que se expressam nas pressões para a valorização do iuane, encontram menos ressonância por parte dos grupos internacionalizados que operam na China. Com efeito, as empresas multinacionais americanas estão na China e participam de elevada fração da cadeia de valor adicionado das exportações chinesas.[108]

Do ponto de vista de Pequim, uma ascensão pacífica corresponde não apenas a uma retórica voltada a se distinguir do discurso belicista americano atual, mas à percepção de que a melhor estratégia de projeção de poder é manter o foco no desenvolvimento econômico, de forma a acelerar o *catch-up* e por esta via expandir a influência da China no plano internacional. Uma aliança com a Rússia e um crescente enfrentamento com os Estados Unidos poderiam resultar numa extraordinária tensão, com a qual, na perspectiva dos seus atuais dirigentes, a China só teria a perder. A aproximação com os Estados Unidos continua sendo, tal como defendido por Deng Xiaoping, estratégica.

Entretanto, independentemente deste objetivo estratégico, a afirmação econômica e política da China na região da Ásia e do Pacífico e sua crescente necessidade de importação de energia (a sua debilidade estrutural) e armas — tal como será discutido com mais detalhes a seguir — têm levado a crescentes tensões políticas com os Estados Unidos, fortalecendo ações (já em curso neste país) voltadas a uma estratégia de contenção da China.

A expansão chinesa no plano político traduz a sua crescente dependência energética que forçosamente a levou ao "grande jogo" e a uma diplomacia global na África, América Latina, Rússia, Estados Unidos — em que o veto à venda da Unocal americana para a chinesa CNOOC foi apenas o fato mais conhecido. A modernização do Exército constitui, por sua vez, a preservação do pacto de poder interno e um projeto de defesa e garantia da integridade da China, incluindo a não-independência de Taiwan. Adicionalmente, a "guerra contra o terror" anunciada pelo governo americano após o atentado

---

[108] "*There is a fairly general agreement among observers that a strategy of adjustment and accomodation suits the interests of US business, especially big business. US big business has indeed embraced Chinese economic expansion far more enthusiastically than it embraced Japanese economic expansion in the 1980s, in spite of the greater long-term challenge that China poses to US preeminence*" (Arrighi, 2007, p. 303).

de 11 de setembro de 2001 criou a oportunidade para uma aproximação militar com a Rússia na defesa da integridade territorial contra as iniciativas separatistas (Chechênia, Tibete, Taiwan), mas de fato voltada para uma maior presença militar na Ásia Central.

Com efeito, após quatro décadas de rivalidade, o Tratado Sino-Russo de Amizade, Boa Vizinhança e Cooperação[109] inaugura um novo período de aproximação política e econômica.

A afirmação de uma China poderosa e com iniciativa política autônoma altera necessariamente o *status quo* asiático formado por Estados clientes dos americanos, mas sem poder militar autônomo. A venda de armas para Taiwan, o estímulo americano ao envolvimento do Japão em assuntos de segurança na Ásia e a expansão do Comando do Pacífico (a Otan asiática) traduzem, no plano militar, a postura americana de contenção da China.

Desta forma, tal como se passa com a ascensão da Rússia, a afirmação internacional da China reintroduziu, no novo século, uma nova e velha realidade de conflitos potenciais e de iniciativas políticas que desafiam o unilateralismo de Washington. Também por razões distintas, é bem possível que ambos tenham sido afinal os grandes beneficiários do atoleiro no qual se transformou a ocupação militar americana do Iraque.

Nas duas seções que se seguem estas trajetórias serão examinadas.

PUTIN E A RECONSTRUÇÃO DO ESTADO RUSSO

> *Russia will not become a second edition of, say, the US or Britain, where liberal values have deep historic traditions. Our state and its institutions and structures have always played an exceptionally important role in the life of the country and its people (...) Russians*

---

[109] Para uma análise detalhada ver Wishnick (2001).

are alarmed by the obvious weakening of state power. The public looks forward to a certain restoration of the guiding and regulation role of the state, proceeding from Russia's traditions as well as the current state of the country.

Vladimir Putin[110]

The only realistic choice for Russia is the choice to be a strong country, strong and confident in its strength...[111]

Desde a extinção da União Soviética, a população russa contraiu significativamente, por abrupta redução da natalidade e pelas emigrações.[112] A economia foi reduzida a 70% da que existia em 1991. Com uma renda *per capita* de US$ 4.080 em 2006 (*The Economist*, 2007), a Rússia apresentava na entrada do novo milênio uma estrutura econômica típica de um país atrasado, especializado na produção de energia e matérias-primas e importador de máquinas e equipamentos.

Ademais, a desindustrialização da força de trabalho (o emprego industrial caiu de 42% para 30% entre 1990 e 2000), de acordo com o Banco Mundial (2006), teve um particular impacto sobre as cidades do Leste e dos Urais que se viram despovoadas com o fim do socialismo. Poucas mudanças demográficas foram tão radicais como as vividas pela Rússia. O aumento abrupto da mortalidade infantil e a queda da expectativa de vida para níveis comparáveis ao da África subsaariana dão provas eloqüentes de uma tragédia que só recentemente começa a ser revertida.[113] Ao lado deste cenário de decadência

---

[110]In Sakwa, 2004, p. 47.
[111]Idem, p. 207.
[112]Este fenômeno foi tão intenso que a expectativa é que entre 2004-2050 a população russa sofra uma redução de 30,6 milhões de pessoas a despeito da reversão das emigrações — principalmente dos países vizinhos que pertenciam à ex-União Soviética —, que fazem da Rússia hoje o segundo país, depois dos Estados Unidos, em número de imigrantes.
[113]"*The countries of the former Soviet Union share, with sub-Saharan Africa, the dubious distinction of comprising the two major regions of the world in which life expectancy has been declining. In the Russian Federation, female life expectancy (72 years) is close to the level of 1955; male life expectancy (59 years) is three years less than in that year, and is now at the same level as in Eritrea and Papua New Guinea*" (Banco Mundial, 2006, p. 19).

econômica e despovoamento, a Rússia seguia apresentando características que fazem deste país uma realidade única: um imenso poder nuclear, indústrias sofisticadas no complexo industrial militar e um diversificado pool de trabalhadores científicos.

As reformas ultra-radicais lideradas por Anatoli Chubais e Igor Gaidar no governo Ieltsin resultaram na formação de uma nova classe de oligarcas composta por três grupos: os gerentes das grandes empresas estatais (Gazprom e Lukoil são apenas as mais notórias), que na desmontagem dos grandes órgãos de planejamento e no processo de privatização em massa assumiram o seu controle patrimonial; os banqueiros privados que serviram de intermediários dos grandes empréstimos internacionais dos anos 1990; a máfia, que prosperou com o colapso das instituições soviéticas. Estes três grupos[114] tinham duas semelhanças: a sua dependência dos recursos do Estado russo e a sua recusa em investir a nova riqueza na Rússia (Simes, 1999).

Com efeito, o radical esforço monetarista implementado na Rússia pós-1991, voltado a recuperar a centralização monetária e a disciplina das empresas num ambiente de preços livres, provocou a proliferação de novas formas de escambo e mecanismos de crédito entre empresas que reforçaram enormemente o poder dos intermediários no âmbito local e regional. Por outro lado, a recessão gerada pela política monetária e fiscal levou uma boa parte das empresas a contrair grandes dívidas com o governo central e local. Com o declínio econômico, as receitas fiscais caíram seguidamente, e como o superávit fiscal era a base da política de estabilização, as despesas fiscais caíram de forma extraordinária, formando uma bola-de-neve recessiva (Lopez e Bracho, 2005). Os governos locais passaram a aceitar o pagamento de impostos em espécie, ampliando as forças centrífugas do poder do Estado e a sua capacidade de regulação econômica. Recessão e inflação marcaram os primeiros anos do novo governo.

---

[114]Nos anos de Ieltsin a concentração de riqueza e renda na Rússia foi extraordinária, com a emergência de grandes novas fortunas. Em 2003, a Rússia possuía 17 bilionários, a maioria com fortuna formada no setor energético (Sakwa, 2004).

O não-pagamento das dívidas com a União foi a base do plano de privatização em massa de Chubais, em que as empresas poderiam cancelar suas dívidas através da emissão de ações a serem vendidas no mercado.

Com o apoio do FMI e com a introdução de um regime de câmbio fixo em 1995, a Rússia entrou no mercado financeiro internacional como mais um "mercado emergente". Os bancos se expandiram com os créditos internacionais, transformando-se em grandes grupos industriais. Pelo mesmo processo, o crime organizado prosperou em grande parte como instrumento violento de cobrança de dívidas contraídas entre as empresas e entre estas e o governo (Woodruff, 1999).

Após o colapso financeiro e do rublo em 1998[115] — precedido pelo ingresso de capitais e seguido pela maior fuga de capitais conhecida no pós-guerra —, nos estertores do governo Ieltsin, a nomeação de Ievgeni Primakov (ex-ministro das Relações Exteriores e ex-KGB) para o cargo de primeiro-ministro iniciou um processo de mudança na regulação da economia e nas relações internacionais na Rússia. Em sua rápida passagem pelo cargo, Primakov obrigou as empresas a internalizarem o câmbio (50% das exportações das empresas),[116] declarou moratória e recusou o aperto monetário recomendado pelo FMI e por economistas liberais russos. Após a desvalorização, a redução substancial do salário real e a elevação da capacidade ociosa, a economia russa reagiu em 1999 e cresceu espetacularmente em 2000.

O motor inicial deste crescimento foi a elevação do preço do petróleo entre 1998 e 2000 (de US$ 11 para US$ 35 o barril), inaugurando um período de saldos positivos em transações correntes e conseqüente redução da dívida externa. Esta elevação de preços encerrou uma característica essencial, quer dos anos Gorbatchev, quer dos anos Ieltsin, marcados por baixos preços do petróleo e do gás

---

[115]Cuja etiologia não divergia das crises dos países emergentes em geral.
[116]Para a importância da centralização cambial para a recuperação macroeconômica russa ver Ellman e Kontorovitch, 2006.

no mercado internacional. Esta nova realidade possibilitou relaxar a restrição ao crescimento e aumentar extraordinariamente as rendas do setor energético, que agora, sob controle do Estado, transformaram-se em crescentes rendas para o governo.

A Rússia herdou a dívida externa total da União Soviética e aproveitou a extraordinária elevação do preço do petróleo para realizar um pagamento antecipado da dívida contraída junto ao FMI e ao Clube de Paris. Com o declínio do endividamento e com a regularização das despesas públicas, houve uma rápida reestruturação da posição patrimonial do Estado russo.[117] Com receitas fiscais em expansão e despesas financeiras em queda, as despesas não-financeiras do governo aumentaram substancialmente, liderando a recuperação do crescimento econômico. A estabilização do rublo em níveis inicialmente competitivos, a expansão dos gastos públicos e principalmente das empresas estatais de petróleo e gás resultaram na recuperação do investimento privado e estatal na indústria de transformação — em particular na produção de máquinas demandadas pelo setor energético — e no consumo das famílias. A conjugação destes fatores levou a uma trajetória de alto crescimento puxado pelos investimentos e consumo internos, mas também nos anos mais recentes pelos investimentos externos. A criação de um Fundo de Estabilização em 2004, de forma a esterilizar os efeitos da elevação do preço do petróleo sobre a taxa de câmbio e estabilizar as receitas fiscais, foi outra das medidas essenciais do novo governo.[118]

Como resultado, entre 1999 e 2006, a taxa anual média do crescimento do PIB foi de 6,7% (Ignatiev, 2007).

Entretanto, a espetacular reviravolta russa no novo milênio não se limitou à construção de um novo quadro macroeconômico a partir

---

[117]Conforme observou Sakwa (2004), cada aumento de um dólar no preço do petróleo gerava um aumento de um bilhão de dólares para o Tesouro. As exportações de gás e petróleo responderam por mais da metade das receitas de exportação, cerca de 40% dos investimentos fixos e 25% das receitas do governo nos últimos anos do século XX.

[118]Ainda que não tivesse impedido uma valorização recente do rublo em grande parte decorrente do elevado ingresso de capitais e da extraordinária elevação do preço do petróleo. Ver discussão mais adiante.

de uma nova estrutura de preços relativos. Com a eleição de Vladimir Putin para a presidência do país em 2000[119] afirmou-se uma estratégia de centralização do poder do Estado em que a doutrina independente de segurança militar, a autonomia em relação aos Estados Unidos e um maior controle dos mercados constituíam seus traços mais visíveis. A "modernização pelo alto", um padrão recorrente da história russa, encontrava um novo líder e um complexo desafio de simultaneamente modernizar sua indústria de ponta (espacial, aeronáutica), aumentar a produtividade global da economia (incluindo a sua problemática agricultura), expandir a proteção social e a renda dos milhões de desempregados e projetar o status internacional da Rússia.

Enquanto primeiro-ministro de Ieltsin em 1999, Putin enfrentou com determinação os insurgentes separatistas da Chechênia.[120] Nesta primeira "guerra contra o terrorismo" a Rússia se impôs com mão de ferro, evitando o que poderia ser, na percepção de Putin, uma bola-de-neve separatista no Cáucaso e a continuação do colapso e desintegração final da Rússia. A intervenção militar em 1999 (e posteriormente na segunda guerra da Chechênia, em 2002), desde o fracasso da União Soviética no Afeganistão, demarcou um novo tempo na Rússia. Já como presidente, Putin sublinhou que o maior problema russo era a "fraqueza da vontade".[121] Esta revelava-se fraca em relação a dois poderes: o das oligarquias e o das regiões, ambos intimamente entrelaçados.

O aperto fiscal dos oligarcas, incluindo a reestatização de empresas como a Gazprom, Lukoil e a Yukos, e o enquadramento do império da mídia mudaram a correlação de forças a favor de um Estado forte com maior capacidade de impor a "lei e a ordem", na realidade

---

[119]Vladimir Putin (egresso de uma longa carreira no KGB) havia sido nomeado por Ieltsin primeiro-ministro em 1999 e foi eleito presidente da Rússia em 2000.
[120]Em 1999, a Chechênia invadiu o Daguestão e fez uma série de atentados terroristas, levando a uma intervenção militar russa.
[121]*"Our first and most important problem is the weakening of will. The loss of state will and persistence in completing things that have been started. Vacillation, dithering, the habit of putting off the hardest tasks for later."* Putin (2000) citado em Sakwa, 2004, p. 28.

a decisão de restabelecer uma relativa autonomia do Estado russo diante dos interesses imediatos da oligarquia. Autonomia relativa na medida em que as oligarquias transformaram-se em parte do sistema de poder.[122]

Os oligarcas criados no processo de acumulação primitiva do período Ieltsin formaram, com o apoio do novo governo, grandes grupos financeiros e industriais na área de energia, mineração, bancos e comunicações. Sob o compromisso de investir em suas empresas o governo de Putin reconheceu a legitimidade dos direitos de propriedade dos ativos adquiridos. O controle do Estado na área da energia, a presença ainda maciça das empresas estatais em infraestrutura e bens de capital e a reorganização do complexo industrial militar marcaram a política econômica e industrial do novo governo.

Ao lado da maior subordinação do poder das oligarquias, a reorganização do Estado russo passou pela interrupção da segmentação regionalista que caracterizou o período anárquico de Ieltsin.[123] As regiões ganharam nos anos 1990 grande autonomia e poder político e institucional em troca de lealdade à república. Com o fim do papel central que o Exército possuía na união das repúblicas e regiões — tal como se examinou na Parte I —, a fragmentação do poder na Rússia levou a uma situação inversa à que prevalecia no

---

[122]Como observado por Sakwa (2004), o objetivo de Putin era: *"primarilly intended to reduce its dependence on the powerful economic interests that had been spawned by the anticommunist revolution while at the same time strengthening the presidency. The aim was to increase the state's autonomy and the presidency's ability to pursue policies that represented what he considered to be the interests of the country as a whole rather than that of the new capitalist-bureaucratic elites"* (p. 40). Na verdade, Putin enquanto indicação de Ieltsin representava, também, os interesses e as conexões das famílias poderosas que se afirmaram na Rússia. Entretanto, esta vinculação era contrabalançada pelo peso das conexões que trazia da KGB e do Estado e burocracia. O equilíbrio entre estes interesses distingue o novo governo em relação ao de Ieltsin, dominado sem mediações pelos interesses das famílias oligárquicas.

[123]*"Under Yeltsin the Federal authorities at the centre entered into asymmetrical bargaining relations with the subjects of the federation, one of which (Chechnya) claimed outright independence, while Tatarstan for a time became an autonomous enclave whithin Russia. Under Yeltsin Russia appeared to turn into a federation of mini-states (...)"* (Sakwa, 2004, p. 131).

período soviético: agora o poder militar dependia das autoridades regionais. Do mesmo modo, os tribunais tornaram-se financeiramente dependentes das regiões.

O único poder capaz de resistir ao controle do poder local era o Serviço Federal de Segurança (FSB), o sucessor da KGB e principal reservatório de funcionários e ministros nomeados por Putin (Sakwa, 2004). Centralizar o poder na Rússia — do ponto de vista constitucional, judiciário e tributário — passou a ser a prioridade do novo governo. Já em 2000 a Suprema Corte revogou as declarações de autonomia das repúblicas russas e o país foi dividido em 89 regiões e sete grandes distritos federais (macrorregiões), formando um triângulo de poder centralizado em Moscou. Não por mera coincidência, os sete grandes distritos administrativos federais eram também distritos militares, e os diretores dos distritos federais eram todos oriundos do FSB. Putin recompôs a conexão histórica entre a organização do poder militar e a federação russa. O objetivo principal da verticalização era impedir a "captura" dos agentes do governo central pelos governos regionais, a questão básica do enfraquecimento do poder do Estado russo desde os anos de Gorbatchev.

A recuperação da economia e do poder do Estado foi acompanhada por mudanças internacionais que ampliaram extraordinariamente a recuperação da economia iniciada pela nova política econômica. Da mesma forma que nos anos 1990 as transformações na economia mundial deram extraordinário impulso às exportações chinesas de manufaturas, as exportações soviéticas foram estimuladas, nos anos mais recentes, pela elevação espetacular dos preços do petróleo e do gás.

Paradoxalmente, a afirmação da economia russa sob o governo de Putin foi financiada pelo alto preço do gás e do petróleo, uma conseqüência do alto crescimento dos Estados Unidos e sobretudo da China. A queda do preço do petróleo nos anos 1980 e a aproximação destes dois países, como se analisou, foram partes fundamentais dos problemas que debilitaram a União Soviética.

Com o colapso da estrutura industrial ao longo dos anos 1990, a economia russa transformou-se substancialmente com a afirmação de dois setores. Com a elevação do preço do petróleo, o setor de energia passou a predominar largamente em termos de produção e exportações. Ainda que muito menos importante em termos de produção e exportações, o complexo industrial militar se destacou amplamente no plano tecnológico. As exportações de energia (gás e petróleo) situaram-se em torno de 50% das exportações totais, e o peso do setor na economia russa atingiu quase 20%, respondendo pela maior parte do investimento do crescimento russo no novo milênio (Oppenheimer e Maslinchenko, 2006).

Desde a nacionalização do setor com a Gazprom e Rosneft, as exportações de gás e petróleo, voltadas em grande parte para a Europa, mas em acentuada expansão para a China, têm se afirmado como importante instrumento de negociação política do Estado russo.

O mesmo se passou com as armas. Ao longo dos anos 1990 o orçamento militar russo caiu drasticamente. Em 1997 era cerca de um décimo daquele de 1989. Do mesmo modo, a produção de armas sofreu imensa contração. O declínio das Forças Armadas e a deterioração dos equipamentos chegou ao seu clímax com o afundamento do submarino *Kursk* em 2000. Com o colapso da procura governamental, a indústria de armas passou a contar exclusivamente com o mercado externo numa concorrência predatória. Desde 2000 esta realidade mudou substancialmente, a partir de duas transformações: a expansão do orçamento militar e a reorganização do complexo industrial militar, orquestrada pelo Ministério da Defesa (liderado por Serguei Ivanov, oficial de confiança de Putin).

Com a recuperação da economia, o orçamento militar expandiu de modo significativo e dirigiu-se essencialmente à encomenda de novas gerações de armas em substituição ao estoque existente na Marinha e Aeronáutica. O Ministério da Defesa transformou-se novamente no maior comprador da indústria militar, preservando para o Exército russo maior controle sobre as armas de última geração.

O alto preço do petróleo e do gás tornou-se assim a base para a modernização tecnológica do setor militar russo. Mas o aspecto verdadeiramente novo é o fato de que, ao contrário do período soviético, caracterizado pelo pleno emprego e plena utilização da capacidade produtiva, na Rússia capitalista, tal como nos Estados Unidos, o gasto militar, longe de ser um "fardo" que impede a utilização de recursos para outros fins, é um importante estímulo para a expansão econômica e, devido às suas características, também para o progresso tecnológico.

A organização do complexo industrial militar baseou-se na nacionalização da indústria de armas e na formação de uma grande *holding* estatal centralizando a exportação de armas — a Rosoboronexport —, encerrando uma fase de concorrência predatória entre os fabricantes. Este mesmo modelo foi estendido para a indústria aeronáutica. As exportações de armas aumentaram 50% entre 2001 e 2006, atingindo US$ 6,5 bilhões (menos de um décimo das exportações de energia), de acordo com Weitz (2007). O principal comprador das armas russas é a China (principalmente submarinos e aviões), mas o mercado consumidor é muito diversificado, incluindo países como a Síria e o Irã.

Algumas transformações importantes no que diz respeito ao papel internacional da Rússia já haviam se desenvolvido sob a liderança de Primakov, no período em que exercera a posição de ministro das Relações Exteriores no caótico governo Ieltsin. Este havia sublinhado que se impunha a tarefa fundamental de identificar os interesses nacionais russos de forma independente do Ocidente, partindo da premissa de que a Rússia, a não ser em termos militares, não era mais uma superpotência. Deste modo, apenas num mundo multipolar a Rússia poderia ver prevalecer seus interesses, o que necessariamente implicava uma recusa à concessão aos Estados Unidos de um status especial na ordem mundial como única superpotência. A busca destes interesses sem confrontação militar deveria definir a nova política. Primakov interrompeu a prioridade estabelecida no governo Ieltsin nas relações com o Ocidente e revigorou as relações de Moscou com a Índia, a China e a Coréia do Norte (Wishnick, 2001).

Putin desenvolveu essa concepção pragmática defensiva (Simes, 1999). Entretanto, quer por sua estrutura econômica — os "interesses nacionais domésticos" encontram-se centrados nas duas *commodities* mais políticas, energia e armas —, quer por sua inserção geopolítica histórica, o nacionalismo russo requer uma projeção internacional de poder. Do ponto de vista econômico, a União Européia é o grande mercado para a energia russa, e a China maior mercado potencial; presentemente, sua maior compradora de armas. Do ponto de vista político, as conexões com Berlim se estreitaram, fortalecendo a perspectiva europeizante da diplomacia russa, e, do mesmo modo, as conexões com a China e com a Índia fortaleceram sua inserção asiática.

O obstáculo principal à reorganização do poder na Rússia vem, evidentemente, dos Estados Unidos, e esta percepção ganhou particular momento desde a guerra do Iraque.[124] O seu "destino" geográfico na Europa e na Ásia, o ingresso da Polônia, Hungria e República Tcheca na Otan,[125] o alargamento da União Européia (com o ingresso de Estônia, Letônia, Lituânia, Polônia, República Tcheca, Eslováquia, Hungria, Romênia, Bulgária) e as "revoluções coloridas" pró-americanas, na Geórgia (2003), Ucrânia (2004) e Quirguistão (2005), foram percebidos como o principal desafio à afirmação de seu projeto nacional e a uma estratégia americana de contenção da Rússia no Cáucaso e na Ásia Central.[126]

---

[124] A Guerra do Iraque atingiu grandes interesses russos, tanto do governo, que possuía títulos soberanos de dívida, quanto de empresas de petróleo.

[125] Como definiu o secretário-geral da Otan em 1952, esta instituição foi criada com o objetivo de *"keep the Americans in, the Russians out and the Germans down"*, citado em Sakwa, 2004, p. 218.

[126] Tanto a diplomacia russa quanto a chinesa interpretaram as revoluções coloridas da mesma forma. *"In the early phase of the reform Americans took some public diplomatic means such as assistance and personnel exchanges (...) Where the reform goes deeper the United States will make special effort to expand political freedom and judicial independence. Moreover the United States has also fostered local NGOs and pro-American elements. Thus color revolutions would be on the verge of breaking out in these nations because of US decade-long efforts"* (Zhiye et al, 2006, in Small, 2005).

Em particular, as iniciativas americanas de construir uma Defesa Nacional de Mísseis (NDM) e, no Pacífico, um Teatro de Defesa de Mísseis (TDM) foram percebidas por Moscou — como também por Pequim — como um retorno dos Estados Unidos a uma política militar agressiva de contenção.

No governo de Putin ocorreram algumas mudanças e proposições fundamentais na política externa: a precedência do princípio da integração territorial e da soberania nacional sobre a intervenção humanitária, a supressão da cláusula (introduzida no governo Ieltsin) de "não ao primeiro uso" de forças nucleares e a redefinição da doutrina militar. Esta passou a considerar que a dissuasão das guerras regionais na fronteira leste e em geral a dissuasão de ameaças de guerras regionais em grande escala eram a prioridade central da estratégia de defesa russa e que a China não mais deveria ser considerada um alvo central de ataque.

Estas mudanças levaram a uma inédita aproximação estratégica com a China, que se cristalizaram com o Tratado Sino-Russo de Amizade, Boa Vizinhança e Cooperação e com a criação em 2001 da Organização de Cooperação de Xangai (SCO). Esta instituição foi criada para contrabalançar o poder militar americano na Ásia Central, cuja inédita presença na região vem sendo percebida pela Rússia e também pela China — ver mais adiante — como um desafio à segurança de ambos os países (Mansourov, 2004). Após a guerra no Iraque em 2003, a aproximação sino-russa ganhou particular significado com a proliferação das revoluções coloridas e com a proposta de uma Defesa Nacional de Mísseis e do Teatro de Defesa de Mísseis que os Estados Unidos querem construir com o Japão no Pacífico.[127]

---

[127] Considerando os interesses comuns da Rússia e China no princípio da autodeterminação (em relação aos casos da Chechênia e de Taiwan e das ameaças separatistas dos grupos islâmicos em ambos os países) e na segurança estratégica, Serguei Ivanov, o ministro da Defesa russo, observou: "The approaches of Russia and China to all problems of international security either completely coincide, or are almost identical (...) Relations between military organizations of Russia and China are developing in the same spirit as the strategic partnership between our states" (Small, 2005, p. 42).

No atual momento, para a estratégia de segurança russa, os Estados Unidos e a Otan e internamente o separatismo (sob a forma de terrorismo) surgem como principais inimigos potenciais e as alianças com a China e Índia ganham especial dimensão.

Não poucos desafios, entretanto, põem-se no caminho de uma aproximação entre a Rússia e a China. Com efeito, tal como se observou no início deste item, o despovoamento do sudeste do território russo (8 milhões de habitantes numa região que equivale a aproximadamente dois terços do território americano), em grande contraste com a população chinesa na fronteira (cem milhões na região nordeste do país),[128] cria uma inevitável debilidade e tensão na fronteira asiática russa. Por outro lado, a prioridade nas relações econômicas com a Alemanha e a Europa Ocidental tornam problemática e limitada uma virada para a Ásia.

Do ponto de vista econômico, a questão central russa é similar à das economias que dispõem de recursos naturais abundantes: a irradiação das rendas extraordinárias para os demais setores da economia de forma a promover maior diversificação da estrutura produtiva e defender-se dos efeitos de uma reversão abrupta. Até o presente, o Fundo de Estabilização neutralizou parcialmente o efeito do preço do petróleo sobre o câmbio, mas a expansão dos fluxos financeiros levou a uma grande ampliação das reservas russas, não esterilizadas pela política monetária, viabilizando uma valorização do rublo (Banco Mundial, 2007). Adicionalmente, o endividamento dos grupos econômicos aumentou a vulnerabilidade externa, como se tornou evidente na crise financeira atual. A peculiaridade russa, entretanto, é a existência de um setor de máquinas e equipamentos hoje em grande parte articulado com o setor energético, tornando os canais de transmissão da elevação do preço do petróleo para a indústria de transformação muito mais

---

[128] Wishnick (2001).

sólidos do que na maior parte das economias ricas em recursos naturais (onde esta indústria inexiste). Por outro lado, a extraordinária expansão dos recursos do Fundo[129] permite ao governo russo obter autonomia financeira para aprofundar o processo de reconstrução da infra-estrutura e conseqüentemente da produtividade global da economia.

Do ponto de vista social, aos poucos a Rússia vem recuperando ao menos parcialmente as condições que antecederam o colapso. A recente queda da taxa de mortalidade infantil e o aumento da expectativa de vida (que pioraram drasticamente nos anos 1990) foram o resultado tanto da recuperação do emprego e do salário real como da expansão de investimentos em saúde, agricultura, educação e habitação.[130]

Desse modo, aos poucos, a reconstrução do Estado, da economia e da sociedade russa vem recriando uma situação histórica e recorrente do nacionalismo expansivo do Estado russo premido e oscilando entre o Ocidente e o Oriente. Como observou Hobsbawm em 1994, com o colapso da União Soviética, a Rússia foi reduzida a uma dimensão internacional mais precária que a dos tempos de Pedro, o Grande (1672-1725), jogando uma imensa área que vai de Trieste a Vladivostok numa situação de desordem e conflito. Desde esse ano, entretanto, a ordem e a redução do conflito foram construídas pela força (no caso da ex-Iugoslávia), pela incorporação desta área na União Européia e pela subordinação aos interesses estratégicos dos Estados Unidos. O soerguimento da Rússia, contudo, cria novas tensões, abrindo novas possibilidades e trajetórias políticas.

---

[129]Segundo estimativa do Banco Mundial, estes fundos eram ue cerca de 3 milhões de rublos em 2007.
[130]São estas as prioridades dos gastos governamentais, tal como descrito em relatório do Banco Mundial: *"Four priority National Projects in health, education, housing, and agriculture have become a primary focus of economic policy in Russia. These projects directly target the standard of living of the population. Under the plan, 382 billion rubles (14 billion dollars) will be spent from federal and subnational budgets, while 60 billion rubles (2,2 billion dollars) will be granted in guarantees"* (Banco Mundial, 2006, p. 11).

A EXPANSÃO CHINESA RECENTE E OS DESAFIOS GEOPOLÍTICOS

As early as the Meiji Restoration the Japanese began to expend a great deal of effort on science, technology and education. The Meiji Restoration was a kind of modernization drive undertaken by the emerging Japanese bourgeoisie. As proletarians we should, and can, do better.

Deng Xiaoping[131]

We need to build an innovative system of defense science and technology (...) that integrates military and civilian scientific-technological resources, and that organically integrates basic research, applied R&D, product designing and manufacturing, and procurement of technologies and products so as to create a good structure under which military and civilian high technologies are shared and mutually transferable.

Presidente Hu Jintao[132]

You fight your way and I fight my way.

Mao Tsé-tung

A estratégia arquitetada por Deng Xiaoping de transição econômica liderada pelo Estado não sofreu qualquer solução de continuidade com os governos de Jiang Zemin e Hu Jintao que o sucederam e levou a uma extraordinária expansão econômica, fazendo da China o país de mais alto e persistente crescimento econômico dos tempos modernos. Com um PIB de US$ 1,932 bilhão,[133] um fluxo de comércio superior a US$ 1 trilhão, a China afirmou-se como um grande

---

[131] 1977, apud Hobsbawm, 1994.
[132] 2006, in Department of Defense, 2006, p. 18.
[133] Em 2005, a estimativa era US$ 8,9 trilhões em PPP, segundo metodologia antiga, ou US$ 5,3 trilhões, expressos em outro sistema de Paridade de Poder de Compra.

ator da economia mundial. A previsão do governo chinês é atingir um PIB de US$ 4 trilhões em 2020. Em estudo recente, Bob Rowthorn (2006), usando uma projeção cautelosa de crescimento na China medida em dólares correntes e não em PPP (que força a convergência de renda entre países), prevê que em 2050 a produção total chinesa será 60% maior do que a americana.

Devido à sua história, inserção geopolítica, tamanho e estrutura econômica, o desenvolvimento chinês vem provocando novos e velhos desafios entrelaçados, cujo enfrentamento vem definindo uma abrangente estratégia nacional.[134] O objetivo básico desta estratégia (tal como idealizada por Deng Xiaoping) é o de elevar o status internacional da China como potência capaz de influenciar, e não apenas responder, os desafios impostos pelo sistema internacional. Mas para isto é fundamental construir relações internacionais que permitam manter o foco no desenvolvimento econômico, modernizar as Forças Armadas e reduzir a ameaça dos Estados Unidos de conter sua projeção econômica. Tal objetivo gera o que poderia ser descrito como um "dilema de segurança", que se antepõe a qualquer potência em ascensão: a construção de estratégias de segurança desperta potencial retaliação do poder militar estabelecido (no caso, os Estados Unidos); a não-construção destas estratégias aumenta a possibilidade da retaliação (Goldstein, 2001).

A China, com sua estratégia de construir um "poder nacional abrangente", persegue desde os anos 1990 o primeiro caminho deste dilema, buscando neutralizar as potenciais retaliações através da economia e da política.

---

[134] Por abrangente estratégia nacional, entendo algo próximo ao que Avery Goldstein (2001) definiu como "grande estratégia" chinesa, i.e., uma combinação particular de meios econômicos, políticos e militares para garantir a segurança nacional. No White Paper China's Peaceful Development Road (2005) define-se a estratégia de construção de um *comprehensive national power* em termos semelhantes. Ver Department of Defense (2006).

São seis os desafios principais que o desenvolvimento chinês vem enfrentando e que se projetam no futuro imediato: manter o crescimento econômico elevado e deslocar a estrutura produtiva na direção de setores intensivos em ciência e tecnologia; reduzir as assimetrias sociais e regionais de forma a conter a crescente contestação interna e manter a unidade do PCC; expandir a influência econômica e política da China no Sudeste Asiático; garantir a expansão de fontes de suprimento de energia e matérias-primas; modernizar as Forças Armadas, dissuadir o projeto de autonomia de Taiwan e contornar as iniciativas estratégicas americanas de isolar e conter a China; e, por fim, modernizar o sistema político e manter a liderança do PCC.

Como será discutido no restante deste texto, o enfrentamento destes desafios econômicos, políticos e militares se entrecruzam em muitos planos.

A afirmação da China como um duplo pólo na economia mundial (Medeiros, 2006), isto é, um produtor mundial de manufaturas de baixo valor unitário (tanto em bens tradicionais quanto em produtos eletrônicos) e um grande absorvedor das exportações asiáticas, foi, em parte, uma resposta aos dois primeiros desafios e, ao mesmo tempo, fator alimentador de suas contradições. Com efeito, como resposta à crise asiática de 1997 e face à ameaça de desemprego e ao crescimento dos conflitos sociais, a China lançou um grande programa de obras públicas e de investimento ao mesmo tempo que preservou a estabilidade da taxa nominal do iuane em relação ao dólar.

Este keynesianismo desenvolvimentista acarretou uma forte expansão dos investimentos, que assumiu extraordinária participação do PIB. A despeito de menor expansão do consumo, o aumento simultâneo dos investimentos e das exportações levou a uma redução relativa do excedente de mão-de-obra e aumento do salário real. Este processo se deu num contexto de provisão de novas e melhores residências urbanas e de redução da pobreza. Entretanto, com termos de troca desfavoráveis à agricultura, a reforma das empresas estatais (maior liberdade de demissão), a expansão do comércio e investimento externo e a liberalização do mercado de terras urbanas[135] fortaleceram os mecanismos de acumulação privada (em curso desde os anos 1990) e ampliaram de forma inédita a concentração da renda entre capitalistas e assalariados, entre indivíduos e sobretudo entre campo e cidade. Como resultado principalmente da especulação de terras urbanas (incluindo as regiões periféricas), proliferaram protestos em larga escala.[136]

Estas tensões promoveram nos anos recentes uma revisão nas prioridades das políticas de investimento, voltadas à busca de uma "sociedade harmoniosa".[137] Esta passa pela modernização do nordeste, região central e regiões ocidentais com uma nova urbanização e investimentos em educação e saúde. Estas prioridades vêm ampliando os gastos sociais e o consumo das famílias e do governo, mas de forma alguma suprimiram o conflito na sociedade e, sobretudo, aquele entre os liberais e os "planejadores" do PCC sobre a conveniência da emergência de uma nova classe social.

Outro resultado dessa estratégia foi o crescimento extraordinário das importações provenientes do resto do mundo, principalmente do Sudeste Asiático, com particular destaque para Japão, Taiwan, Coréia e países da Associação das Nações do Sudeste Asiático (Asean). Com esses países, a China passou a apresentar déficit comercial e, no plano diplomático, tomou ampla iniciativa na criação de fóruns regionais — especialmente na forma da Asean+3[138] — voltados à

---

[135]A despeito de não haver um mercado de terras na China, formou-se nos principais centros urbanos um mercado imobiliário baseado em *leasings* de longo prazo de terrenos. Nas grandes cidades, os terrenos possuem preços definidos pelo mercado, mas no interior as prefeituras estabelecem preços muito baixos aos agricultores e transferem os terrenos a preços muito mais altos aos industriais, porém irrisórios em níveis internacionais, aumentando a especulação urbana industrial.
[136]"*The number of these incidents reached and estimated 74,000 in 2004 (...) Chinese analysts maintain that land seizures and illegal fees on rural farmers now represent the most frequent causes of unrest, estimating some 80,000 illegal seizures and other unlawful land-related practices occurred in 2004*" (Department of Defense, 2006).
[137]Tal como definida nos documentos oficiais do governo de Hu Jintao.
[138]Um fórum formado pelos países da Asean com o Japão, a Coréia e a China.

obtenção de mais cooperação econômica nos planos comercial, financeiro, de investimentos e tecnologia.

Com o câmbio relativamente valorizado em relação aos países da Asean, mas desvalorizado em relação ao dólar (e euro) e com um crescimento econômico a dois dígitos, a China transformou-se na maior base de exportação para os Estados Unidos, o que provocou uma extraordinária expansão do seu saldo comercial bilateral e global. Ainda que esta tenha suscitado grandes pressões do governo americano para a valorização do iuane, a elevada participação das empresas transnacionais americanas (ET) neste saldo e o ingresso da China na OMC ampliaram a sua força econômica gravitacional sobre os interesses privados americanos e reduziram o poder de retaliação comercial unilateral.

Entretanto, o êxito desta estratégia levou à expansão dos outros dois desafios — o da energia e o da segurança — cujo equacionamento vem promovendo uma aproximação com a Rússia e o desenvolvimento de uma política tecnológica e industrial mais agressiva e nacionalista voltada para a produção de uma tecnologia de duplo uso (militar e civil).

Com efeito, como resultado do alto crescimento dos investimentos na indústria da transformação e da construção civil, a China, que historicamente apresentava uma auto-suficiência no consumo do petróleo,[139] passou a ser um grande importador — respondendo por cerca de 1/3 do aumento da demanda mundial de petróleo nos últimos anos[140] e ultrapassando o Japão na posição de segundo importador mundial —, importando cerca de 50% do seu consumo e gerando uma demanda extraordinária de petróleo e matérias-primas no mercado internacional.

A elevada demanda da China por petróleo e gás deriva essencialmente da sua precária estrutura energética (elevado peso do carvão e

---

[139]Fora os países do Oriente Médio, a China é o quarto produtor mundial de petróleo, depois dos Estados Unidos, Rússia e México, e durante os anos 1990 era exportadora para os países asiáticos (Rosen e Houser, 2007).
[140]Austin (2005).

petróleo e baixo peso do gás e da hidroeletricidade) e da grande participação da indústria pesada intensiva na sua estrutura produtiva. De longe, a indústria é o maior consumidor de energia na China.[141]

Mas o que explica o boom do consumo chinês de energia é a simultaneidade dos investimentos em setores intensivos em energia com a rapidez da difusão do automóvel. Com efeito, como resultado da explosiva expansão da indústria automobilística voltada ao mercado interno — resultado do crescimento da renda, da urbanização e do ingresso da China na OMC —, a demanda de energia, elevada pelos investimentos, também se expande rapidamente pelo consumo de transportes. O consumo de petróleo na China (ainda que muito baixo em termos *per capita*) tornou-se muito elevado por unidade de produto. Ainda que amplos esforços de mudança da base energética e de redução do consumo unitário de energia tenham sido desenvolvidos nos anos recentes, a expectativa é de aumento da dependência da China sobre uma fonte essencial à expansão da industrialização. Esta nova realidade afirmou-se estrutural e, conseqüentemente, estratégica.[142] Do mesmo modo, a crescente dependência da importação de gás de forma a reduzir a participação do carvão e reestruturar a matriz energética chinesa apresenta-se como desafio estratégico.

Se devido à pressão de seus baixos custos salariais em dólares o impacto da China como produtor de manufaturas foi o da redução dos seus preços nos mercados internacionais,[143] o impacto global da rapi-

---

[141] *"China now accounts for 48 percent of global cement production, 49 percent of global flat glass production, 35 percent of global steel production, and 28 percent of global aluminum production"* (Rosen e Houser, 2007, p. 8).

[142] *"By 2000, Chinese economic activity required two thirds less energy per unit of output than in 1978. Energy intensity improvement on this scale was unprecedented for a large developing country, and meant that China in the year 2001 was 10 percent rather than 25 percent of global energy demand"* (Rosen, Houser, 2007, p. 7).

[143] Isso provocou redução dos salários tanto de trabalhadores não-qualificados como qualificados em países com maiores custos de trabalho (ainda que tenha havido um estímulo às exportações de países como o Vietnã, que possuem custos salariais ainda mais baixos). Como a diferença de nível absoluto é muito alta, a expansão recente dos salários na China não alterou este fato essencial de queda da competitividade externa dos países industrializados (em atividades de menor intensidade tecnológica) e semi-industrializados

dez de sua industrialização e urbanização foi o aumento do preço do petróleo e de matérias-primas.[144] Este impacto exerceu-se sobretudo nos países exportadores de petróleo — países do Golfo Pérsico, Rússia e produtores do mar Cáspio, Indonésia, Áfria e Venezuela —, que viram suas rendas (diferenciais) petroleiras aumentarem extraordinariamente.[145]

Garantir suprimento regular e em expansão, garantir a segurança das rotas e negociar termos e preços de longo prazo com os principais fornecedores passaram a ser questões estratégicas básicas na China, que levaram a uma ofensiva econômica diplomática efetivamente mundial.[146]

Entretanto, por razões geopolíticas e de segurança ela promoveu as relações com a Rússia para um novo plano. Com efeito, a principal fonte de suprimento de petróleo está no Oriente Médio e chega à China através do estreito de Malacca. As características físicas desse estreito e a presença ostensiva de frotas americanas foram referidas recentemente por Hu Jintao como o "dilema de Malacca", que na verdade revela a vulnerabilidade da economia chinesa a um potencial estrangulamento energético numa situação de conflito (Small, 2005). Neste sentido, a expansão econômica da China no Sudeste Asiático e a construção de uma rede política de apoio em fóruns como o da Asean são essenciais para o acesso a recursos e rotas marítimas que a projeção econômica chinesa demanda.

---

[144]O impacto sobre os preços do petróleo deve-se mais à surpresa do elevado crescimento da demanda chinesa e de grandes compras das petroleiras chinesas no mercado internacional, de forma a garantir reservas, do que ao aumento em si da demanda corrente (Rosen e Houser, 2007).

[145]Segundo as políticas econômicas escolhidas e o grau de industrialização existente, os novos termos de troca abriram novas possibilidades de crescimento e diversificação ou reforçaram a dependência na exportação de petróleo. Conforme se observou na seção anterior, após a nacionalização da indústria do petróleo e gás, a Rússia utilizou a renda extraordinária para financiar a expansão dos gastos do governo e em particular da indústria bélica.

[146]A agressiva presença da China na África é um dos aspectos de maior visibilidade. Com a formação de um Fórum de Cooperação China-África, a China tem providenciado amplos fluxos financeiros sem condicionalidades e compras em grande escala de petróleo e matérias-primas.

A diversificação das fontes de suprimento energético tem sido a prioridade das relações diplomáticas chinesas exploradas pelas petroleiras estatais de grande porte como a Sinopec e a CNPC. E, ao mesmo tempo, tem ampliado os conflitos com os Estados Unidos decorrentes do "grande jogo".[147] Tais iniciativas colocam as relações com a Rússia e demais produtores do mar Cáspio (como o Cazaquistão) na ordem do dia.[148]

O fluxo de comércio entre a China e a Rússia expandiu-se de um valor inexpressivo de US$ 6 bilhões em 1999 para próximo a US$ 40 bilhões em 2006, e, devido aos termos de troca, tem sido amplamente favorável à Rússia. Armas e petróleo russos em troca de computadores, produtos eletrônicos, vestuário etc. chineses. Ao lado do comércio em geral, a negociação fundamental é a construção de oleodutos que permitam garantir um grande suprimento à China.[149] Mas como ambos os países têm interesses opostos em relação ao preço do petróleo, as negociações se dão em termos da fixação de preços em contratos de longo prazo (Mansourov, 2004).

Estas negociações vêm fazendo da Rússia, do ponto de vista de Pequim, um "parceiro estratégico". O mesmo ocorreu — como se argumentou na seção anterior — do ponto de vista de Moscou. Por outro lado, tendo em vista o boicote americano e da União Européia à venda de armas sofisticadas à China, a modernização das armas russas (que como se viu dependeu dos recursos do governo financiados pelo alto preço do petróleo) e sua venda para os chineses constituíram a base essencial para a modernização militar da China e para sua capacitação tecnológica.[150]

---

[147]"*These contradictory signals, and the entire CNOOC event, were integral to a shift of US policy to a more belligerent, anti-Chinese stance. Already at the Republican convention in New York in August 2004, it was proclaimed that America will help Taiwan defend itself*" (Arrighi, 2006, p. 281).
[148]"*Securing adequate supplies of resources and materials has become a major driver of Chinese foreign policy*" (Department of Defense, 2006, p. 1).
[149]Como o Angarsk-Daqing, de 2.400 quilômetros.
[150]Aviões russos (Su-27, Su-30), mísseis e submarinos constituem os principais artigos comprados pelos chineses. Ao lado da Rússia, apenas Israel (com protestos americanos) vende armas tecnologicamente sofisticadas para a China.

Esta questão geral deve ser vista a partir da mudança da doutrina militar da China e a sua percepção sobre "poder nacional abrangente", "configuração estratégica do poder" (alinhamento de forças e descoberta de oportunidades) e "defesa ativa" (estratégia defensiva com tática ofensiva). Como se observou ao longo deste capítulo, a China mudou inteiramente sua estratégia de guerra tradicional desde a dissolução da União Soviética e da afirmação da superioridade tecnológica dos Estados Unidos revelada na Guerra do Golfo. Os conflitos no estreito de Taiwan em 1996, incluindo o envolvimento direto dos Estados Unidos, passaram a ser percebidos como o horizonte mais provável, e a "guerra local sob condições de informatização"[151], juntamente com a busca de mais controle e acesso às águas internacionais, passaram a ser as maiores prioridades.[152] A modernização de mísseis de longo alcance, ao lado da guerra assimétrica (agressão sem declaração de guerra), e a formação de grupos de forças especiais de operação (como nos Estados Unidos) fazem parte da nova estratégia.

Como se argumentou na primeira parte deste texto, o Exército de Libertação Popular possuía nos anos 1990 um amplo conjunto de empresas (não só de armamentos) de forma a se autofinanciar. Com o "acordo" orquestrado por Deng Xiaoping nos anos 1990, o ELP se desfez de grande parte dessas empresas, mas manteve ainda milhares delas sob o seu comando. Com a centralização da política de compras e também com a redefinição das prioridades, o governo chinês passou a organizar sob a direção do Departamento Geral de Armas e da Comissão de Ciência, Tecnologia e Indústria para a Defesa Nacional um ambicioso complexo industrial militar.

O orçamento militar chinês, cujo crescimento tem se dado a uma taxa superior à do crescimento do PIB desde os anos 1990, expan-

---

[151]Defense Report (2006).
[152]"*General Wen Zongren, then Political Commissar of the elite PLA Academy of Military Science, stated in March 2005 that resolving the Taiwan issue is of 'far reaching significance to breaking international forces' blockade against China's maritime security (…) Only when we break this blockade shall we be able to talk about China's rise*" (Department of Defense, 2006, p. 11).

diu-se ainda mais rapidamente nos últimos anos (situando-se em 1,5% do PIB),[153] concentrado na modernização da capacitação militar, em mísseis, balística e submarinos (Departamento de Defesa dos Estados Unidos, 2006).

As implicações destes gastos e desta doutrina militar sobre o desenvolvimento tecnológico são evidentes no esforço de capacitação que a China vem desenvolvendo para acelerar o progresso tecnológico, formação de *joint ventures* e compra de tecnologia de duplo uso (civil e militar) — como na citação de Hu Jintao que iniciou esta seção — nas áreas de softwares e circuitos integrados, tecnologias de informação e segurança.

A rapidez com que a nova infra-estrutura de telecomunicações vem sendo implantada, a massificação do uso de computadores e os esforços na formação maciça de engenheiros eletrônicos decorrem das novas prioridades.

Tal mudança de estratégia é evidentemente influenciada pelas iniciativas americanas e como elas são interpretadas por Pequim.

A percepção americana de que a China deveria ser considerada um "competidor estratégico" — política ostensivamente anunciada em 2001, mas abrandada até 2005 após o atentado terrorista de setembro — retomou a proposição anunciada pelo Departamento de Defesa americano logo após o colapso da União Soviética de que os Estados Unidos deveriam bloquear a ascensão de um concorrente potencial ao poder americano.[154] Em 1998, as pressões americanas para um endurecimento político com a China aumentaram. Em 2000, num discurso que teve grande repercussão na China, Condoleezza Rice afirmou que era necessário "conter as ambições de poder e segurança da China" na medida em que ela era uma ameaça potencial na estabilidade da região Ásia-Pacífico e um rival nesta área dos inte-

---

[153] A cifra oficial do gasto militar de 2006 foi de US$ 35 bilhões; fontes americanas consideram que o valor real estaria entre US$ 70 bilhões e US$ 105 bilhões, mais do que o dobro do valor oficial.
[154] *"The original draft of the Defense Planning Guidance of 1992 (.....) incorporates the suggestion that the US should work actively to block the emergence of any potential competitor to American power, and the theory has never quite shaken off this association"* (Small, 2001, p. 50).

resses americanos e do atual *status quo*.[155] Rivalidade que se manifestava na cooperação com o Irã e Paquistão na tecnologia de mísseis balísticos e na permanente intimidação a Taiwan.

A percepção chinesa após o colapso da União Soviética é a de que os Estados Unidos constituem a principal ameaça para a sua segurança. Através de claros sinais, iniciativas e alianças militares,[156] os Estados Unidos, do ponto de vista de Pequim,[157] têm posto em prática uma política de contenção da China que embora iniciada já nos anos 1990 assumiu maior evidência no novo milênio.

A percepção chinesa é de que a estratégia de contenção da China inclui cinco dimensões: a) uma política de pressão para a democratização (vista como política hegemônica americana); b) uma política de prevenção de que terceiros países vendam armas sofisticadas para a China (o embargo europeu); c) restrição da China ao acesso de recursos estratégicos e tecnologia de terceiros países; d) encorajamento militar de Taiwan, a permanência de bases militares no Sudeste Asiático e crescente presença naval americana no estreito de Malacca; e) alteração do poder político na Ásia com maior participação do Japão.

A tentativa de anular esta política através de políticas econômicas, diplomáticas e militares constitui o motivo principal da "gran-

---

[155]"That alone makes it a strategic competitor, not the "strategic partner" the Clinton administration once called it. Add to this China's record of cooperation with Iran and Pakistan in the proliferation of ballistic missile technology, and the security problem is obvious. China will do what it can to enhance its position, whether by stealing nuclear secrets or by trying to intimidate Taiwan" (Condoleezza Rice, 2000, citada em Small, 2001, p. 30).

[156]O envio de dois cruzadores às águas de Taiwan em 1996, as alianças militares e o estímulo ao envolvimento do Japão e Austrália nas questões de segurança no Pacífico, a colisão de um avião espião americano com um jato chinês são os sinais mais visíveis. Segundo analistas chineses, o acordo de cooperação militar entre os Estados Unidos e o Japão iniciado em 1996 e voltado para que o Japão assuma maiores responsabilidades iniciou crescentes suspeitas de que envolveria o Japão no apoio militar a Taiwan (Goldstein, 2001). Tal como interpretado pelos russos, as revoluções coloridas (Geórgia, Ucrânia, Quirguistão) foram vistas por Pequim como utilização explícita e por meios indiretos do poder dos Estados Unidos (defesa da democracia, da imprensa livre e de ONGs simpáticas aos Estados Unidos) para destruir e criar governos aliados num processo que tem por objetivo expandir a presença americana na Ásia Central, visando o enclausuramento da China.

[157]Vale notar que Hu Jintao, atual presidente da China, e Jiang Zemin, atual diretor da Comissão Militar Central, pertencem à linha "soviética" dentro do PCC.

de estratégia chinesa". Com efeito, a política na Ásia objetiva desfazer as desconfianças políticas e militares dos países da Asean — a periferia geográfica da China, mas sob forte influência americana — em relação à expansão chinesa. Tais desconfianças têm sido exploradas diretamente pelos Estados Unidos com o estabelecimento de acordos comerciais bilaterais e de cooperação militar.[158] A regionalização asiática apoiada por Pequim assumiu, em conseqüência, um plano mais político, de forma a se contrapor a um isolamento que poderia resultar das iniciativas americanas de segurança na Ásia.

É possível que o aspecto potencialmente mais afirmativo da estratégia chinesa seja a aproximação com a Rússia no plano militar. Como já se observou no item anterior, esta se deu a partir da afirmação da Organização de Cooperação de Xangai (OCS), reunindo China, Rússia, Cazaquistão, Quirguistão, Uzbequistão e Tadjiquistão e com a inclusão como observadores (após 2005) do Irã, da Índia, do Paquistão e da Mongólia. A despeito de uma retórica de cooperação e não-exclusão, essa instituição constitui um primeiro esforço (do maior bloco produtor e consumidor de petróleo e armas) de se contrapor à Otan e ao unilateralismo militar dos Estados Unidos.[159]

Entretanto, do ponto de vista da China, nada poderia ser mais negativo política e economicamente do que um conflito aberto no estreito de Taiwan com a presença de forças internacionais lideradas pelos Estados Unidos. A possibilidade de uma derrota do ELP poderia trazer repercussões desastrosas para a estratégia chinesa.

---

[158] A Indonésia e a Austrália assinaram um acordo de segurança militar. Ver discussão mais adiante.

[159] Os Estados Unidos demandaram o ingresso na OCS como observadores em 2005, mas o pleito não foi aceito, e propôs-se nesta reunião uma agenda de retirada das bases militares americanas na Ásia Central. Além deste objetivo, a organização tem como principal área de cooperação econômica a abertura de novas rotas de transporte, de energia e de matérias-primas. Em 2005 ocorreu a primeira manobra militar de vasta escala entre China e Rússia com a utilização de aviões e mísseis russos de última geração e uma declaração conjunta renunciando a confrontação, o alinhamento e o unilateralismo. Em 2006, a declaração da OCS sublinhou sua missão de garantir a estabilidade estratégica na Ásia Central e a necessidade de garantir a autonomia dos estados nacionais em perseguir seus modelos de desenvolvimento, numa crítica explícita à exportação de modelos econômicos e políticos.

Manter as condições internacionais num plano pacífico e o foco no desenvolvimento econômico, neutralizando a política de contenção americana, seguem sendo as estratégias chinesas.

Por fim, é importante considerar o desafio da reforma do sistema político na China. Como se comentou extensivamente ao longo deste capítulo, uma diferença essencial da transição chinesa em relação à antiga União Soviética foi a recusa da *glasnost* e a manutenção do monopólio do poder nas mãos do PCC. O poder político chinês resistiu particularmente após 1989 às pressões externas (e internas) para a adoção de uma liberalização política e de um regime democrático nos moldes ocidentais. Entretanto, é um equívoco considerar que o sistema político chinês manteve-se congelado ao longo destes anos ou que inexista uma agenda de reforma política em andamento. Esta objetiva, como se procurará argumentar nos próximos parágrafos, responder a alguns problemas centrais da vida política chinesa e segue um caminho, como é típico na China, bastante original e seguramente distinto do pensamento (e das pressões) do Ocidente.

Como notou Zhao (2003), embora a questão central do décimo quinto encontro do PCC em 2000 e do IX Congresso Nacional Popular em 2001 tenha sido o desenvolvimento econômico, a discussão maior e a resolução central a ela associada foi a de continuar a promoção da reforma política fortalecendo a construção jurídica democrática e expandindo a "participação política ordeira" dos cidadãos.

A existência de um processo evolutivo de liberalização política já em curso pode ser aferida a partir de três mudanças fundamentais. Em primeiro lugar, ao contrário do período de Mao, a intervenção arbitrária e de natureza doutrinária do partido na vida econômica e política dos cidadãos é muito menor. Mesmo sob a vigência dos "Quatro Princípios Fundamentais", instituídos por Deng Xiaoping em 1979 (ver Parte 1), afirmou-se na China ao longo dos últimos anos uma tolerância política inédita em que o reconhecimento dos argumentos de mérito nos quadros de governo sem uma estrita correspondência ideológica, ao lado da ampla liberdade de expressão manifestada nas artes (filmes, literatura, música), constituem alguns de seus traços principais. Em segundo lugar, expandiu-se nos últimos anos a participação política nas eleições de comitês de vila. De fato, há um amplo reconhecimento (inclusive ocidental) de que as eleições dos comitês de vila (órgão político que desde a dissolução das comunas assumiu importância maior na vida rural) constituem a experiência mais avançada de participação democrática das massas na China. Nestas eleições os candidatos podem ou não ser membros do PCC e o envolvimento da população tem sido crescente. Em terceiro lugar, o Congresso Nacional Popular, instância máxima de poder na China, deixou há muito de ser uma caixa de ressonância do PCC, e diferentes grupos sociais expressam-se através de grupos e delegados no Congresso. As questões polêmicas são discutidas e negociadas exaustivamente (Zhao, 2003).

Mas a questão da modernização política na China impõe a construção de novas instituições, a respeito das quais o debate interno na China é bastante intenso e peculiar. Sem dúvida, a formulação mais influente da questão é a de Pan Wei, em "Toward a Consultative Rule of Law Regime in China" (2003), na medida em que sua descrição sobre a evolução chinesa e influência sobre as proposições atuais é amplamente reconhecida.[160]

Wei distingue o que na literatura ocidental aparece intrinsecamente unido: a democracia, entendida como a existência de eleições periódicas no nível da representação política maior, e o "estado de direito", em que a liberdade e os direitos individuais estão garantidos juridicamente. Sua proposição fundamental (a partir de sua leitura sobre a evolução política recente na China) é de que os problemas políticos da China de hoje — a corrupção de quadros de governo é o mais notório — demandam um arcabouço institucional que favoreça a proteção dos direitos individuais em um estado de direito, sem que para isso seja necessária qualquer reforma democrática, no sentido usual de democracia partidária e governo consultivo. A submissão à lei é que assume importância maior. Os servidores

---

[160]Pan Wei é importante acadêmico da Escola de Estudos Internacionais da Universidade de Pequim. Além de Zhao (2003), Schubert (2005) corrobora a importância das concepções de Pan Wei.

públicos e o judiciário são os seus atores centrais, as instituições que garantem a ação independente subordinada às leis, e as liberdades individuais (de discurso, imprensa, reunião etc.) constituem o pilar deste regime político. Este, argumenta Wei (2003), não demanda um regime democrático nos moldes ocidentais.

De acordo com essa perspectiva, a reforma política (em linha oposta ao que no Ocidente se defendeu em relação às economias em transição) visa a estimular a vida política e a garantir maiores liberdades individuais, mas, ao mesmo tempo, tornar o governo do PCC mais eficiente e mais sustentado legalmente. Trata-se de obter mais liberalização política, tal como descreve Zhao (2003), sem democratização (consulta eleitoral e democracia partidária). Wei argumenta que essa direção vai ao encontro da ampla tradição chinesa da meritocracia e que modernamente caracteriza os governos que seguiram nessa tradição, como Hong Kong e Cingapura.

Vale observar que esse encaminhamento foi exatamente o oposto da transição ocorrida na ex-União Soviética. Com efeito, a despeito da retórica da *glasnost* ter se centrado na liberalização política e na defesa das liberdades individuais, o que de fato afirmou-se na Rússia desde 1991 foi a democracia partidária num contexto de grande vazio e atraso institucional com a conseqüente proliferação de mecanismos mafiosos e paralelos de poder. A reconstrução do poder político iniciada no governo Putin dependeu em grande parte de mecanismos *ad hoc* de poder que só aos poucos se consolida em novas instituições.

Na medida em que avança a liberalização econômica e política e novos grupos econômicos (privados) encontram maiores canais de expressão, poder e representação política, a quem o PCC representa, como governa e qual o seu grau de autonomia em relação ao Estado tornam-se questões centrais.

Zhao (2003) identifica duas proposições centrais em relação a esse tema. A primeira, que se reforçou logo após a extinção da União Soviética e de certo modo encontra apoio em análises como a de Wei, defende a transformação do PCC num partido de governo e, portanto, sem a soberania ou a autoridade do Estado. Segundo seus proponentes, o PCC deveria abrir mão de sua histórica função de mobilização de massas e de propor objetivos sociais revolucionários para se transformar em algo como, na história chinesa, foi o Kuomitang.[161] A segunda proposição vem se desenvolvendo com a campanha das "três representações", liderada em 2000 pelo presidente Jiang Zemin. Nesta, o PCC representa as necessidades do desenvolvimento das forças produtivas, dos avanços da cultura e dos amplos interesses das massas da China. A novidade aqui é a ruptura com as noções clássicas do partido de vanguarda do proletariado e dos camponeses e sua substituição por um mais amplo, vago e disperso interesse das massas, o que inclui, genericamente, os novos grupos sociais privados formados com o processo de abertura econômica. O grau em que esta via distingue-se da primeira é certamente difícil de avaliar e depende de diversas trajetórias políticas ora em curso.[162] Em particular, deve-se observar que a linha seguida por Hu Jintao tem consistido em evitar a "rota cega" que resultaria de uma cópia das instituições ocidentais e na defesa do fortalecimento do partido para um governo mais eficaz (Fairbank e Goldman, 2006).

Desse modo, até o presente momento, as reformas políticas na China ganham uma direção peculiar e assentada em suas tradições históricas. A defesa da manutenção do papel protagonista do PCC (e, como se argumentou, do ELP) como instrumento central para o desenvolvimento econômico é um dos seus traços fundamentais.

UM QUADRO COMPARATIVO SINTÉTICO

O quadro a seguir apresenta algumas características da expansão econômica e da projeção de poder da China e da Rússia no novo século.

---

[161] O partido nacionalista de Chiang Kai-Chek.
[162] Críticos da esquerda como Bao Tong consideram que esta mudança apenas evidenciou que o PCC hoje se tornou um partido para os ricos e poderosos. Ver Zhao (2003)

Ascensão nacional numa perspectiva comparada

	Rússia	China
Condições iniciais/ Desafios políticos	Contração violenta da produção, liberalização de preços e privatização em massa/Contenção do separatismo e ruptura do Estado nacional	Manutenção do alto crescimento com liberalização progressiva da economia/ Contenção da autonomia de Taiwan, redução das desigualdades sociais e regionais
Estratégias políticas e econômicas	Recentralização do Estado, centralização e estabilização do câmbio, redução da dívida externa, combate ao separatismo na Chechênia, nacionalização da energia, exportação de energia e armas, transferência das rendas petroleiras e desenvolvimento do complexo industrial militar	Onda de investimentos na indústria pesada e construção civil, manutenção do câmbio, deslocamento das exportações para setores intensivos em ciência, importação de energia e conversão energética, expansão do orçamento militar e desenvolvimento do complexo industrial militar
Aliança interna/Coalizão de poder	Expansão do poder político dos militares e dos quadros associados à antiga KGB. Pacto com as oligarquias, subordinando-as ao Estado	Manutenção do monopólio do PCC e aliança com os militares
Desafio político externo/ Percepção das oportunidades	Política de contenção dos Estados Unidos, "revoluções coloridas", expansão da Otan para ex-aliados/Diplomacia da energia, aproximação com a China e com a Europa Ocidental (Alemanha)	Política de contenção dos Estados Unidos, armamento de Taiwan, expansão da presença militar americana no Pacífico, fragilidade energética/Multilateralismo, diplomacia na Ásia, aproximação com a Rússia
Ideologia	Defesa do multilateralismo, nacionalismo e projeção externa do poder político	Defesa do multilateralismo, nacionalismo e defesa da "ascensão pacífica"

A recente ascensão nacional da China e da Rússia se deu a partir de realidades muito distintas. Na Rússia, o ponto de partida foi a recuperação do poder do Estado balcanizado ao longo dos anos 1990 pelos grupos privados que se beneficiaram de uma violenta acumulação primitiva de capital. A recentralização do Estado em torno dos quadros políticos da ex-KGB e dos militares afirmou-se como uma ruptura com o passado imediato e, ao mesmo tempo, como a busca de uma continuidade com a história russa. Simultaneamente se consolidou uma nova realidade macroeconômica em que o crescimento da economia se fixou após uma década de violenta contração. A capacidade de fazer vigorar uma política econômica autônoma que se afirmou na virada do milênio foi fortemente auxiliada pela recuperação do preço do petróleo e do gás, que sob o controle de empresas estatais permitiu ao governo nacionalista russo praticar uma política voltada a ampliar os investimentos e expandir o consumo. Destaca-se aqui a progressiva recuperação do complexo industrial e militar que, com o setor de energia, transformou-se na principal atividade econômica da nova Rússia, com importantes desdobramentos no plano político e estratégico.

A nova realidade russa foi em muitos planos condicionada pelas políticas dos Estados Unidos, que foram decisivas, em primeiro lugar, para o colapso soviético, e, em segundo lugar, para as características dos anos Ieltsin. A ampliação recente do poder americano na Ásia central, no Leste Europeu e nos países historicamente vinculados à Rússia (através das revoluções coloridas), num momento em que se afirma o nacionalismo russo, introduziu mais uma vez uma dinâmica na política internacional em que a projeção dos interesses nacionais russos bate de frente com o *status quo* internacional construído pela iniciativa dos Estados Unidos. Diante destes desafios que emergem tanto dos interesses econômicos do petróleo e dos vendedores de armas quanto do

Exército russo, sobressai-se, entre outras iniciativas, a recuperação de relações econômicas, políticas e militares com a China. Esta se afirma simultaneamente como um grande mercado e um contrapeso à presença dos Estados Unidos na Ásia Central.

A China entrou no novo milênio a partir de uma realidade totalmente distinta da vivenciada pela Rússia e caracterizada essencialmente pela continuidade de uma estratégia de alto crescimento sob o controle do PCC com o aval do ELP. A crescente desigualdade de renda e a polarização regional levaram à introdução de novas políticas de investimento e a mais ênfase na infra-estrutura. Isso, ao lado de mais destaque à política tecnológica, vem gerando grandes transformações na sua estrutura produtiva e nas suas condições sociais. Esta persistência no crescimento acelerado resultou, por seu turno, numa extraordinária demanda por matérias-primas e energia, com importantes impactos sobre o preço destes bens. A crescente dependência da China às importações de energia e a ruptura do *status quo* regional decorrente de sua ascensão econômica e política vêm marcando uma realidade de maior rivalidade com os interesses estratégicos dos Estados Unidos. Estes fomentaram inicialmente todo o processo de abertura chinesa, tendo em vista a rivalidade com a União Soviética. Após a extinção deste país, a China transformou-se, do ponto de vista dos Estados Unidos, numa potência insatisfeita com seu status regional. A China, por seu turno, passou a considerar os Estados Unidos e a sua política no Pacífico e o apoio a Taiwan um grande obstáculo ao seu processo de "ascensão pacífica". Uma aproximação com a Rússia tornou-se também desejável para Pequim devido ao fato de que é com a Rússia e suas armas de maior conteúdo tecnológico que ela ainda pode contar para a modernização do seu Exército. E, da mesma forma que Moscou tem interesses em uma aproximação com Pequim, os chineses também desejam construir um contrapeso à crescente presença dos Estados Unidos na Ásia Central.

Deste modo, a ascensão nacional nestes dois grandes países redefine o jogo político e as relações de poder no mundo liderado, até aqui, pelos Estados Unidos.

Referências bibliográficas

ANDREW, C. e MITROCHIN, V. *The KGB and the World*. Nova York: Penguin Books, 2006.

ARRIGHI, G. *Adam Smith in Beijing: Lineages of the twenty-first century*. Nova York: Verso, 2007.

AUSTIN, A. *Energy and Power in China: Domestic Regulation and Foreign Policy*. Londres: Foreign Policy Centre, 2005.

BANCO MUNDIAL. Russian Economic Report, 2006.

——. Russian Economic Report, 2007.

BROWN, A. *The Gorbachev Factor*. Oxford: Oxford University Press, 1996.

DEPARTMENT OF DEFENSE. "Military Power of the People's Republic of China". *Relatório Anual para o Congresso*. Escritório da Secretaria da Defesa dos Estados Unidos, 2006.

DESAI, M. *A vingança de Marx*. São Paulo: Códex, 2002.

DOBSON, A. P. *US Economic Statecraft for Survival 1933-1991, of Sanctions, embargoes and economic warfare*. Londres/Nova York: Routledge, 2002.

ELLMAN, M. e KONTOROVITCH, V. *The Disintegration of the Soviet Economic System*. Nova York: Routledge, 1992.

FAIRBANK, J. K. e GOLDMAN, M. *China, uma nova história*. Porto Alegre: L & M, 2006.

FIORI, J. L. "Sistema mundial: império e pauperização para retomar o pensamento crítico latino-americano". In Fiori, José Luís e Medeiros, Carlos (orgs.). *Polarização mundial e crescimento*. Petrópolis: Vozes, 2001.

GOLDSTEIN, A. "The Diplomatic Face of China's Grand Strategy: A Rising Power's Emerging Choice". *The China Quarterly*, n. 168; 2001.

HAYEK, F. *Collective Economic Planning: Critical Studies in the Possibilities of Socialism*. Londres: Routledge, 1935.

HOBSBAWM, E. *Age of Extremes, The Short Twentieth Century, 1914-1991*. Londres: Michael Joseph, 1994.

IGNATIEV, S. "The Macroeconomic Situation and Monetary Policy in Russia". Discurso do presidente do Banco Central na conferência "Monetary Policy under Uncertainty". Buenos Aires, 4 de junho de 2007.

JUDT, T. *Pós-guerra, uma história da Europa desde 1945*. Rio de Janeiro: Objetiva, 2007.

Kalecki, M. "Os aspectos políticos do pleno emprego". In Kalecki, Michal, *Crescimento e ciclo das economias capitalistas*. São Paulo: Hucitec, 1977.

KORNAI, J. *The Socialist System: The Political Economy of Communism*. Princeton: Princeton University Press, 1992.

KOTZ, D. *The Role of the State in Economic Transformation: Comparing the Transition Experiences of Russia and China*. Mimeo, 2004.

KOTZ, D. e WEIR, F. *Revolution from Above*. Londres: Routledge, 1998.

LEONTIEF, W. e DUCHIN, F. *El gasto militar*. Madri: Alianza Universidad Editorial, 1983.

LEWIN, M. *O século soviético*. Rio de Janeiro: Record, 2007.

LÓPEZ, J. e BRACHO, G. *The Economic Collapse of Russia*. Mimeo, 2005.

MADDISON, A. *The World Economy — A Millenial Perspective*. OECD, 2001.

MANSOUROV, A. Y. "Russia's cooperative challenge to the new alliance strategy of the United States of America". *Korean National Defense University Review*, vol. X, n. 1, 2004.

MARTI, M. E. *A China de Deng Xiaoping*. Rio de Janeiro: Nova Fronteira, 2007.

MEDEIROS, C. A. "A China como um duplo pólo na economia mundial e a recentralização asiática". *Revista de Economia Política*, vol. 26, 2006.

MEDEIROS, C. A. "China entre os séculos XX e XXI". In José Luís Fiori (org.). *Estado e moedas no desenvolvimento das nações*. Petrópolis: Vozes, 1999.

MITROKHIN, V. e Andrew, C. *The KGB and the World*. Nova York: Penguin, 2005.

NOVE, A. "Economic Reforms in the Soviet Union and Hungary, a Study in Contrasts". In Nove, Alec e Nuti, D. M. *Socialist Economics*. Nova York: Penguin, 1972.

ODOM, W. E. *The Collapse of the Soviet Military*. Yale: Yale University Press, 1998.

OPPENHEIMER, P. e MASLICHENKO, S. "Energy and the Economy: An Introduction". In Michael Ellman (org.). *Russia's Oil and Natural Gas, Bonanza or Curse?*. Londres: Anthem Press, 2006.

POPOV, V. "Russia redux?". *New Left Review*, 44, 2007.

REUVENY, R. e PRAKASH, A. "The Afghanistan War and the Breakdown of the Soviet Union". *Review of International Studies*, n. 25, 1999.

ROSEN, D. e HOUSER, T. *China Energy: a Guide for the Perplexed*. Center for Strategic and International Studies/Peterson Institute for International Economics, 2007.

ROWTHORN, R. "The Renaissance of China and India: Implications for the Advanced Economies". *Unctad Discussion Papers*, n. 182, 2006.

SAKWA, R. *Putin, Russia's Choice*. Nova York: Routledge, 2004.

SCHWEIZER, P. Victory. *The Reagan Administration's Secret Strategy that Hastened the Collapse of the Soviet Union*. Nova York: The Atlantic Monthly Press, 1994.

SCHUBERT, G. "Reforming Authoritarianism in Contemporary China. Reflections on Pan Wei's Consultative Rule of Law Regime". *Asien*, n. 94, 2005.

SERRANO, F. "Relações de poder e a política macroeconômica americana, de Bretton Woods ao Padrão Dólar Flexível". In Fiori, José Luís (org.). *O poder americano*. Petrópolis: Vozes, 2005.

SIMES, D. K. *After the Collapse, Russia Seeks its Place as a Great Power*. Nova York: Simon & Schuster, 1999.

SMALL, A. *Preventing the Next Cold War: A View from Beijing*. Londres: Foreign Policy Centre, 2005.

SPULBER, N. *Russia's Economic Transitions*. Cambridge (Inglaterra): Cambridge University Press, 2003.

STIGLITZ, J. "The Efficiency Hypothesis, Surplus Labor and the Distribution of Income in LCDs". *Oxford Economic Papers*, 28 n. 2, 1976.

The Economist. Pocket World in Figures, 2007.

TUCKER, N. B. "China as a Factor in the Collapse of the Soviet Empire". *Political Science Quarterly*, vol. 110, n. 4, 1996.

UNITED NATIONS CONFERENCE ON TRADE AND DEVELOPMENT — UNCTAD. *Trade Development Report*. Nova York/Genebra: United Nations, 2005.

WEI, P. "Toward a Consultative Rule of Law Regime in China". *Journal of Contemporary China*, vol. 12, n. 34, 2003.

WISHNICK, E. "Russia and China: Brothers again?" *Asian Survey*, vol. 41, n. 5, 2001.

WOODRUFF, D. *Money Unmade*. Nova York: Cornel University Press, 1999.

ZHAO, S. "Political Liberalization without Democratization: Pan Weis's proposal for political reform". *Journal of Contemporary China*, 12 (35), 2003.

*O texto deste livro foi composto em Sabon,
desenho tipográfico de Jan Tschichold de 1964
baseado nos estudos de Claude Garamond e
Jacques Sabon no século XVI, em corpo 11,5/16.
Para títulos e destaques, foi utilizada a tipografia
Frutiger, desenhada por Adrian Frutiger em 1975.*

*A impressão se deu sobre papel off-white 80g/m²
pelo Sistema Cameron da Divisão Gráfica
da Distribuidora Record.*

Seja um Leitor Preferencial Record
e receba informações sobre nossos lançamentos.
Escreva para
RP Record
Caixa Postal 23.052
Rio de Janeiro, RJ – CEP 20922-970
dando seu nome e endereço
e tenha acesso a nossas ofertas especiais.

Válido somente no Brasil.

Ou visite a nossa *home page*:
http://www.record.com.br